Franik · **Klausur- und Abiturtraining Chemie 5**

Roland Franik (Hrsg.)

Klausur- und Abiturtraining
Chemie 5

Elektrochemie

Aulis Verlag Deubner & Co KG

Die Deutsche Bibliothek - CIP-Einheitsaufnahme

Klausur- und Abiturtraining Chemie / Roland Franik (Hrsg.).
[Autoren: Wolfgang Asselborn ...]. - Köln: Aulis-Verl. Deubner.

NE: Franik, Roland [Hrsg.]; Asselborn, Wolfgang

5. Elektrochemie. - 1994
ISBN 3-7614-1567-2

Der Abdruck der Abbildungen 4, 5 und 6 in Aufgabe 22 erfolgt mit freundlicher Genehmigung des Fonds der Chemischen Industrie, Frankfurt 1994.

Best.-Nr. 3024

Satz und Layout: SCHÄFER & KOSUBEK, Köln
Druck und Bindung: Druckerei DAN, Ljubljana, Slowenien
ISBN 3-7614-1567-2

Inhaltsverzeichnis

Vorwort ... 7
1 Der Nickel-Hydrid-Akku ... 9
2 Alkalichlorid-Elektrolyse nach dem Membranverfahren ... 14
3 Redoxreaktion ... 20
4 Ätztechnik beim Tiefdruck ... 25
5 Redoxvorgänge durch Mikroorganismen - Nitrifikation und Denitrifikation ... 30
6 Kohlenwasserstoffe durch Elektrolyse ... 35
7 Noch ein Kohlenwasserstoff durch Elektrolyse ... 41
8 Konzentrationspotential und Konzentrationskette ... 47
9 Elementaranalysen ... 52
10 Bestimmung der molaren Masse von Hämoglobin ... 62
11 Redoxpotentiale und Gleichgewicht ... 65
12 Verwertung von Natriumsulfat ... 70
13 Elektrolyse einer Zinkchlorid-Lösung ... 76
14 Elektrolyse von Nickelsulfat ... 84
15 Redoxreaktionen mit Chlor ... 89
16 Redoxreaktionen zur Bestimmung von Luftschadstoffen ... 95
17 Quantitative Bestimmung durch Leitwertmessungen ... 102
18 Herstellung von Reinkupfer ... 108
19 Galvanisieren - Korrosionsschutz und Dekoration ... 115
20 Anteile von Kupfer- und Eisensulfid an einer Erzprobe ... 121
21 Analysen mit Leitwertmessungen ... 125
22 Korrosion ... 131
23 Galvanische Elemente ... 137
24 Elektrochemische Produktionsverfahren ... 146
25 Schmelzflußelektrolyse von Aluminiumoxid ... 152
26 Chlor-Alkali-Elektrolyse ... 159
27 Elektrochemische Wasserzersetzung ... 169
28 Redoxreaktionen angeregter Zustände ... 176
29 Wäßrige Schwefelsäure-Lösungen in Sekundärelementen ... 182
30 Elektrolyse in Reihe geschalteter elektrochemischer Zellen ... 189
31 Elektrochemie lebender Organismen ... 197
32 Wasserstoff-Sauerstoff-Brennstoffzelle ... 201
33 Aufladbare Batterien ... 205
Zusammenstellung wichtiger Lehrbücher und Monographien ... 212
Register ... 214

Übersicht über die Aufgaben-Autoren

Std. W. Asselborn: 14
Dr. R. Franik: 32, 33
Dr. R. Lemke: 6, 7, 8, 9, 10
StR. N. Lüdtke: 22, 23, 24, 25, 26
Dr. D. Raschke: 29, 30, 31
StD. Th. Schwenk: 1, 2, 3, 4, 5
OStR. A. Stegmüller: 15, 16, 17, 18, 19, 20, 21
Dr. M. Tausch: 27, 28
Dr. M. von Wachtendonk: 11, 12, 13

Vorwort

Wir möchten allen Schülern im Kursunterricht und vor allem den angehenden Abiturienten geeignete und hilfreiche Trainingsmöglichkeiten zur besseren Vorbereitung auf die Klausuren in Chemie anbieten. Darüber hinaus werden Sie auch als Studenten in den Anfangssemestern einer naturwissenschaftlichen Fachrichtung mit Chemie als Beifach wertvolle Anregungen finden, um Ihr Schulwissen aufzufrischen und zu vervollständigen.

Die Bände dieser Aufgabensammlung sind aus Klausurbeispielen entstanden. Einzelne Aufgaben stellen auch Zusammenfassungen von Klausurbeispielen dar. Die vorgestellten Beispiele sind also im Unterricht erprobt. Viele Schüler haben bei deren Bearbeitung schon gute Ergebnisse erzielt. Einzelne Trainingsbeispiele umfassen oft mehrere Inhaltsbereiche der Chemie. Eine Zuordnung zu bestimmten, eingegrenzten Kapiteln ist dabei nicht möglich und auch nicht beabsichtigt, da die Bearbeitung dieser Aufgaben einer zusammenfassenden Wiederholung dienen soll. Wir empfehlen Ihnen daher ganz besonders, nicht nur die Aufgabenüberschrift zur Kenntnis zu nehmen, sondern unbedingt auch die ‚Voraussetzungen aus dem Unterricht' zum Einstieg in ein Klausurbeispiel und das ausführliche Sachregister zu studieren, wenn Sie sich auf ein bestimmtes Kursthema gezielt vorbereiten wollen.

Jede Aufgabe gliedert sich in fünf Teile: Die „*Voraussetzungen aus dem Unterricht*" ermöglichen Ihnen eine Einschätzung des individuell sehr unterschiedlichen Schwierigkeitsgrades. Um Mißerfolge und Frustrationen zu vermeiden, sollten Sie prüfen, ob alle fachlichen Voraussetzungen für einen erfolgreichen Lösungsversuch gegeben sind. Erst wenn Sie Erfolg haben, macht das Trainieren auch Spaß. Der eigentliche „*Aufgaben*"-Teil ist kurz und prägnant. Die Fragen beziehen sich auf den Kernbereich des chemischen Schulwissens.

Diese vorgegebene Gliederung liegt auch dem „*Lösungsvorschlag*" zugrunde, der durch Übersichtlichkeit, Verständlichkeit und Zielstrebigkeit die gestellten Fragen zu beantworten hilft. Obwohl es eigentlich selbstverständlich ist, wollen wir aber doch ausdrücklich darauf hinweisen, daß Sie zunächst eigene Lösungswege suchen sollen!

Die „*Weiterführenden Informationen*" weisen nicht nur auf mögliche Fehlerquellen hin. Hier werden Brücken zu Nachbarwissenschaften geschlagen, historische Hintergründe beleuchtet und Bezüge zu Anwendungen in Technik und Industrie sowie zum Umweltschutz hergestellt.

Den fünften Gliederungsabschnitt bildet die „*Literatur*". Hier wurde besonderer Wert auf leichte Beschaffbarkeit von Broschüren und Zeitschriften gelegt. Auf Schul- und Stadtbibliotheken wird diesbezüglich besonders hingewiesen. Einschlägige Lehrbücher und wichtige Monographien, die beim Lösen der Aufgaben helfen, sind am Ende des jeweiligen Bandes gesondert zusammengestellt. Nur spezielle problembezogene Literaturhinweise und besondere ausführliche Lehrbuch-Kapitel werden bei den einzelnen Aufgaben erwähnt.

Häufig wird das Lösen von Aufgaben mit „gemischten Gefühlen“ betrachtet, weil es anstrengend und trocken ist. Wenn Sie unsere Hinweise beachten und anfangs das erforderliche Maß an Geduld und Ausdauer investieren, ist Ihnen früher oder später ein beglückendes Erfolgserlebnis sicher. Dies wünschen Ihnen die Autoren.

W. Asselborn
Dr. R. Franik
Dr. R. Lemke
N. Lüdtke
Dr. D. Raschke
Th. Schwenk
A. Stegmüller
Dr. M. Tausch
Dr. M. von Wachtendonk

1 Der Nickel-Hydrid-Akku

Voraussetzungen aus dem Unterricht
Elektrolysen, Berechnung von Halbzellenpotentialen, *Nernst*-Gleichung, herkömmliche Akkus (Bleiakku)

Aufgaben
Der Bedarf an leistungsfähigen wiederaufladbaren Gerätebatterien steigt weltweit in rasantem Tempo. Grund für die Entwicklung ist, daß ein Großteil der Neu- und Weiterentwicklungen der Geräteindustrie, vom Laptop bis zur Insulinpumpe für Zuckerkranke, mit direktem Netzstromeinsatz nicht sinnvoll betrieben werden kann und der Speicherung von elektrischer Energie in Akkumulatoren bedarf.
Der Nickel-Cadmium-Akku wird dieser Aufgabe gerecht, enthält aber das giftige Schwermetall Cadmium.
Ohne Blei, Cadmium oder Quecksilber kommt der Nickel-Hydrid-Akku aus. Seine Vorteile gegenüber der Nickel-Cadmium-Batterie sind vielfältig: Seine Speicherkapazität ist doppelt so groß. Die Entladung und Ladung können sehr schnell und öfter erfolgen.

1 Der genaue Aufbau ist noch Betriebsgeheimnis, liest sich aber etwa so: Die negative Elektrode aus einer Vanadium-Zirkon-Titan-Nickel-Chrom-Legierung speichert Wasserstoff. Die positive Elektrode besteht aus Nickeloxidhydroxid NiO(OH). Der Elektrolyt ist Kaliumhydroxid mit Kristallwasser. Nach dem Entladevorgang liegt auch das bei Raumtemperatur feste und sehr stabile Nickel(II)-hydroxid $Ni(OH)_2$ vor.

1.1 Skizzieren und beschriften Sie den möglichen Aufbau dieses Akkus.

1.2 Formulieren Sie die Entlade- und Ladevorgänge bezogen auf die einzelnen Elektrodenreaktionen und als Gesamtreaktion.

1.3 Welche Gefahr könnte durch Überladung auftreten? Wie kann die Gefahr gemindert werden?

2 Die Spannung einer Nickel-Cadmium-Zelle beträgt etwa 1,3 Volt.

2.1 Berechnen Sie die Zellspannung für den Nickel-Hydrid-Akku. Dabei sollen folgende Vorgaben berücksichtigt werden:

pH-Wert 14; $p(H_2) \approx 1013$ hPa ; $c(NiO(OH)) = 1$ mol/l.
Redoxpotentiale: $E^0(\frac{1}{2}H_2/H^+) = 0{,}00$ V
$E^0(Ni(OH)_2/NiO(OH)) = +0{,}49$ V (Näherung)
$E^0(2H_2O/H_2 + 2OH^-) = -0{,}84$ V

2.2 Warum werden nicht einfach billigere Nickel(II)-Salze als Akzeptorelektrode verwendet?
Redoxpotential: $E^0(Ni/Ni(OH)_2) = -0{,}66$ V

1 Der Nickel-Hydrid-Akku

Lösungsvorschlag

Zu 1.1:

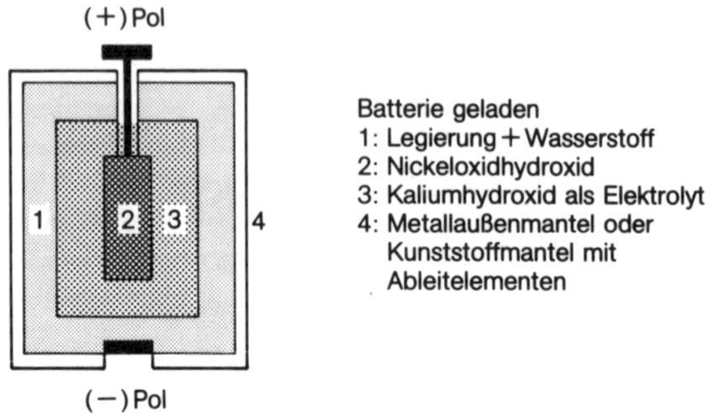

Abb. 1: Aufbau eines Nickel-Hydrid-Akkus

Zu 1.2: Entladevorgang:

−Pol:	$H_2 + 2OH^-$	$\rightarrow 2H_2O + 2e^-$	Oxidation
+Pol:	$2NiO(OH) + 2H_2O + 2e^-$	$\rightarrow 2Ni(OH)_2 + 2OH^-$	Reduktion

$$H_2 + 2NiO(OH) \rightarrow 2Ni(OH)_2$$

Ladevorgang: Umkehrung der obigen Reaktionen

Polung: −Pol mit −Pol d. Netzspannungsquelle verbunden
+Pol mit +Pol d. Netzspannungsquelle verbunden

Zu 1.3: Am Pluspol kann Sauerstoff entstehen, am Minuspol Wasserstoff. Abhilfen: Große Speicherreserve für Wasserstoff in der Legierung. Sollbruchstelle mit Gasauslaß. Nickelhydoxidreserve.

Zu 2.1: Bei dem pH-Wert 14 ist die Konzentration der Hydroxid-Ionen $c(OH^-) = 1$ mol/l. Die Berechnung erfolgt nach der *Nernst*-Gleichung:

$$E = E^0 + \frac{0{,}059\ \text{V}}{z}\ \lg\left[\frac{c^z(\text{Z}) \cdot c^y(\text{Y}) \cdot \ldots}{c^A(\text{A}) \cdot c^B(\text{B}) \cdot \ldots}\right]$$

Für die Reduktionshalbzelle (Donatorhalbzelle) gilt dann nach der *Nernst*-Gleichung:
$E_1 = E^0(2H_2O/H_2 + 2OH^-) - \lg c(OH^-) = -0{,}84\ \text{V} - 0\ \text{V} = -0{,}84\ \text{V}$
Für die Oxidationshalbzelle (Akzeptorhalbzelle) gilt dann bei $c(NiO(OH)) = 1$ mol/l nach der *Nernst*-Gleichung:
$E_2 = E^0(Ni(OH)_2/NiO(OH)) = +0{,}49\ \text{V}$

1 Der Nickel-Hydrid-Akku

Die Zellspannung:
$U = E_2 - E_1 = +0{,}49\ V - (-0{,}84\ V) = 1{,}33\ V$

Zu 2.2: Geht man auch hier vereinfachend von einer Konzentration der Nickel-Ionen aus, so erhält man ein Elektrodenpotential von
$E_2 = E^0(Ni/Ni(OH)_2) = -0{,}66\ V$, damit ließe sich eine maximale Zellspannung von $U = E_2 - E_1 = -0{,}66\ V - (-0{,}84\ V) = 0{,}18\ V$ erreichen.

1 Der Nickel-Hydrid-Akku

Weiterführende Informationen

Die Bemühungen laufen auf Hochtouren, leistungsfähige Elektroautos zu konzipieren. An die Batterie eines Elektroautos müssen hohe Ansprüche gestellt werden:

Sicherheit: Die Sicherheit des ElektroStraßenFahrzeugs (ESF) muß mindestens der der herkömmlichen Autos entsprechen.
Wirtschaftlichkeit: Preis-Leistungsrelation muß stimmen. Wartung und Ladedauer müssen überschaubar sein.
Umweltverträglichkeit: Toxische Stoffe dürfen nicht verwendet werden. Ladevorgänge sollten möglichst unter Ausnutzung der Sonnenenergie (photovoltaisch) vorgenommen werden können.
Die Wiederverwertung muß selbstverständlich sein.

Die folgenden Grafiken zeigen die Leistungsfähigkeit der sogenannten alkalischen Systeme, insbesondere die des Nichel-Hydrid-Akkus:

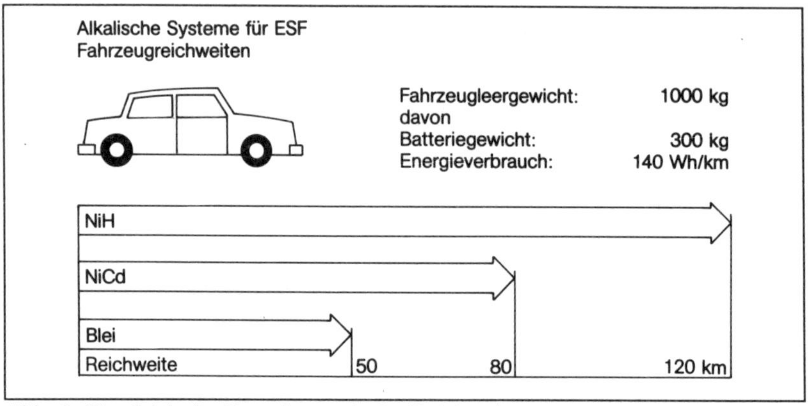

Abb. 2: Vergleich der Batterieart mit der Reichweite

1 Der Nickel-Hydrid-Akku

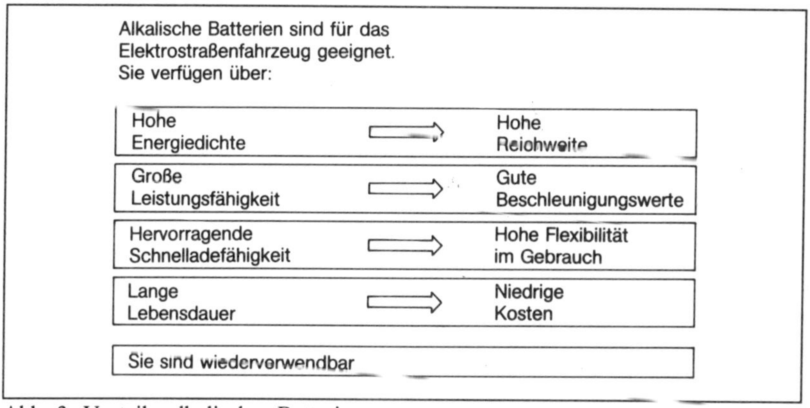

Abb. 3: Vorteile alkalischer Batterien

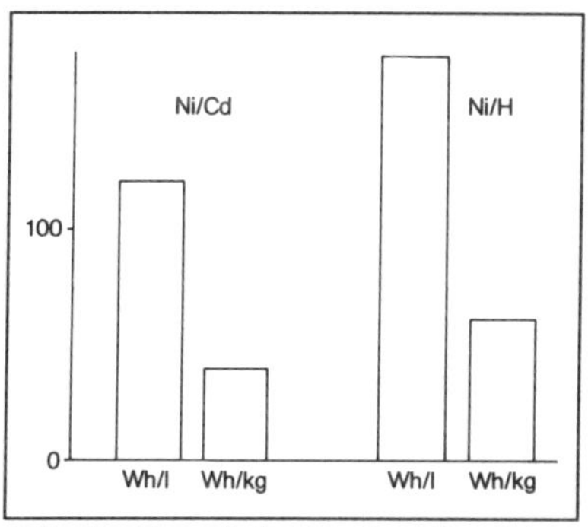

Abb. 4: Energiedichte im Vergleich. Einstündige Belastung bei Raumtemperatur

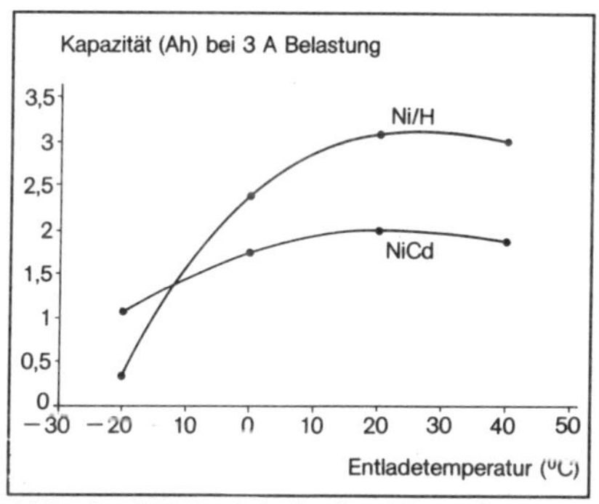

Abb. 5: Abhängigkeit der Kapazität von der Temperatur

Literatur

[1] Eh (36877) Feinwerktechnik und Messtechnik. Hanser Verlag München 1992

[2] Neue Konzepte VARTA 1992 (Firmenschrift)

[3] *H. R. Christen*, Chemie Studienbuch Säure/Base-Gleichgewichte - Redoxvorgänge. München 1973

2 Alkalichlorid-Elektrolyse nach dem Membranverfahren

Voraussetzungen aus dem Unterricht
Lösungsvorgänge, Elektrolysen von Salz-Lösungen, Überspannungsphänomene, Diffusion.

Grundlagen
Seit 1970 wird das Membranverfahren immer wichtiger zur Herstellung von Natronlauge und Chlor. Es arbeitet ohne Asbest im Gegensatz zum Diaphragma-Verfahren und ohne Quecksilber im Gegensatz zum Amalgamverfahren. Die Elektrolysezelle wird durch eine Spezialmembran in zwei Kammern aufgetrennt. Diese Membran ist eine sogenannte Kationenaustauschermembran, die Kationen und das Lösungsmittel Wasser selektiv diffundieren läßt, nicht aber Anionen.
Der Aufbau der Elektrolyseapparatur wird wie folgt beschrieben:
In den Anodenraum wird Natriumchlorid-Lösung eingefüllt (Sole). Die Titan-Anode ist mit Rutheniumoxid (RuO_2) und Titanoxid (TiO_2) beschichtet.
Der Kathodenraum wird mit verdünnter Natronlauge ($NaOH_{(aq)}$) beschickt. Als Kathode dient Edelstahl oder Nickel.
Zukünftig soll die Zellspannung um etwa 1 V gesenkt werden, weil die wasserstoffentwickelnde Kathode durch eine sauerstoffzehrende Kathode ersetzt wird. Dann läuft folgende Kathodenreaktion ab:

$$O_2 + 2H_2O + 4e^- \rightarrow 4OH^-$$

Aufgaben

1 Erstellen Sie anhand der Angaben im Text die Reaktionsgleichung für die Kathodenreaktion und die Anodenreaktion. Fassen Sie beide Vorgänge in einer Gesamtreaktion zusammen. Welche unerwünschte Nebenreaktion an der Anode wäre denkbar?
Wodurch wird diese vermutlich vermieden?

2 Vervollständigen Sie das folgende Schema durch Beschriftung mit den vorkommenden Ionen, Edukten und Produkten. Die Symbole ⫣ oder ⊧ bedeuten kein Durchlaß für ... (s. Abb.1)

3 Erläutern Sie wodurch es zur Senkung der Zellspannung kommt, wenn diese neuere Variante Verwendung findet. Zur Verienfachung ist von Standardbedingungen auszugehen ohne Berücksichtigung von Überspannungen.

2 Alkalichlorid-Elektrolyse nach dem Membranverfahren

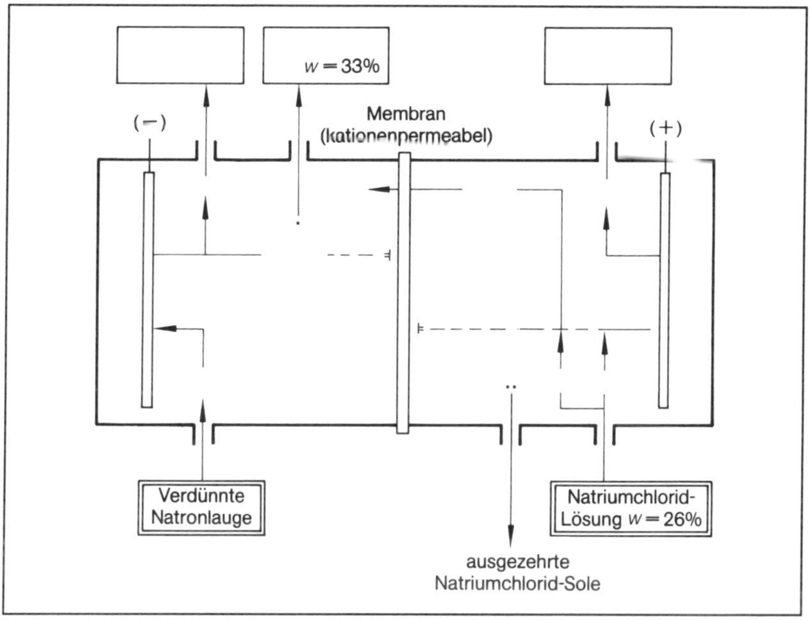

Abb. 1: Schema zum Membranverfahren (Beschriftung absichtlich lückenhaft)

QUECK Ag + NATRIUM

↓

QUAAG + NECKTRIUM

2 Alkalichlorid-Elektrolyse nach dem Membranverfahren

Lösungsvorschlag

Zu 1: Anodenraum, Vorgänge an der Anode:
Der Anodenraum wird mit einer Kochsalz-Lösung beschickt. Es liegen Natrium- und Chlorid-Ionen vor. Chlorid-Ionen werden an der Anode oxidiert.

$$2Cl^-(aq) \rightarrow Cl_2 + 2e^-$$

Chlorid-Ionen können den Anodenraum nicht verlassen, da die Trennmembran für sie nicht permeabel ist. Natrium-Ionen durchdringen fast ungehindert die Membran und reichern sich im Kathodenraum an.
Kathodenraum, Vorgänge an der Kathode:

$$2H_2O + 2e^- \rightarrow H_2 + 2OH^-_{(aq)}$$

$$\text{Gesamtvorgang: } 2\{Na^+ + Cl^-\} + 2H_2O \rightarrow Cl_2 + H_2 + 2\{Na^+ + OH^-\}$$

Als mögliche Nebenreaktion kommt die Oxidation von Sauerstoff-Atomen der Wasser-Moleküle in Frage. Wegen der hohen Überspannung des Sauerstoffs an der Elektrode und den sehr hohen Konzentrationen an Chlorid-Ionen wird das Abscheidungspotential von Sauerstoff nicht erreicht.

Zu 2:

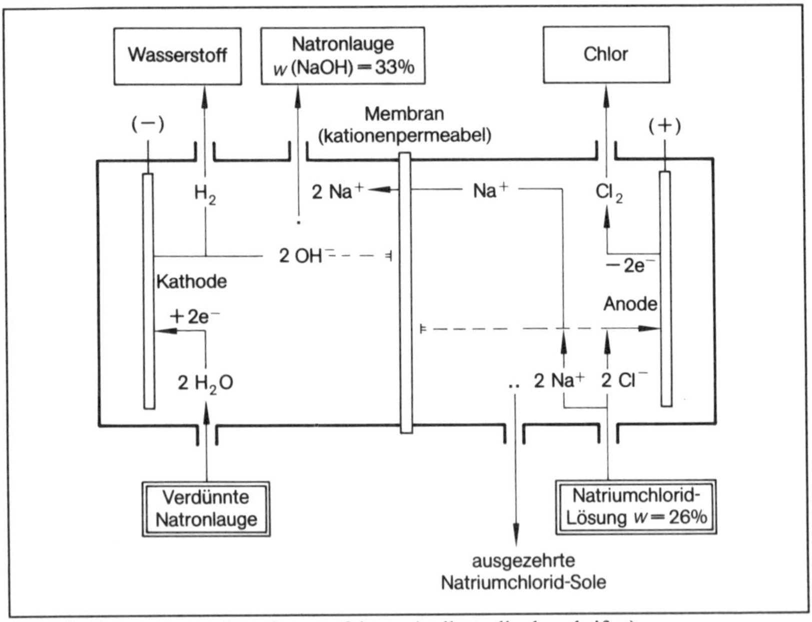

Abb. 2: Schema zum Membranverfahren (vollständig beschriftet)

2 Alkalichlorid-Elektrolyse nach dem Membranverfahren

Zu 3:

				Standardpotentiale E^0 V
Anodenreaktion:				
	$2Cl^-_{(aq)}$	$\rightarrow$	$Cl_2 + 2e^-$	1,36
Kathodenreaktionen:				
I)	$H_2 + 2OH^-_{(aq)}$	$\rightarrow$	$2H_2O + 2e^-$	-0,83
II)	$4OH^-_{(aq)}$	$\rightarrow$	$O_2 + 2H_2O + 4e^-$	0,40

Für die Kombination mit (I) unter Standardbedingungen müßte eine Abscheidungsspannung von $U = 1,36\ V - (-0,83\ V) = 2,19\ V$ angelegt werden.
Für die Kombination mit (II) von $U = 1,36\ V - 0,40\ V = 0,96\ V$.

2 Alkalichlorid-Elektrolyse nach dem Membranverfahren

Weiterführende Informationen

Den Aufbau der ionenselektiven Membran kann man sich schematisch wie folgt vorstellen:

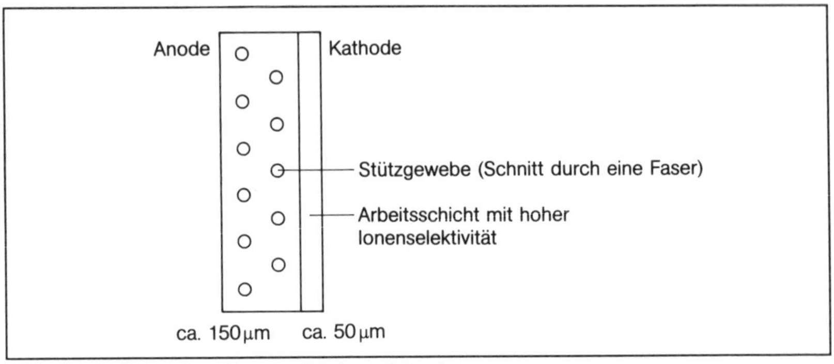

Abb. 3: Aufbau einer ionenselektiven Membran

Sie besitzt ein Stützgewebe mit einem Durchmesser von etwa 150 μm. Die eigentliche Arbeitsschicht mit der hohen Ionenselektivität hat eine Stärke von etwa 50 μm. Diese Arbeitsschicht ist das Kernstück der Membran und ist ein perfluoriertes Polymer, das zum Beispiel durch Carboxylat-Ionen negativ aufgeladen ist. Die Kationen wandern - vereinfacht dargestellt - von einer anionischen funktionellen Gruppe zur anderen.

Die negative Aufladung der Membran verhindert den Durchlaß von Anionen.

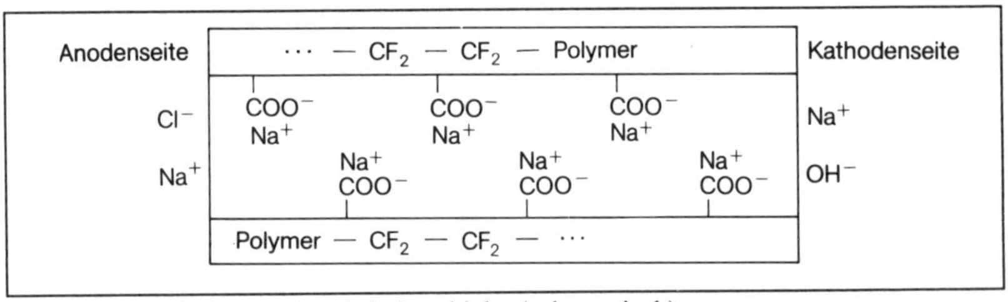

Abb. 4: Ausschnitt aus der Arbeitsschicht (schematisch)

2 Alkalichlorid-Elektrolyse nach dem Membranverfahren

Literatur

[1] *D. Bergner*, *M. Harmann* und *R. Staab*, Fortschritte auf dem Gebiet der Alkalichlorid-Elektrolyse. Chem.-Ing.-Techn. 59(1987) Nr. 4, S. 271 - 280

[2] *D. Bergner*, Neue Entwicklungen in der Alkalichlorid-Elektrolyse. Vortrag bei GDCh-Tagung 27.9.88 in Ludwigshafen.

[3] *G. Braun*, Praktikums- und Arbeitsblätter; Regionale Lehrfortbildung Chemie des Oberschulamts Stuttgart 1991

3 Redoxreaktion

Voraussetzungen aus dem Unterricht
Protolysen, Redoxreaktionen, Lokalelemente, Überspannung bei Elektrolysen.

Aufgaben
Auch heute noch gelangen Menschen an Orte, an denen Nachschub nicht jederzeit zu bekommen ist: Weltumsegler, Extremsportler und Expeditionsteilnehmer. Ein Problem kann der Brennstoffnachschub zum Kochen oder Aufwärmen sein. Fallen Gasflaschen oder Akkus aus, gibt es noch die Möglichkeit Wärmemischungen (Thermochemische Gemische) einzusetzen. Bei den sogenannten Wärmepatronen werden exotherme, lang anhaltende chemische Reaktionen als Wärmequellen genutzt. Das Funktionsprinzip ist einfach: die exotherme Redoxreaktion in einem Gemisch von reaktiven Stoffen läuft erst an, wenn Wasser, Sauerstoff oder eine andere Komponente dazu gelangen. Häufig muß also in eine Dose ein Stift eingedrückt werden oder eine Öffnungslasche gezogen werden, die dann den Zutritt der noch fehlenden Komponente ermöglicht.

Nr.	Ausgangsgemisch (Stoffe; Formel)	Massenanteil w in %	liegt vor ...	Reaktion nach Zutritt von ...
1	Eisen (feines Pulver) (Fe)	94	vermengt u. mit Wasser befeuchten	Luft (Sauerstoff)
	Ammoniumchlorid (NH_4Cl)	5		
	Kupfer(II)-chlorid ($CuCl_2$)	1		
2	Eisen (feines Pulver) (Fe)	90	vermengt	Wasser
	Kaliumperoxodisulfat ($K_2S_2O_8$)	10		
3	Kupfer(II)-oxid (CuO)	75	vermengt mit Quarzpulver und wasserlöslichem Öl	Konzentrierte Lösung von Natriumchlorid in Wasser
	Aluminium (gekörnt) (Al)	25		

Tabelle 1: Beispiele verschiedener Wärmepatronen

3 Redoxreaktion

Redoxpaar	Standardpotential E^0 in Volt	Redoxpaar	Standardpotential E^0 in Volt
Fe/Fe^{2+}	-0,41	$\frac{1}{2}$ H_2/H^+	0,00
Al/Al^{3+}	-1,66	$H_2O/\frac{1}{2}O_2$ (in saurer Lösung)	+1,23
Cu/Cu^{2+}	+0,35		
$SO_4^{2-}/S_2O_8^{2-}$	+2,01		
$Cl_2/\frac{1}{2}Cl^-$	+1,36	Fe/Fe^{3+}	-0,02

Tabelle 2: Elektroden Standardpotentiale

1 Betrachten Sie zuerst das Beispiel der Wärmepatrone Nr. 1.

1.1 Formulieren Sie den Lösungsvorgang von Ammoniumchlorid in Wasser und dann die dazugehörige Protolysenreaktion. Setzen Sie bei Ihren Überlegungen vereinfachend voraus, daß sich ein pH-Wert von 6 einstellt.
Welche 2 Aufgaben könnten Ammoniumchlorid in der Wärmepatrone 1 zukommen?

1.2 Bei der ersten Wärmepatrone ist die Bildung eines Lokalelementes die Voraussetzung für die sich anschließende Redoxreaktion. Formulieren Sie zuerst die Reaktion zur Bildung des Lokalelementes. Geben Sie an welcher Teil zur Lokalanode und welcher zur Lokalkathode wird. Stellen Sie jetzt die Kathoden- und Anodenreaktionen auf. An der Kathodenreaktion ist Sauerstoff beteiligt. Fassen Sie beide Reaktionen zu einer Gesamtreaktion zusammen. Weswegen enthält die Gesamtgleichung keine Reaktion mit Kupfer oder Kupfer-Ionen?

1.3 Nennen Sie mögliche Gründe, weshalb keine Konkurrenzreaktion mit der Bildung von Wasserstoff auftritt.

2 Befassen Sie sich nun mit der Wärmepatrone Nr. 2.

2.1 Klären Sie zuerst die Frage, welche Funktion hier das Wasser hat.

2.2 Notieren Sie die Redoxgleichungen der beiden Reaktionspartner getrennt. Verknüpfen Sie diese dann zu einer Hauptreaktion.

2.3 Ermitteln Sie die exakten stöchiometrischen Massenverhältnisse der beteiligten Stoffe, die zu einem vollständigen Umsatz notwendig wären. Weswegen wird Eisen im Überschuß eingesetzt?

3 Befassen Sie sich nun mit der Wärmepatrone Nr. 3.

3.1 Stellen Sie die Reaktionsgleichungen auf.

3.2 Quarz (SiO_2) nimmt an der Reaktion nicht teil, ebenso das Öl.
Welche Aufgabe könnte beiden Komponenten zukommen?

3 Redoxreaktion

Lösungsvorschlag

Zu 1.1: Lösungsvorgang : $NH_4Cl(s) + aq \rightarrow NH_4^+{}_{(aq)} + Cl^-{}_{(aq)}$

Protolyse : $NH_4^+{}_{(aq)} + H_2O + aq \rightleftharpoons NH_{3\,(aq)} + H_3O^+{}_{(aq)}$

Bedeutung : 1. Bildung einer leitfähigen Lösung (Elektrolyt)
2. Bereitstellung von Oxonium-Ionen.

Zu 1.2: Lösungsvorgang : $CuCl_2(s) + aq \rightarrow Cu^{2+}{}_{(aq)} + 2Cl^-{}_{(aq)}$

Bildung des Lokalelements : $Cu^{2+}{}_{(aq)} + Fe(s) \rightarrow Cu(s) + Fe^{2+}{}_{(aq)}$

Lokalkathode : Elementares Kupfer als teilweiser Überzug über Eisenpartikel.

Lokalanode : Eisenpartikel, die bei der folgenden Reaktion zu Eisen-Ionen oxidiert werden.

Anodenreaktion : $4Fe \rightarrow 4Fe^{2+} + 8e^-$

Kathodenreaktion : $2O_2 + 8H_3O^+ + 8e^- \rightarrow 12H_2O$

Gesamtreaktion : $4Fe + 2O_2 + 8H_3O^+ \rightarrow 4Fe^{2+} + 12H_2O$

In Kupfer dient nur noch als Elektrode (Lokalkathode) und wird durch chemische Reaktionen nicht mehr verändert.

Zu 1.3: Mögliche Konkurrenzreaktion: $2Fe \rightarrow 2Fe^{2+} + 2e^-$

$$2H_3O^+{}_{(aq)} + 2e^- \rightarrow H_2 + 2H_2O$$

Reaktion hier unwahrscheinlich, da bei dem pH-Wert von pH = 6 das Abscheidungspotential von Wasserstoff $E(½H_2/H+)$ = -0,35 V beträgt. Zusätzlich besteht eine Überspannung von Wasserstoff an Kupfer und dem Eisen. In Konkurrenz mit dem Sauerstoff wird dieser reduziert.

Zu 2.1: Wasser dient hier als Lösungsmittel und Reaktionsmedium.

Zu 2.2: Oxidation $2Fe \rightarrow 2Fe^{3+}{}_{(aq)} + 6e^-$

Reduktion $6e^- + 3S_2O_8{}^{2-}{}_{(aq)} \rightarrow 6SO_4{}^{2-}$

Redoxreaktion $2Fe + 3S_2O_8{}^{2-}(aq) \rightarrow 2Fe^{3+}{}_{(aq)} + 6SO_4{}^{2-}$

Zu 2.3: Das Stoffmengenverhältnis läßt sich aus der obigen Reaktionsgleichung ableiten $n(Fe) : n(K_2S_2O_8) = 2 : 3$

Die molaren Massen betragen: $M(Fe) = 55{,}8\ g\cdot mol^{-1}$; $M(K_2S_2O_8) = 270{,}3\ g\cdot mol^{-1}$.

3 Redoxreaktion

Für die Massenverhältnisse gilt:

$m(\mathrm{Fe}) : m(K_2S_2O_8) = n(\mathrm{Fe})\cdot M(\mathrm{Fe}) : n(K_2S_2O_8)\cdot M(K_2S_2O_8)$
$= 2\ \mathrm{mol}\cdot 55{,}8\ \mathrm{gmol^{-1}} : 3\ \mathrm{mol}\cdot 270{,}3\ \mathrm{g\cdot mol^{-1}}$
$= 1\ \mathrm{g} : 7{,}2\ \mathrm{g}$

Man arbeitet also mit einem starken Eisenüberschuß, um eine möglichst große Kontaktoberfläche des Eisens mit dem Peroxodisulfat zu bekommen. Nach der Reaktion muß das starke Oxidationsmittel umgesetzt sein.

Zu 3.1:

Oxidation:	$2Al$	$\rightarrow 2Al^{3+} + 6e^-$
Reduktion:	$6e^- + 3CuO$	$\rightarrow 3Cu + 3[O]$
Redoxrekation:	$2Al + 3CuO$	$\rightarrow Al_2O_3 + 3Cu$

Zu 3.2: Homogene Verteilung der Reaktionskomponenten. Verlangsamung der Reaktion durch Verringerung der Stoßwahrscheinlichkeit. Dies führt zur länger andauernden Wärmeentwicklung und damit zur längeren Nutzbarkeit.

3 Redoxreaktion

Weiterführende Informationen
Außer den oben vorgestellten Wärmemischungen gibt es noch eine Vielzahl anderer Möglichkeiten. Teilweise müssen Wärmemischungen auch durch Zünden aktiviert werden.

Für Redoxreaktionen können auch Reaktionsenthalpien berechnet werden.

Berechnung zu Beispiel 1:

Angaben: $\Delta_f H^0(Cu^{2+}{}_{(aq)})$ = +65 kJ/mol
$\Delta_f H^0(Fe^{2+}{}_{(aq)})$ = -89 kJ/mol
$\Delta_f H^0(H_2O_{(l)})$ = -285 kJ/mol
$\Delta_f H^0(H^{+}{}_{(aq)})$ = 0 kJ/mol
Berechnung nach $\Delta_R H^0$ = Σ Bildungsenthalpien der Produkte − Σ Bildungsenthalpien der Edukte

für die Reaktion unter 1.2 gilt:
$\Delta_R H^0$ = 1 mol·(-89 kJ/mol) − 1 mol·65 kJ/mol = -154 kJ

für die Gesamtreaktion am Lokalelement gilt:
$\Delta_R H^0$ = [12 mol·(-285 kJ/mol)] + [4 mol·(-89 kJ/mol)] − 0 = -3776 kJ

Die Reaktion läuft also stark exotherm ab.

Literatur
[1] *Römpp*, Chemie Lexikon. 1992
[2] *Aylward/Findlay*, Datensammlung Chemie.
[3] *E. Tag*, Elektrochemie. Diesterweg

4 Ätztechnik beim Tiefdruck

Voraussetzungen aus dem Unterricht
Spannungsreihe der Metalle, Aufbau *galvani*scher Elemente, Elektrolyse.

Aufgaben

1 Für das Tiefdruckverfahren werden Kupferplatten mit säurefesten Schutzlacken (Ätzgrund) überzogen. Ist ein Bild oder eine Druckvorlage im Computerentwurf fertiggestellt, kann ein Gravurgerät angesteuert werden. Mit einer spitzen feinen Stahlnadel überträgt dieses Gerät die Zeichnung, das heißt sie wird in den Schutzlack und in dic Oberfläche der Platte eingraviert. An den Stellen der Gravur liegt die Kupferplatte frei. Die so vorbehandelte Platte kommt nun in ein Ätzbad. Die wesentliche Komponente des Ätzbades ist eine Eisen(III)-chlorid-Lösung. Dort, wo die Lösung ungehindert auf die Platte gelangen kann, entstehen in der Platte Vertiefungen. Diese Vertiefungen nehmen später die Farben für den Druckvorgang auf.

Erklären Sie die Aufgabe der Eisensalz-Lösung und die elektrochemische Reaktion, die an der Kupferplatte abläuft. Stellen Sie den Vorgang mit Hilfe von Redoxgleichungen dar.

Angaben der Standardpotentiale:
$E^0(Fe^{2+}/Fe^{3+}) = 0{,}77$ V
$E^0(Cu/Cu^{2+}) = 0{,}35$ V

2 Fertigen Sie eine beschriftete Skizze für das *galvani*sche Element mit Cu/Cu^{2+}- und Fe^{2+}/Fe^{3+}-Halbzellen an. In der einen Halbzelle bildet die reduzierte Form des Metalls keine feste metallische Elektrode. Wie läßt sich trotzdem ein *galvani*sches Element aufbauen?

3 Berechnen Sie die Spannung, die unter Normbedingungen auftritt. Bei der „Ätztechnik“ werden Eisen(III)-Ionen umgesetzt. Wie weit ist die Konzentration an Eisen(III)-Ionen abgefallen, wenn es zu keinem Angriff auf die Kupferoberfläche mehr kommt?

4 Entwickeln Sie ein Modell, wie man über ein Elektrolyseverfahren eine Kupferdruckplatte herstellen könnte, bei der die farbaufnehmende Druckschicht nach dem Prinzip eines Stempels erhaben ist. Stellen Sie Ihre Vorstellungen in einer Aufbauskizze dar. Schätzen Sie für diesen Fall die Abscheidungsspannung.

4 Ätztechnik beim Tiefdruck

Lösungsvorschlag

Zu 1: Die Fe^{3+}-Ionen dienen als Oxidationsmittel, da das Standardpotential $E^0(Fe^{2+}/Fe^{3+})$ des Redoxsystems Fe^{2+}/Fe^{3+} größer ist als das Standardpotential $E^0(Cu/Cu^{2+})$ des Redoxsystems Cu/Cu^{2+}. Eisen(III)-Ionen oxidieren das Kupfer und Kupfer-Ionen gehen in Lösung. An diesen Stellen tritt deshalb ein Materialschwund auf. Diese Erosionsstellen können dann später die Farben aufnehmen. Der Vorteil des Verfahrens liegt darin, daß es zu keiner Ablagerung von Eisenschlamm auf der Druckplatte kommt, da die Reduktion nur bis zu den Eisen(II)-Ionen führt, die in Lösung bleiben.

Reaktionsgleichungen:

$Cu_{(s)}$	$\rightarrow$	$Cu^{2}_{(aq)} + 2e^-$	Oxidationsreaktion
$2Fe^{3+}_{(aq)} + 2e^-$	$\rightarrow$	$2Fe^{2+}_{(aq)}$	Reduktionsreaktion
$Cu_{(s)} + 2Fe^{3+}_{(aq)}$	$\rightarrow$	$Cu^{2+}_{(aq)} + 2Fe^{2+}_{(aq)}$	Redoxreaktion

Zu 2:

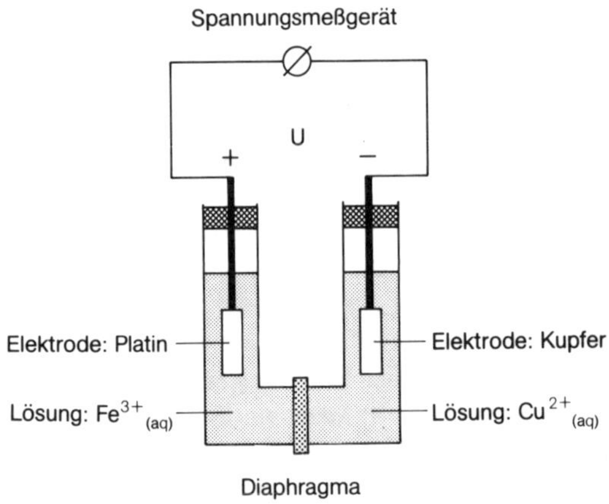

Abb. 1: Schema zur Ätztechnik

Bei Redoxgleichgewichten dieser Art müssen sogenannte Inertelektroden verwendet werden, über die der Elektronenaustausch stattfinden kann, die aber nicht direkt an der Redoxreaktion beteiligt sind. Der Vorgang an dieser Elektrode wird durch die Reduktionsgleichung (siehe oben) beschrieben.

4 Ätztechnik beim Tiefdruck

Zu 3: Für die Halbzellenpotentiale können die Standardpotentiale eingesetzt werden, da die Konzentrationen der gelösten Stoffe $c_x = 1$ mol/l zu setzen sind:

Vereinfachte *Nernst*-Gleichung:

$$E = E_0 + \frac{0{,}059\ \text{V}}{n} \lg \frac{c(\text{ox})}{c(\text{red})}$$

$$U = E^0(Fe^{2+}/Fe^{3+}) - E^0(Cu/Cu^{2+}) = 0{,}77\ \text{V} - 0{,}35\ \text{V} = 0{,}42\ \text{V}$$

Wenn es zu keinem Angriff mehr kommt gilt:

$$E_1(Fe^{2+}/Fe^{3+}) = E_2(Cu/Cu^{2+}) = 0{,}35\ \text{V}$$

$$E_1 = E^0(Fe^{2+}/Fe^{3+}) + \frac{0{,}059}{1}\text{V} \cdot \lg \frac{c(Fe^{3+})}{c(Fe^{2+})}$$

$$0{,}35\ \text{V} = 0{,}77\ \text{V} + \frac{0{,}059}{1}\text{V} \cdot \lg \frac{c(Fe^{3+})}{c(Fe^{2+})}$$

$$\lg \frac{c(Fe^{3+})}{c(Fe^{2+})} = \frac{0{,}35\ \text{V} - 0{,}77\ \text{V}}{0{,}059\ \text{V}} = -7{,}11$$

oder

$$\frac{c(Fe^{3+})}{c(Fe^{2+})} = 10^{-7{,}11}$$

Für den betrachteten Zustand gilt:

$c(Fc^{3+}) - 1 - c(Fe^{2+})$

$$\frac{1 - c(Fe^{2+})}{c(Fe^{2+})} = 10^{-7{,}11}$$

$$\begin{aligned}
1 - c(Fe^{2+}) &= 10^{-7{,}11} \cdot c(Fe^{2+}) \\
1 &= 10^{-7{,}11} \cdot c(Fe^{2+}) + c(Fe^{2+}) \\
1 &= (10^{-7{,}11} + 1)\ c(Fe^{2+}) \\
c(Fe^{2+}) &= 0{,}9999999\ \text{mol/l}
\end{aligned}$$

da $c(Fe^{3+}) = 1 - c(Fe^{2+})$ ist $c(Fe^{3+}) = 10^{-7}$ mol/l

Ergebnis: Bei Erreichen einer Konzentration von $c(Fe^{3+}) = 10^{-7}$ mol/l kommt es zu keiner Oxidation von Kupfer mehr.

Dieses Ergebnis zeigt, daß man zur Vereinfachung die Konzentration der Eisen(II)-Ionen auch mit $c(Fe^{2+}) = 1$ mol/l hätte einsetzen können.

4 Ätztechnik beim Tiefdruck

Zu 4:

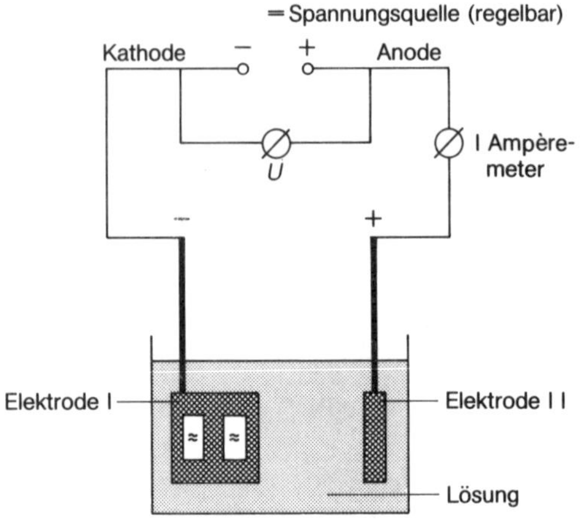

Abb. 2: Aufbauskizze für „erhabenes" Druckmodell

Elektrode I: Kupferplatte mit Schutzlack und eingravierter Druckvorlage.
Elektrode II: Kupferblech als „Opferanode"
Lösung: Kupfersulfat-Lösung

An den freigravierten Stellen wird Kupfer abgeschieden, so daß ein Bildrelief entsteht, das mit Farbstoffen belegt werden kann.

Theoretisch müßte eine Abscheidung bereits dann stattfinden, wenn die Spannung von Null verschieden ist ($U \neq 0$).
In der Praxis machen aber Ionenbeweglichkeit, Badwiderstand, Diffusionsströme und Stromdichte das Anlegen einer definierten Spannung erforderlich. Für die Elektrolyse muß eine badspezifische Berechnung vorgenommen werden.

KAIN WUNDER + REINER UNSINN
$\rightleftharpoons$
REINER WUNDER + KAIN UNSINN

4 Ätztechnik beim Tiefdruck

Weiterführende Informationen

Der Tiefdruck ist ein Verfahren bei dem nur bei hohen Auflagenzahlen Rentabilität erreicht wird, da die Tiefdruckformen teuer sind. Beim Druck wird die Druckform zunächst mit einer dünnflüssigen Druckfarbe überschwemmt, der Überschuß wird abgerakelt und die Tiefdruckform wird dann mit dem Bedruckstoff zusammengepreßt. Künstlerische Tiefdrucktechniken sind Radierungen und Kupferstiche.

Literatur

[1] Folienserie des FCI, Reprographie-Kommunikation durch Chemie. Frankfurt 1987
[2] Wie funktioniert das? Die Technik im Leben von heute. Meyer, Mannheim 1971

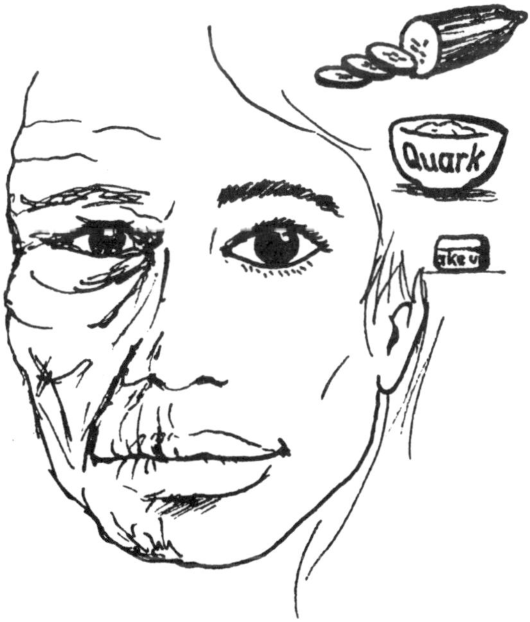

5 Redoxvorgänge durch Mikroorganismen Nitrifikation und Denitrifikation

Voraussetzungen aus dem Unterricht
Ammoniumsalze, Salze der Sauerstoffsäuren des Stickstoffs, Sulfat, Oxidationszahlen, Redoxreaktionen, Reinigungsstufen von Kläranlagen, Organische Carbonsäuren.

Aufgaben
Unsere Gewässer enthalten die verschiedensten Stickstoffverbindungen. Viele davon sind lebensnotwendig, einige führen ab bestimmten Konzentrationen zur Belastung des Gewässers. Mikroorganismen vermindern diese Belastung, indem sie durch bestimmte nützliche Redoxprozesse für den Abbau dieser Verbindungen sorgen.

1 Durch fäkale Abwässer, Düngung und den Abbau von organischen Stickstoffverbindungen gelangen Ammonium-Ionen in die Flüsse. Mit Hilfe von Sauerstoff, der im Wasser gelöst ist, oxidiert eine Bakteriengruppe Ammonium-Ionen bis zur salpetrigen Säure und es bilden sich dann deren Salze. Dieses giftige Nitrit übernimmt eine andere Bakteriengruppe (Nitrobacter) und bildet daraus Nitrat. Der Gesamtvorgang wird als Nitrifikation bezeichnet.

Notieren Sie die beiden erwähnten Reaktionen.
Berechnen Sie den gesamten Sauerstoffverbrauch pro Liter Abwasser, wenn die Ammonium-Konzentration 10 mg/l beträgt.
Entscheiden Sie anhand der folgenden Tabelle, bei welcher Temperatur die Menge des im Wasser gelösten Sauerstoffs nicht mehr ausreicht.

Tabelle zur Sauerstoffsättigung:

Temperatur °C	Sauerstoff-Konzentration in mg/l
15	10,06
18	9,45
20	9,08
21	8,90
22	8,73
24	8,41

2 Erhöhter Nitratgehalt im Trinkwasser verursacht bei Kleinkindern Methämoglobinämie (Blausucht), ferner muß Nitrat als krebserzeugend eingestuft werden, da im Körper eine Reduktion zu Nitrit möglich ist.
Die Kunst biologischer Abwasserreinigung besteht darin, durch ausgewogene Nitrifikation und Denitrifikation den Stickstoff aus dem Wasser zu entbinden. Bei der Denitrifikation handelt es sich um eine Kette von Reduktionsprozessen.

5 Redoxvorgänge durch Mikroorganismen Nitrifikation und Denitrifikation

Schema zur Denitrifikation:

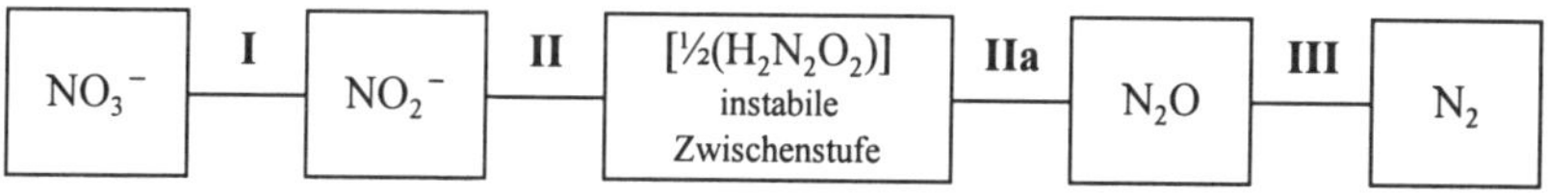

Erklären Sie, anhand des Schemas, was unter „entbinden" des Stickstoffs verstanden wird.
Formulieren Sie für die Reaktionsschritte (I) bis (III) Modellreaktionen.
Schreiben Sie die Reaktionsgleichungen mit den an der Reduktion beteiligten Elektronen.
Ordnen Sie Oxidationszahlen zu.
Woher erhalten die Bakterien die Wasserstoff-Ionen und die Elektronen, die für den Reduktionsprozeß notwendig sind?

3 Stellen Sie die in den Aufgaben 1 und 2 dargestellten Vorgänge in einem gemeinsamen Schema dar.

4 Bei Sauerstoffmangel können sich Bakterien auch anderer Oxidationsmittel bedienen. Eine Folge davon ist das nach Schwefelwasserstoff (Hydrogensulfid) stinkende Abwasser.
Der Vorgang, der dahinter steht, wird oft mit folgender Wortgleichung angegeben:

Brenztraubensäure + Wasserstoff + Sulfat →
Ethansäure + Kohlenstoffdioxid + Schwefelwasserstoff + Wasser

Formulieren Sie die Reaktionsgleichung mit Formelsymbolen.
Schreiben Sie die organischen Verbindungen zusätzlich in Strukturschreibweise.

5 Redoxvorgänge durch Mikroorganismen Nitrifikation und Denitrifikation

Lösungsvorschlag
Zu 1:

a) $2\overset{-III}{N}H_4{}^+{}_{(aq)} + 3\overset{\pm 0}{O}_2 \rightarrow 2H\overset{+III}{N}O_2 + 2H_2\overset{-II}{O} + 2H^+{}_{(aq)}$

Salpetrige Säure

b) $2\overset{+III}{N}O_2^- + \overset{\pm 0}{O}_2 \rightarrow 2\overset{+V}{N}O_3^-$

Berechnung:

$2n\ NH_4^+ \mathrel{\hat{=}} 4\ n\ O_2$; $n\ NH_4^+ \mathrel{\hat{=}} 2\ n\ O_2$

gegeben:
Massenkonzentration: $\beta(NH_4^+) = 10$ mg/l ;
Molare Masse: $M(NH_4^+) = 18$ g/mol

gesucht: $m\ O_2$

$$n NH_4{}^+ = \frac{0{,}010\ \text{g} \cdot \text{mol}}{18\ \text{g}} = 0{,}0005556\ \text{mol}$$

=> $n(O_2) = 0{,}0002778$ mol
$M(O_2) = 32$ g/mol
$m(O_2) = 32\ \text{g/mol} \cdot 0{,}0002778\ \text{mol} = 0{,}0088889\ \text{g} \approx 8{,}9\ \text{mg}$

Ergebnis: Um die gelösten Ammonium-Ionen zu oxidieren benötigt man eine Sauerstoff-Konzentration von 8,9 mg/l.
Das Wasser darf eine Höchsttemperatur von 20,999 °C haben. In der Praxis wäre diese Konzentration an Ammonium-Ionen viel zu hoch, da auch andere sauerstoffzehrende Stoffe im Wasser gelöst sind.

Zu 2: Entbinden bedeutet, daß aus den wasserlöslichen Verbindungen des Stickstoffs gasförmiger Stickstoff entsteht. Da Gase aus unpolaren Molekülen schlecht in Wasser löslich sind, entweicht dieser Stickstoff in die Atmosphäre.

I) $2\overset{+V}{N}O^-_{3(aq)} + 4H^+ + 4e^- \rightarrow 2\overset{+III}{N}O^-_{2(aq)} + 2H_2O$

5 Redoxvorgänge durch Mikroorganismen Nitrifikation und Denitrifikation

II) $$2\overset{+III}{N}O_2^- + 6H^+ + 4e^- \rightarrow \overset{+I}{H}_2\overset{+I}{N}_2O_2 + 2H_2O$$

$$\overset{+I}{H}_2\overset{+I}{N}_2O_2 \rightarrow \overset{+I}{N}_2O + \overset{+I}{H}_2O$$

III) $$\overset{+I}{N}_2O + 2H^+ + 2e^- \rightarrow \overset{\pm 0}{N}_2 + H_2O$$

Bilanz: $$2\overset{+V}{N}O^-_{3(aq)} + 12H^+ + 10e^- \rightarrow \overset{\pm 0}{N}_2(g) + 6H_2O$$

Im Zellstoffwechsel und im Abwasser befinden sich oxidierbare organische Moleküle, die als Reduktionsmittel und Reservoir für Wasserstoff-Ionen in Frage kommen.

Beispiel: $CH_3\overset{-I}{C}H_2OH \rightarrow CH_3\overset{+I}{C}HO + 2\,[H] + 2e^-$

Zu 3:

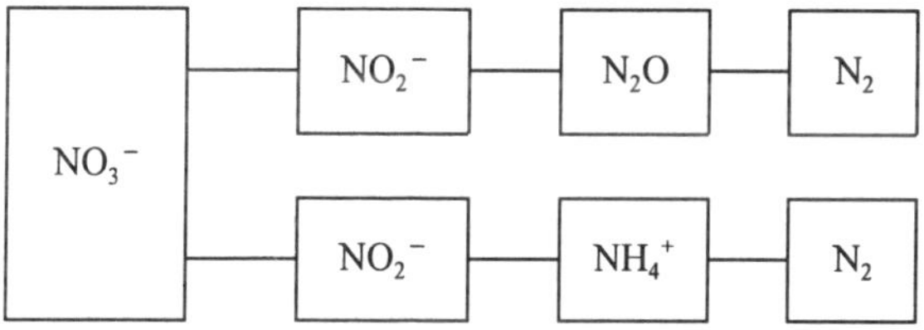

Zu 4: Bei Sauerstoffmangel können sich Bakterien auch anderer Oxidationsmittel bedienen. Eine Folge davon ist das nach Schwefelwasserstoff (Hydrogensulfid) stinkende Abwasser.

$$2\overset{-III}{C}H_3\overset{+II}{C}O\overset{+III}{C}OOH + 4H_2 + H_2\overset{+VI}{S}O_4 \rightarrow 2\overset{-III}{C}H_3\overset{+III}{C}OOH + 2\overset{+IV}{C}O_2 + H_2\overset{-II}{S} + 4H_2O$$

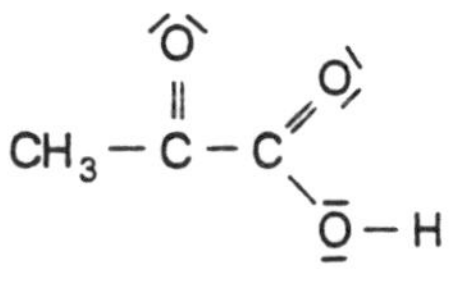

Benztraubensäure

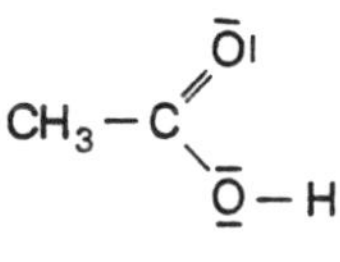

Essigsäure

5 Redoxvorgänge durch Mikroorganismen Nitrifikation und Denitrifikation

Weiterführende Informationen

In Gewässern kommen Stickstoffverbindungen in Form verschiedenster Stoffgruppen vor.

Anorganische Verbindungen:	Organische Verbindungen:	
Ammonium	Aminosäuren	Proteine
Nitrit	Amine	
Nitrat	Amide	Nucleotide u.a.

Pflanzliche und tierische Lebewesen sezernieren diese Verbindungen in das Wasser bzw. werden aus abgestorbenen Organismen freigesetzt.

Ganz allgemein werden Stickstoffverbindungen in noch stärkerem Maße als Schwefelverbindungen durch mikrobielle Redoxvorgänge gebildet oder abgebaut.

Ammonium-Ionen können aus Exkrementen menschlichen oder tierischen Ursprungs stammen. Gerade weil Ammonium-Ionen eine Kaskade bakterieller Prozesse auslösen können, muß bei positivem Nachweis immer von einer potentiellen Gesundheitsgefährdung ausgegangen werden.

Nitrit gilt als starkes Fischgift und ist die Vorstufe bei der Bildung karzinogener Nitrosamine. Wegen seiner Reaktivität befindet sich Nitrit meist nur in geringsten Mengen in Abwässern, deshalb müssen bereits bei kleinsten Spuren starke Ausgangsverschmutzungen angenommen werden.

Literatur

[1] *K. Neugebaur-Büchler* und *R. Draxl*, Stickstoff in Gewässern. Praxis der Naturwissenschaften Biologie 1/42 Jg. 1993, Aulis Köln 1993
[2] *G. Jagnow* und *W. Dawid*, Biotechnologie. dtv Stuttgart 1985
[3] *L. A. Hütter*, Wasser und Wasseruntersuchungen. Diesterweg Frankfurt 1985
[4] *H. J. Bogen*, Knaurs Buch der modernen Biotechnik. München/Zürich 1976

6 Kohlenwasserstoffe durch Elektrolyse

Voraussetzungen aus dem Unterricht

Aufbau und Funktionsweise einer Elektrolyseapparatur, Reaktionen an den Elektroden.
Geräte und Reagenzien zur Reinigung von Gasen (z. B. alkalische Lösung von Pyrogallol (1,2,3-Trihydrobenzol) zur Absorption von Sauerstoff und Kohlenstoffdioxid).
Grundlagen von reaktionen in der organischen Chemie (alkalische Verseifung von Estern, Reaktionen von Radikalen).
Hinweis: Verbindungen vom Typ R—O—O—R werden an Oberflächen aus Platin unter Bildung von Sauerstoff „zersetzt".
Der Leipziger Professor *Hermann Kolbe* (geb. 27. Sept. 1818, gest. 25. November 1884), bekannt durch seine Totalsynthese der Essigsäure (1845) und anderer Fettsäuren (1847/48, *Kolbe*sche Nitrilsynthese) und durch die Synthese der Salicylsäure (1860), beschrieb 1849 ein Elektrolyseverfahren zur Herstellung von Kohlenwasserstoffen aus konzentrierten wäßrig-alkalischen Lösungen von fettsauren Salzen [1].

Aufgaben

1 Eine geeignete einfache Elektrolyseapparatur ist zu skizzieren und zu beschreiben!

2 Bei der Elektrolyse von fettsauren Salzen in schwach alkalischer Lösung entsteht an einer Anode aus Platinblech neben Sauerstoff und Kohlenstoffdioxid auch ein Alkan.
Wie sollte die oben skizzierte und beschrieben Apparatur ergänzt werden, damit das entstehende Alkan frei von Sauerstoff und Kohlenstoffdioxid erhalten wird?

3 Die Vorgänge an der Anode (Bildung von Sauerstoff, Kohlenstoffdioxid und Alkan) sind als Reaktionsmechanismus schrittweise und plausibel herzuleiten. Als Fettsäure soll Essigsäure (Ethansäure) CH_3—CO—OH eingesetzt werden.

4 Welche Nebenprodukte sind denkbar?

5 Wenn bei der Elektrolyse z. B. Propionsäure (Propansäure) CH_3—CH_2—CO—OH eingesetzt wird, welches Alkan sollte dann entstehen?

6 Welche Alkane sind zu erwarten, wenn man ein Gemisch aus Essigsäure und Propionsäure einer alkalischen Elektrolyse unterwirft?

6 Kohlenwasserstoffe durch Elektrolyse

Lösungsvorschlag

Zu 1: Becherglas oder U-Rohr (eventuell mit Fritte) zur Aufnahme des Elektrolyten. Elektroden, über ein Ampèremeter an eine Gleichstromquelle mit Spannungsregler (wenige mV bis ca. 10 V) angeschlossen.

Zu 2: U-Rohr mit Fritte, Vorrichtung zur Ableitung von Gasen (an der Kathode Wasserstoff, an der Anode hauptsächlich Kohlenstoffdioxid und Kohlenwasserstoffe (neben geringeren Mengen an Sauerstoff). Die an der Anode entstehenden Gase werden durch zwei (oder drei) Waschflaschen geleitet; in der ersten befindet sich eine Natriumhydroxid-Lösung um Kohlenstoffdioxid zu entfernen, in der (den) darauf folgende(n) Waschflasche(n) alkalische Pyrogallol-Lösung um Sauerstoff und Reste von Kohlenstoffdioxid zu binden. (Die erste Waschflasche soll die Hauptmenge an Kohlenstoffdioxid entfernen, damit die nachfolgende alkalische Pyrogallol-Lösung alkalisch bleibt, aber auch um Pyrogallol nicht mit Kohlenstoffdioxid reagieren zu lassen (es entsteht Gallussäure) - einer sehr leicht erfolgenden Variante der Salicylsäuresynthese von *Kolbe*).

Zu 3: An der positiv geladenen Oberfläche der Anode herrscht ein Mangel an Elektronen. In der Lösung befinden sich hydratisierte Anionen, mit negativer Ladung. Einen Teil der vorhandenen Anionen wandert im Elektrolyten in Richtung Anode. Deshalb sind Anionen im Umfeld der Anode häufiger anzutreffen als Kationen. Man bezeichnet die Umgebung der Anode als den Anodenraum.
Anodenraum und Kathodenraum entstehen bei jeder Elektrolyse. Bei sehr geringer Spannung erfolgt nur eine sogenannte „Polarisation", welche die reversible Bildung der Elektrodenräume zur Folge hat. Liegt jedoch eine Spannung von mehr als 2,54 Volt an, dann werden unter dieser Voraussetzung an den Elektroden Ionen entladen. An der Anode verlieren Anionen eine definierte Anzahl von Elektronen (je nach Ladung des Anions und auch in Abhängigkeit von der anliegenden Spannung). Bei der Elektronenabgabe entstehen häufig ungeladene Teilchen mit einem ungepaarten Elektron, die man wegen ihrer „radikalen" Eigenschaften als Radikale bezeichnet.
Für uns ist es von Bedeutung zu wissen, daß $H{-}O^-$ (Hydroxid-Ionen) und $R{-}CO{-}O^-$(Caboxylat-Ionen) im Anodenraum vorhanden sind und zu Radikalen oxidiert werden (in einer alkalischen Lösung liegen auch $H{-}O{-}CO{-}O^-$ und $^-O{-}CO{-}O^-$ vor).
Es erscheint zunächst ganz plausibel, daß zwei Radikale sich „vereinigen" oder „rekombinieren" und anschließend ein gemeinsames Elektronenpaar die beiden Teilchen verbindet. Dies ist in Lösungen möglich. Im Gaszustand gibt es jedoch ein sogenanntes Rekombinationsverbot, das scherzhaft auch als „Radikalenerlaß" bezeichnet wird. Wenn eine Rekombination im Gaszustand stattfände, dann wäre das mit einem beträchtlichen Energiebetrag verbunden (die gesamte Bindungsenergie würde freigesetzt). Die freiwerdende Energie würde ausreichen, um die Bindung zu spalten - deshalb findet eine Rekombination nicht statt. Das Rekombinationsverbot

6 Kohlenwasserstoffe durch Elektrolyse

wird aufgehoben, wenn die Energie der Rekombination auf ein weiteres Teilchen übertragen werden kann („Dreierstoß“, Energietransfer auf die Gefäßwände) oder im gleichen Molekül nah bei der neuen Bindung eine Möglichkeit zur Übernahme der Bindungsenergie (Schwingung, Rotation, eventuell auch Emission) vorhanden ist.
Hydroxid-Ionen geben an der Anode ein Elektron ab und werden primär zu Hydroxylradikalen (H—O·). (zu H—O—O—H, bzw. in alkalischer Lösung zu H—O—O·), an der Platinelektrode bilden sich jedoch gasförmiger Sauerstoff und Wasser formal nach:

$$4H\text{—}O\cdot \rightarrow 2H_2O + O_2 \quad \text{bzw.: } 4H_2O_2 \rightarrow 4H_2O + 2O_2$$

Acetat-Ionen können ebenfalls an der Anode ein Elektron einbüßen und zu Acetoxyradikalen (CH_3—CO—O·) „entladen“ werden. Auch hier ist Platin als Elektrodenmaterial an der Bildung von Sauerstoff beteiligt, wenn nämlich zwei derartige Radikale zu CH_3—CO—O—O—CO—CH_3 rekombinieren. Das so entstehende Peroxyessigsäureanhydrid wird in alkalischer Lösung hydrolysiert und das Anion CH_3—CO—O—O^- zersetzt sich ähnlich wie H—O—O^-. Natürlich wird auch das Rekombinationsprodukt aus einem Hydroxylradikal und einem Acetoxyradikal in alkalischer Lösung zersetzt, denn es liegt das Anion der Peroxyessigsäure vor:

$$2CH_3\text{—}CO\text{—}O\text{—}O^- \rightarrow 2CH_3\text{—}CO\text{—}O^- + O_2$$

Ein Acetoxyradikal kann spontan in Kohlenstoffdioxid und ein Alkylradikal zerfallen: R—COO· → CO_2 + R·. Das dabei entstehende stabile Kohlenstoffdioxid begünstigt die Spaltung, weil die Entropie zunimmt.
Das verbleibende Alkyradikal kann nun seinerseits mit einem der vorgenannten Radikale eine Verbindung eingehen. Das kann Anlaß zur Bildung eines denkbaren Nebenproduktes sein (siehe unter 4).
Die Methylradikale können sich in Lösung zu Ethan-Molekülen vereinigen. Ethan ist der bei der Elektrolyse von Natriumacetat entstehende Kohlenwasserstoff der Alkanreihe.
Die „mittlere Lebensdauer“ von Radikalen in Lösung und auch im Gaszustand ist gering und erreicht selten Bruchteile von Sekunden. Je kleiner die Halbwertzeit ist, desto geringer ist auch die Stabilität - mit gewissen Einschränkungen gilt das auch für die Radikale, die wir hier betrachtet haben (R· < HO· < R—COO·). Die angegebene Reihenfolge ist sehr wahrscheinlich, denn es sind langlebige Radikale bekannt, deren Stabilität durch Mesomerie erklärt wird [2].

Zu 4: Sauerstoff und Kohlenstoffdioxid entstehen direkt und zusammen mit dem Ethan. Wenn wir die im Anodenraum vorhandenen Radikale H—O·, CH_3—CO—O· und H_3C· als potentielle Reaktionspartner aufzählen, dann hilft das bei der Suche nach einem möglichen Nebenprodukt. Die meisten Möglichkeiten wie H—O—O—H,

6 Kohlenwasserstoffe durch Elektrolyse

CH_3—CO—O—O—H und CH_3—CO—O—O—CO—CH_3 liefern Sauerstoff und/oder Kohlenstoffdioxid und das haben wir schon. Aber ein offensichtliches Rekombinationsprodukt fehlt noch: denkbar wäre die Bildung von Methanol nach [3].

$$H_3C\cdot + \cdot OH \rightarrow CH_3{-}OH$$

Zu 5: Es kann Butan entstehen. Die Synthese höherer Alkane liefert stets schlechtere Ausbeuten als die Ethansynthese nach *Kolbe*. Alkane mit mehreren Kohlenstoff-Atomen sind nach der *Kolbe*-Synthese immer mit Nebenprodukten „verunreinigt", zu denen u. a. ungesättigte Verbindungen gehören [3]. Dies liegt daran, daß eine Stabilisierung nach der Art einer Disproportionierung möglich ist, bei der Alkane und Alken entstehen. Alkene am Reaktionsort werden vielleicht zu einem Teil auch radikalisch polymerisiert und „verharzen".

Zu 6: Es sind Ethan, Propan und Butan möglich. Auch hier sind die Ausbeuten an den höheren Alkanen gering, weil Ausweichreaktionen zu einer Reihe von Nebenprodukten (u. a. Ethen aus dem Ethylradikal durch Disproportionierung) führen [3].

6 Kohlenwasserstoffe durch Elektrolyse

Weiterführende Informationen

*Kolbe*s Synthesen waren Meisterleistungen. Auch in theoretischer Hinsicht leistete er Beachtliches. So sagte er 1859 die Existenz von sekundären und tertiären Alkoholen voraus, die seinerzeit noch nicht bekannt waren.

Kolbe war aber auch ein streitbarer Zeitgenosse wenn es um Neuerungen ging, die nicht in sein Weltbild paßten. Ein gekürzter Auszug zeigt, zu welcher Polemik er fähig war.

»In einem unlängst veröffentlichten Aufsatze ... habe ich als eine der Ursachen des heutigen Rückganges der chemischen Forschung in Deutschland den Mangel an allgemeiner und zugleich auch an gründlicher chemischer Bildung bezeichnet, woran eine nicht geringe Zahl unserer chemischen Professoren zum großen Nachteil der Wissenschaft laboriert. Folge davon ist das Überhandnehmen des Unkrauts der gelehrt und geistreich scheinenden, in Wirklichkeit trivialen, geistlosen Naturphilosophie, welche vor 50 Jahren durch die exakte Naturforschung beseitigt, gegenwärtig von Pseudonaturforschern aus der die Verirrungen des menschlichen Geistes beherbergenden Rumpelkammer wieder hervorgeholt und, gleich einer Dirne, modern herausgeputzt und neu geschminkt, in die bessere Gesellschaft, wohin sie nicht gehört, einzuschmuggeln versucht wird. Wem diese Besorgnis übertrieben scheint, der lese, wenn er es vermag, die kürzlich erschienene, von Phantasie, strotzende Schrift der Herren *Van't Hoff* und *Herrmann* [der deutsche Übersetzer, Assistent am landwirtschaftlichen Institut der Universität Heidelberg] über „die Lagerung der Atome im Raume". Ich würde dieselbe wie manche andere ignorieren, wenn nicht ein namhafter Chemiker sie in seine Protektion genommen und als verdienstliche Leistung warm empfohlen hätte. Ein Dr. *J. H. Van't Hoff*, an der Tierarzneischule zu Utrecht angestellt, findet, wie es scheint, an exakter chemischer Forschung keinen Geschmack. Er hat es bequemer erachtet, den Pegasus zu besteigen (offenbar der Tierarzneischule entlehnt) und in seiner „La chimie dans L'espace" zu verkünden, wie ihm auf dem durch kühnen Flug erklommenen chemischen Parnaß die Atome im Weltenraume gelagert erschienen sind.

... Es ist bezeichnend für die heutige kritikarme und kritikhassende Zeit, daß zwei so gut wie unbekannte Chemiker, der eine von einer Tierarzneischule, der andere von einem landwirtschaftlichen Institute, die höchsten Probleme der Chemie, welche wohl niemals gelöst werden, speziell die Frage nach der räumlichen Lagerung der Atome, mit einer Sicherheit beurteilen, und deren Beantwortung mit einer Dreistigkeit unternehmen, welche den wirklichen Naturforscher geradezu in Staunen versetzt.

... Es gehört zu den Zeichen der Zeit, daß die modernen Chemiker sich berufen und imstande erachten, für alles eine Erklärung zu geben, und wenn dazu die gewonnenen Erfahrungen nicht ausreichen, zu übernatürlichen Erklärungen greifen. Solche vom Hexenglauben und Geisterklopfen nicht weit entfernte Behandlung hält auch *Wislicenus* [der die deutsche Übersetzung gelobt und mit einem Vorwort versehen hatte] für statthaft. ...

6 Kohlenwasserstoffe durch Elektrolyse

... *Wislicenus* erklärte hiermit, daß er aus der Reihe der exakten Naturforscher ausgeschieden und in das Lager der Naturphilosophen ominösen Andenkens übergetreten ist, welche ein nur dünnes »Medium« noch von den Spiritisten trennt.« Der Auszug stammt aus einer Gedenkschrift zum 50. Todestag von *Jacobus Henricus van't Hoff*, die von der GDCh 1961 auf Anregung von *Richard Kuhn* herausgegeben wurde. Dort ist anschließend an die hier zitierten Ausführungen von *Kolbe* der Text eines Vortrages enthalten, den *Van't Hoff* 1878 in Amsterdam über „Die Phantasie in der Wissenschaft" hielt. *R. Kuhn* organisierte 1961 die Gedächtnisvorlesung im großen alten Hörsaal des chemischen Instituts der Universität Heidelberg und trug dabei auch den hier nur teilweise abgedruckten Text vor.

Literatur

[1] *H. Kolbe*, Liebigs Ann. Chem. 69, 279 (1849).

[2] vergl. *Gould*, Mechanismus und Struktur in der organischen Chemie. 2 Aufl. S. 816 ff., Verlag Chemie, Weinheim, 1964

[3] *Petersen*, Zeitschrift f. Physik Ch. 33, 108 (1887), 3
In Gegenwart von Perchloraten (Carbonaten und einigen weiteren Salzen) sind in nahezu neutraler Lösung folgende Nebenprodukte gefunden worden: Methanol, Methanal, Methylacetat und Ethen; vergl.: *Beilstein* Bd. II, Seite 10.

7 Noch ein Kohlenwasserstoff durch Elektrolyse

Voraussetzungen aus dem Unterricht

Aufbau und Funktionsweise einer Elektrolyseapparatur, Reaktionen an den Elektroden. Grundlagen von Reaktionen in der organischen Chemie (insbesondere die alkalische Verseifung von Estern und Reaktionen von Radikalen, Verbindungen vom Typ R—O—O—R werden durch metallisches Platin oder an rauhen Oberflächen „zersetzt“). Berechnung von Summenformeln und molaren Massen aus Analysendaten. Atommassen m(C) = 12,011; m(H) = 1,008 u; m(O) = 15,999 u.

Aufgaben

1.1 Aus dem Saft von Zuckerrüben kann eine organische Verbindung X mit 40,68 % Kohlenstoff, 5,12 % Wasserstoff und 54,19 % Sauerstoff isoliert werden. Welche Summenformel und welche molare Masse hat die Substanz X?

1.2 Es sind drei mögliche Strukturformeln für die Summenformel von X zu formulieren (es muß nicht die später zu ermittelnde richtige Struktur dabei sein!).

2.1 X wird in Gegenwart von überschüssigem Natriumhydroxid in konzentrierter wäßriger Lösung an Platinelektroden elektrolysiert.
An der Anode entsteht dabei neben Sauerstoff und Kohlenstoffdioxid ein weiteres Gas Y [1].
Reines Y riecht süßlich und bildet mit Luft (oder Sauerstoff) ein explosives Gasgemisch.
Y enthält 85,63 % Kohlenstoff und 14,37 % Wasserstoff, die molare Masse beträgt etwa 33 g/mol.
Welche Summenformel und welche molare Masse hat die Substanz Y?

2.2 Welche Strukturformel hat Y?

2.3 Welche Hinweise können aus der Strukturformel von Y für die Strukturformel von X gewonnen und übernommen werden?

3 Die Vorgänge an der Anode (Bildung von Sauerstoff, Kohlenstoffdioxid und Y) sind als Reaktionsmechanismus schrittweise und plausibel herzuleiten.

4 Welche Nebenprodukte (C_iH_j und/oder $C_iH_jO_k$) könnten auftreten?
Alle Rechnungen sind ausführlich mit begründetem Lösungsweg darzustellen. Bei Strukturformeln muß nicht unbedingt der systematische Name angegeben werden, die vorhandenen funktionellen Gruppen sollen jedoch genannt werden.

7 Noch ein Kohlenwasserstoff durch Elektrolyse

Lösungsvorschlag

Zu 1.1 und 2.1: Die Berechnung einer Summenformel aus Analysendaten erfolgt normalerweise nach dem von *Liebig* angegebenen Schema. Es ist jedoch zweckmäßig, eine Modifikation einzusetzen, mit der gleichzeitig Summenformel und molare Masse zu ermitteln sind. Zunächst muß jedoch erkannt werden, daß zur Bestimmung der Summenformel von X ($C_iH_jO_k$ mit der molaren Masse $M_C \cdot i + M_H \cdot j + M_O \cdot k$) nur 3 Angaben für 4 zu bestimmende Größen vorliegen. Gibt man zusätzlich die genaue molare Masse mit 118,1 g/mol vor, dann rechnen „schlaue" Schüler einfach die Prozente für C, H und O aus und haben wenig Mühe z. B. von 48 g C auf 4C zu kommen.

Zu 1.1:

Element-symbol	Atommasse g/mol	Gewichts%	Rechnung
C	12,011	40,68	12,011 :0,4068
H	1,008	5,12	1,008 : 0,0512
O	15,999	54,19	15,999 : 0,5419

Element-symbol	äquivalente molare Masse	kleinste mögliche molare Masse	richtiger Koeffizient	mögliche molare Masse
C	29,526	·2 = 59,05	2C·2⇒4C	118,1
H	19,688	·3 = 59,06	3H·2⇒6H	118,1
O	29,524	·2 = 59,05	2O·2⇒4O	118,1

Es muß das kleinste gemeinsame Vielfache der berechneten Werte für die äquivalente molare Masse gesucht werden, um die kleinste theoretisch mögliche molare Masse zu erhalten. $C_2H_3O_2$ ist jedoch keine „erlaubte" Formel, da die Anzahl der Elektronen im Molekül ungerade ist und normale organische Verbindungen mit einer ungeraden Zahl von Elektronen nicht stabil sind. Wir multiplizieren deshalb alle Werte mit dem Faktor zwei und kommen so zur (vermutlich) richtigen Summenformel $C_4H_6O_4$.

Zu 1.2: Gegenüber einer gesättigten Verbindung mit der Summenformel $C_4H_{10}O_4$ liegt ein Defizit von 4 Wasserstoff-Atomen vor; das bedeutet: es müssen 2 Doppelbindungen oder 2 Ringe oder ein Ring und eine Doppelbindung vorhanden sein. Dafür sind sehr viele mögliche Strukturen denkbar und zu formulieren. Als funktionelle Gruppen können vorkommen: Ring, C=C—Doppelbindung, C—O—Einfach- und C=O—Doppelbindung, konjugierte, kumulierte und isolierte Doppelbindungen, Carbonylgruppe, Carboxylgruppe, Estergruppe, Säureanhydrid - eine recht große Auswahl.

7 Noch ein Kohlenwasserstoff durch Elektrolyse

Zu 2.1:

Element-symbol	Atommasse g/mol	Gewichts%	Rechnung
C	12,011	85,63	12,011 : 0,8563
H	1,008	4,37	1,008 : 0,1437

Element-symbol	äquivalentc molare Masse	kleinste mögliche molare Masse	richtiger Koeffizient	mögliche molare Masse
C	14,027	·1 = 14,03	1C·2⇒2C	28,05
H	7,015	·2 = 14,03	2H·2⇒4H	28,06

Es kann nicht CH_2 sein, die Summenformel ist ohne Zweifel C_2H_4 (Ethen). Dafür sind zwei Gründe anzuführen: CH_2 ist keine stabile Verbindung und die molare Masse von ca. 33 g/mol ist mit 14 g/mol nicht vereinbar (auch nicht mit 42 g/mol), aber einigermaßen mit 33 g/mol.
Ein „Schlaumeier", der es hier mit Prozentrechnung versucht, der kommt nicht direkt zum Ergebnis, denn er muß erst von 28,3 g Kohlenstoff/mol und 4,7 g Wasserstoff/mol auf brauchbare 24 g Kohlenstoff/mol und 4 g Wasserstoff/mol schließen, um C_2H_4 zu erhalten.

Zu 2.2: Es muß sich hier um Ethen $CH_2{=}CH_2$ handeln, eine andere Struktur ist nicht möglich.

Zu 2.3: Es ist wahrscheinlich, daß im Molekül von X die Atomanordnung $-CH_2-CH-$ vorliegt. Das ist mit der Formel $HO-CO-CH_2-CH_2-CO-OH$ = Butandisäure (Bernsteinsäure) vereinbar.

Zu 3: Die Anode ist positiv geladen, an ihrer Oberfläche herrscht ein Mangel an Elektronen. In der Lösung befinden sich hydratisierte Anionen, mit negativer Ladung. Die Anionen wandern im Elektrolyten auf die Anode zu und sind in der Umgebung der Anode häufiger anzutreffen als Kationen. Man bezeichnet diesen Teil des Elektrolyten als Anodenraum.
Die Entstehung des Anodenraumes (und des entsprechenden Kathodenraumes) ist bei jeder Elektrolyse der primär ablaufende Vorgang. Bei sehr geringer Spannung erfolgt nur eine sogenannte „Polarisation", welche die reversible Bildung der Elektrodenräume zur Folge hat. Liegt jedoch eine größere Spannung an, dann werden an den Elektroden Elektronenübergänge stattfinden. An der Anode „springen" Elektronen von den Anionen in die Anode über und gleichen das dort vorherrschende Defizit an Elektronen aus.

7 Noch ein Kohlenwasserstoff durch Elektrolyse

Für uns ist es von Bedeutung zu wissen, welche Anionen im Anodenraum vorhanden sind: OH^- (Hydroxid-Ionen) und R—COO^- (Caboxylat-Ionen). In alkalischer Lösung liegen auch H—O—CO—O^- vor, die sich im Verlauf der Reaktion aus dem freiwerdenden Kohlenstoffdioxid bilden.
Hydroxid-Ionen geben an der Anode ein Elektron ab und werden primär zu Hydroxylradikalen (H—O·). Da eine Flüssigkeit vorliegt, könnte hier eine Rekombination zweier Radikale stattfinden (zu H—O—O—H, bzw. in alkalischer Lösung zu H—O—O^-), an der Platinelektrode bilden sich jedoch gasförmiger Sauerstoff und Wasser nach (nur formalem):

$$4\text{H—O}\cdot \rightarrow O_2 + 2H_2O$$

Carboxylat-Ionen können ebenfalls an der Anode ein Elektron einbüßen und zu Carboxylradikalen (R—COO·) „entladen" werden. (Nebenreaktionen siehe 4) Ein Carboxylradikal kann spontan in Kohlenstoffdioxid und ein Alkylradikal zerfallen:

$$\text{R—COO}\cdot \rightarrow CO_2 + \text{R}\cdot$$

Beim Anion der Bernsteinsäure (Succinat) kann die oben beschriebene Reaktion zweimal vor sich gehen: Bildung eines primären Diradikals und anschließende Abspaltung von Kohlenstoffdioxid zum Diradikal von Y ·H_2C—CH_2·, welches sich zu Ethen $H_2C{=}CH_2$ stabilisiert und als Gas entweicht.

Zu 4: Radikale können rekombinieren, da das „Rekombinationsverbot" nur im gasförmigen Zustand die „Vereinigung" von Radikalen verhindert (bei der Rekombination wird gerade soviel Bindungsenergie frei, wie zur Spaltung der Bindung erforderlich ist und wenn diese Energie nicht anderweitig abgegeben werden kann, dann kommt es nicht zur Rekombination, sondern zur erneuten Trennung). Es sind zunächst folgende Radikale vorhanden: H—O· und R—CH_2—CO—O·. Neben dem oben schon erwähnten H—O—O^- (in alkalischer Lösung und dem entsprechenden Zerfall in die stabileren Produkte Wasser und Sauerstoff unter Gewinn von Entropie) könnte eine Rekombination der organischen Radikale erfolgen. Das entstehende Produkt besitzt jedoch eine R—CO—O—O—CO—R Gruppierung; es ist ein gemischtes Säureanhydrid, das in alkalischer Lösung in R—CO—O^- und R—CO—O—O^- gespalten wird. Anionen einer Peroxisäure zersetzen sich aber an einer Platinelektrode auf ähnliche Weise wie H—O—O^-. In vergleichbarer Weise könnte auch eine Rekombination von Hydroxylradikalen mit Carboxylradikalen zu einer Persäure stattfinden, die ebenfalls bei den

7 Noch ein Kohlenwasserstoff durch Elektrolyse

gegebenen Reaktionsbedingungen nicht stabil sein wird. Unter anderen Bedingungen ist die Bildung von Peroxisäuren und/oder ihren Salzen durchaus möglich.
Es ist denkbar, daß ein durch den Zerfall von R—CH_2—CO—O· Radikalen entstehendes Alkylradikal R—CH_2· mit einem der vorher formulierten Radikale rekombiniert. Von den dabei entstehenden Verbindungen sollte der Alkohol R—OH relativ stabil und deshalb eventuell isolierbar sein. Das ebenfalls mögliche Produkt R—O—CO—R wird als Ester jedoch vom Überschuß an Hydroxid-Ionen verseift. Beachtenswert ist jedoch das bei einer Vereinigung von Alkylradikalen entstehende R—CH_2—CH_2—R (Polyethylen = PE), das wir stabil kennen. Als (1868) die Beobachtung [1] gemacht wurde, daß bei der alkalischen Elektrolyse von Succinat auch Ethen entsteht, war PE jedoch nur ein unerwünschtes „Wegwerfprodukt".

7 Noch ein Kohlenwasserstoff durch Elektrolyse

Weiterführende Informationen

Es ist sicher nicht lohnend, PE durch Elektrolyse von Bernsteinsäure herzustellen. Zur Herstellung von modifizierten Polymeren in wäßrig-alkalischem Milieu, z. B. aus geeignet substituierten Bernsteinsäuren, könnte dieses Verfahren jedoch eine Rolle spielen. Als Ergänzung zur Identifizierung von Ethen könnte die Umsetzung zu 1,2-Dibromethan oder 1-Brom-ethan-2-ol dienen.

Als Einstieg in eine Diskussion über Nebenprodukte ist: Nebenreaktion liefern „... Harze oder Schmieren ... die das Interesse der klassischen organischen Chemie bisher nur im Sinne ausgesprochener Mißbilligung erweckt haben“ [2] geeignet.

Literatur

[1] *Bourgoin*, Bull. Soc. Chim. France, [2] 9, 301 (1868). Neben Sauerstoff, Ethen und Kohlenstoffdioxid entstehen auch geringe Mengen Ethin und Kohlenstoffmonooxid.
vergl. auch *Beilstein* Band II, Seite 604

[2] *Gattermann-Wieland*, Die Praxis des organischen Chemikers, Seite 4, W. de Gruyter & Co Berlin 1958

8 Konzentrationspotential und Konzentrationskette

Voraussetzungen aus dem Unterricht
Faraday-Gesetze, *Nernst*-Gleichung, Konzentrationsabhängigkeit von Elektrodenpotentialen.

Versuchsbeschreibung:
Nach *Michael Braun* [1] füllt man ein Reagenzglas etwa 2 cm hoch mit festem Zinksulfat oder Zinkchlorid (beide Salze sollten Kristallwasser enthalten!) und stampft das Salz zu einem dichten Kuchen fest. Auf das Salz stellt man ein stabförmiges Stück Zink und füllt anschließend das Gefäß vorsichtig mit dest. Wasser bis etwa 5 cm vom oberen Rand des Glases. Wenn man diesen Versuch einige Tage aufbewahrt und dabei Temperaturänderungen und Erschütterungen möglichst vermeidet, dann ist der Zinkstab oben dünner geworden und sieht wie „angefressen“ aus, während am unteren Ende vom Zinkstab kristallisiertes Zink aufgewachsen ist.

Aufgaben

1 Das Versuchsergebnis ist zu erklären.

2 Anstelle der beschriebenen Versuchsanordnung soll ein U-Rohr mit Fritte verwendet werden. Wie sieht der Versuchsaufbau aus und welche Messungen kann man jetzt durchführen?

3 Welchen Vorteil bietet eine „Salzbrücke“ nach *Bjerrum* [2] anstelle einer Fritte im U-Rohr der Aufgabe 2?

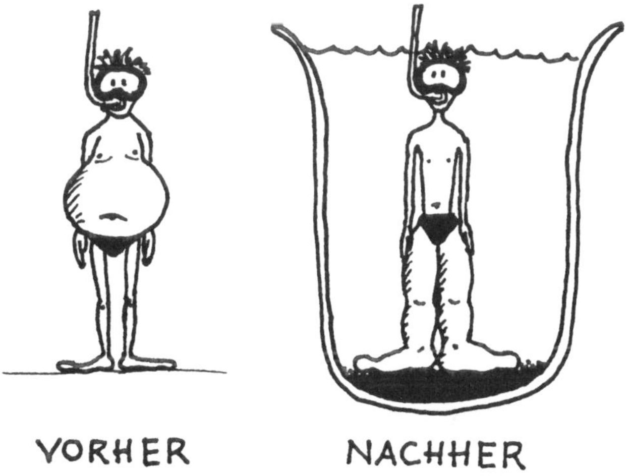

8 Konzentrationspotential und Konzentrationskette

Lösungsvorschlag

Zu 1: Der Zinkstab befindet sich am unteren Ende in einer konzentrierten Zinksalzlösung und „oben" in einer relativ verdünnten Lösung. Ein Metall, das in eine Flüssigkeit eintaucht, in welcher sich Ionen dieses Metalls befinden, bildet ein Gleichgewicht nach: me· $\rightleftharpoons$ $me^+ + e^-$ aus, hier: Zn: $\rightleftharpoons$ $Zn^{2+} + 2e^-$ aus. (· soll für ein Elektron stehen.) Wir wissen, daß Zink-Ionen sich in Waser auflösen können, Elektronen dagegen nicht. Im Metall können sich sowohl Ionen als auch Elektronen „lösen", sie liegen dort quasi präformiert vor.

Hinreaktion: Zn: $\rightarrow Zn^{2+} + 2e^-$ und Rückreaktion: Zn: $\leftarrow Zn^{2+} + 2e^-$ werden von Konzentration und Löslichkeit von Elektronen und Ionen (sowohl im Metall als auch in Lösung) im Rahmen von Gleichgewichten abhängen.

Die Hinreaktion ist im Prinzip sowohl in der konzentrierten als auch in der verdünnten Lösung möglich, sie wird allerdings durch die im Metall zurückbleibenden Elektronen (das Metall muß den Überschuß an negativer Ladung aufnehmen) und durch die in Lösung gehenden Kationen (in der Lösung entsteht ein Überschuß an positiven Ladungen) behindert.

Die Rückreaktion kann da leichter erfolgen, wo ein Überschuß an Zink-Ionen vorhanden ist, und das ist im konzentrierten Teil der Lösung der Fall.

Faßt man die bisherigen Überlegungen zusammen, dann werden am unteren Ende vom Zinkstab Zink-Ionen entladen. Hier verarmt die (anfänglich konzentrierte) Salzlösung an Zink-Ionen und der Zinkstab nimmt an Masse zu. Die erforderlichen Elektronen werden am oberen Ende des Zinkstabes freigesetzt, weil dort Zink-Ionen in Lösung gehen. Dort erhöht sich die (anfänglich minimale) Konzentration der Zink-Ionen im gleichen Maß wie sie am anderen Ende abnimmt.

Bis jetzt haben wir die Anionen außer Acht gelassen. Wenn am oberen Ende Zink-Ionen in Lösung gehen, dann müssen wir das Prinzip der Elektroneutralität beachten. Wenn nicht gleichviel Anionen aus dem konzentrierten Teil der Lösung in den verdünnten Teil überwechseln, dann kann keine meßbare Reaktion erfolgen. Ebenso wird am Boden des Reagenzglases nur dann Zink abgeschieden, wenn gleichzeitig Anionen abwandern. Weil die wandernden Anionen einen Ladungs- und Stofftransport bewirken, wird im Laufe der Zeit ein Konzentrationsausgleich in der Lösung stattfinden und zwar solange, bis überall im Reagenzglas die Konzentration an Zink-Ionen und Sulfat- (bzw. Chlorid-)Ionen gleich ist.

Die wandernden Anionen in Lösung und die wandernden Elektronen im Metall bilden einen geschlossenen Stromkreis.

Unterbricht man den geschlossenen Stromkreis z. B. dadurch, daß man den Zinkstab teilt und die Teile ohne metallisch leitende Verbindung in eine vergleichbare Apparatur bringt, dann findet der Konzentrationsausgleich ohne (direkte) Beteiligung des Metalls statt.

Auch im Fall von räumlich (elektrolytisch) getrennten Salzlösungen unterschiedlicher Konzentration, in welche metallisch leitend verbundene Metallstäbe eintauchen, wird keine meßbare Reaktion stattfinden.

8 Konzentrationspotential und Konzentrationskette

Die Salzlösungen unterschiedlicher Konzentration müssen also elektrolytisch leitend miteinander verbunden sein und gleichzeitig müssen die Elektroden metallisch leitend miteinander verbunden sein.
Als Halbzelle bezeichnet man eine Salzlösung, in welche eine Elektrode eintaucht, die mit einem der Ionen in der Salzlösung im Gleichgewicht steht.

Zu 2: Die beiden Halbzellen sind elektrolytisch leitend über die Fritte miteinander verbunden. Den Stromkreis kann man direkt schließen (Abb. 1), man kann aber die Verbindung auch über einen Schalter herstellen.
Ein Ampèremeter (in Reihe) und ein Voltmeter (über einen Widerstand parallel) erlauben es, den Stromzufluß und die zugehörige Spannnung im Abstand von Stunden oder Tagen zu messen. Dabei stellt man fest, daß mit zunehmender Versuchsdauer sowohl Spannung als auch Stromstärke abnehmen. Wenn man dabei auch die Konzentration der Kationen in den beiden Halbzellen bestimmen würde, dann könnte man eine Beziehung zur *Nernst*-Gleichung herstellen [3].

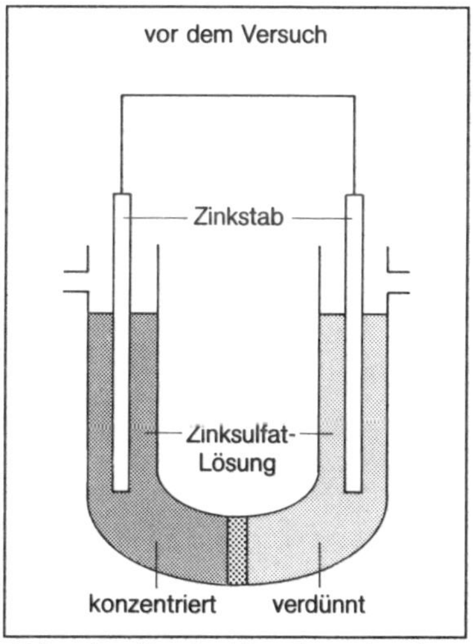

Abb. 1: Zwei leitend verbundene Halbzellen

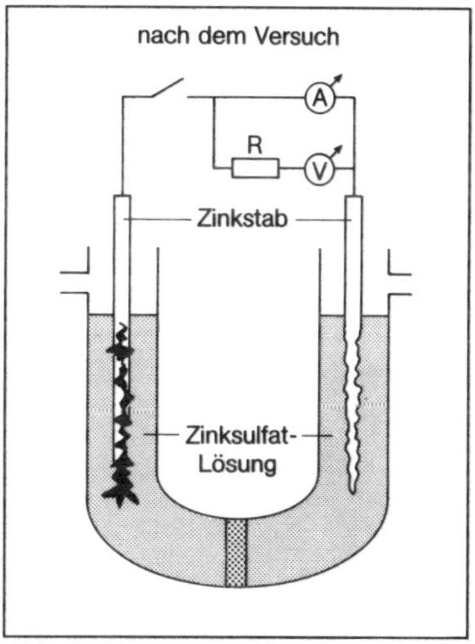

Abb. 2: Zwei Halbzellen über Schalter und Meßinstrument verbunden

Zu 3: Die Fritte im U-Rohr erlaubt einen - wenn auch relativ langsamen Stofftransport von solvatisierten Ionen und von Lösungsmittelmolekülen. Weil anfänglich die beiden Halbzellen sehr unterschiedliche Salzkonzentrationen aufweisen, herrscht ein beträchtliches osmotisches Druckgefälle. Dadurch wird der eigentliche Versuch beeinträchtigt. *Bjerrum* [2] konnte diese Störung durch experimentelle Verbesserungen herabsetzen: Die Konzentrationsunterschiede werden geringer, wenn man anstelle von Wasser als Lösungsmittel eine Salzlösung verwendet. Hier sollten die Anionen z. B.

mit dem Anion des Metallsalzes übereinstimmen und die Kationen die Auflösung und Abscheidung von Zink nicht beeinflussen (z. B. Kalium-Ionen). Bei einer Variante des obigen Versuches mit Silber und Silbernitrat wäre Kaliumnitrat z. B. geeignet.
Da die Teilchen unterschiedliche Masse besitzen und sich deshalb auch (entsprechend der *Maxwell*schen Geschwindigkeitsverteilung) unterschiedlich schnell durch die Poren der Fritte „hindurchzwängen", existieren im Bereich der Fritte „Potentialsprünge". Um diese Beeinträchtigung der Versuchsergebnisse weitgehend auszuschalten, verwendet man eine Apparatur, die durch zwei Fritten in drei Abteilungen unterteilt ist. Die beiden äußeren dienen der Aufnahme der zu messenden Elektrolytlösungen unterschiedlicher Konzentration (unter Zusatz eines „Leitsalzes"), während das zwischengeschaltete Gefäß mit Leitsalzlösung gefüllt ist.
Einfacher und für viele Zwecke ausreichend ist folgende Anordnung: die Lösungen mit unterschiedlichen Konzentrationen des zu untersuchenden Elektrolyten befinden sich in Bechergläsern und ein mit Leitlösung getränkter Filterpapierstreifen (eventuell gegen Verdunstung durch eine Hülle geschützt) dient als elektrolytisch leitende Verbindung der beiden Gefäße.

8 Konzentrationspotential und Konzentrationskette

Weiterführende Informationen

Bei dem beschriebenen Versuch sollte man zweckmäßig das Zinksalz mit einer Schicht aus eingeweichtem zerfasertem Filterpapier bedecken. Der Papierbrei wird ebenfalls festgestampft. Aufgefüllt wird das Reagenzglas mit einer geeigneten Leitsalzlösung. Die Versuchsdauer erhöht sich durch die geringere Diffusionsgeschwindigkeit zwar etwas, die Ergebnisse sind jedoch besser reproduzierbar.

Als Metall für die Konzentrationskette nach *Braun* [1] eignet sich auch sehr gut Zinn in Form von Folie (Stanniol) oder Draht=„Lötzinn" (nicht jede Sorte! wegen der Legierungsbestandteile).

Die konzentrations- und temperaturabhängige Spannung von Konzentrationsketten ist nach der *Nernst*-Gleichung zu berechnen. Dabei ist jedoch zu berücksichtigen, daß bei hohen und auch bei niedrigen Konzentrationen die Meßwerte nicht mit der Rechnung übereinstimmen (müssen). Über Gründe dafür informieren Lehrbücher der Physikalischen Chemie.

Literatur

[1] *M. Braun*, Elektrochemie (Chemie S II), S. 15, Schwann Düsseldorf 1976

[2] *N. Bjerrum*, Z.physikal.Chem **53**, 428 (1905); Z.Elektrochem. **17**, 389 (1911)

9 Elementaranalysen

Voraussetzungen aus dem Unterricht

Berechnung der molaren Masse MM aus der Summenformel und Berechnung der Massenanteile für die Bestandteile. Berechnung der Summenformel und der molaren Masse aus Gewichtsprozenten.

Atommassen AM: m(C) = 12,011 u; m(H) = 1,008 u;
m(Cl) = 35,453 u; m(N) = 14,007 u; m(O) = 15,999 u; m(S) = 32,066 u.

Wenn eine Substanz hergestellt und genügend gereinigt worden ist, dann „macht“ man eine Analyse. Dabei bestimmt man die Massenanteile der einzelnen Elemente. Das Ergebnis vergleicht man mit den nach der erwarteten Summenformel berechneten Gewichtsprozenten. Die Berechnung ist im Prinzip einfach. Man geht nach dem einfachen Schema der Tabelle 1 vor. Die Methode wird nur besprochen, weil sie quasi reziproke Anwendung findet, wenn man eine Summenformel aus den Analysendaten berechnet.

Gegeben sei eine Substanz $X_xY_yZ_z$. Das Element X mit der Atommasse AM_x ist x mal vorhanden. Daraus erhält man die Masse aller in $X_xY_yZ_z$ enthaltenen X-Atome. Die molare Masse ist dann ganz allgemein:

$$MM = \sum_i n_i AM_i \qquad (1)$$

und p_i, der dimensionslose Massenanteil des i. Elements ist dann:

$$p_i = \frac{n_i AM_i}{MM} \qquad (2)$$

p_i wird meist mit 100 multipliziert und als Gewichtsprozent angegeben.

Aufgaben

Wir empfehlen zunächst die Lektüre der weiterführenden Informationen!

Tabelle 1

$Element_i$	Atommasse AM_i [g/mol]	Koeffizient n_i	Masse n_iMM_i [g/mol]	Gewichts%
		Aufgabe 1.1 CH_4 Methan		
C	12,011	·1 =	12,011	...,... % C
H	1,008	·4 =	4,032	...,... % H
CH_4 (Methan)		molare Masse =	16,043	[g/mol]

9 Elementaranalysen

Element$_i$	Atommasse AM_i [g/mol]	Koeffizient n_i	Masse n_iMM_i [g/mol]	Gewichts%
	Aufgabe 1.2	C_2H_6O Ethanol oder Dimethylether		
C	12,011	·2 =	....	...,... % C
H	1,008	·6 =	....	...,... % H
O	15,99	·1 =	....	...,... % O
C_2H_6O		molare Masse =	....	[g/mol]
	Aufgabe 1.3	$C_{26}H_{33}N_3O_2S$		
C	...,...	·... =	....	...,... % C
H	...,...	·... =	....	...,... % H
N	...,...	·... =	....	...,... % N
O	...,...	... =	....	...,... % O
S	...,...	·... =	....	...,... % S
$C_{26}H_{33}N_3O_2S$		molare Masse =	....	[g/mol]

1 Die molare Masse und die Massenprozente für 1.1, 1.2 und 1.3 sind entsprechend dem Schema von Tabelle 1 zu ermitteln!

2 Ein schwierigeres aber lösbares Problem ist die Berechnung von Summenformeln aus gegebenen Massenanteilen. An sich ist das eine Umkehrung der zunächst geübten Aufgaben nach Tabelle 1. Wenn z. B. ein Kohlenwasserstoff zu 80 % aus Kohlenstoff und zu 20 % aus Wasserstoff besteht, dann ist das sicher kein Methan (vergl. 1.1). Mit der genauen molaren Masse wäre es kein Problem. Damit sind wir bei einem kritischen Punkt dieser Berechnungen. Wir bekommen normalerweise eine nicht ausreichende Anzahl von Bestimmungsgleichungen, um unser Gleichungssystem zu lösen. Im obigen Fall haben wir %C und %H, uns fehlt die molare Masse. In der Mathematik nennt man das: die Zahl der Unbekannten übertrifft die vorhandenen Bestimmungsgleichungen. Eine Hilfe ist es, daß es keine Bruchteile von Atomen in einem Molekül geben kann. Wir haben also nach ganzzahligen (diophantischen) Lösungen Ausschau zu halten. Wir erinnern uns daran, daß die Gewichtsanteile entsprechend (2) definiert worden sind. Und wenn wir schon in die andere Richtung rechnen müssen, dann wollen wir (2) in etwas anderer Form schreiben:

$$\frac{MM}{n_i} = \frac{AM_i}{p_i} = M'_i \qquad (3)$$

9 Elementaranalysen

M_i' ist ein Bruchteil der molaren Masse. Man hat früher M_i' als die „Äquivalentmasse“ bezeichnet. Für uns erweist es sich als zweckmäßig, mit dieser Größe zu arbeiten und zu wissen, daß man M_i' mit einer ganzen Zahl (≥ 1) multiplizieren muß, um die molare Masse zu erhalten.
Es wird mit einem tabellarischen Schema gearbeitet, das deutliche Ähnlichkeiten mit Tabelle 1 besitzt:

Tabelle 2

$Element_i$	Atommasse AM_i [g/mol]	p_i	M_i [g/mol]	Koeffizient	MM_i [g/mol]	n_i : xx
			Beispiel (2) 80 % C und 20 % H			
C	12,011	: 80 =	15,0·1	C·1·2	30	C·2
H	1,008	: 20 =	5,0·3	H·3·2	30	H·6
		molare Masse =	ca. 15	·2	= 30	C_2H_6

Das vorläufige Ergebnis besagt, daß ein mol Kohlenstoff-Atome im Molekül 15 g „beanspruchen“ und ein mol Wasserstoff-Atome 5 g. Gemeinsames Vielfaches von 15 und 5 wäre 15 und dazu muß C mit 1 und H mit 3 multipliziert werden. Das entspräche CH_3. Das wäre aber kein stabiles Molekül [1]. Die äquivalente Masse muß noch mit dem Faktor 2 multipliziert werden, dann erhält man C_2H_6 mit der richtigen molaren Masse 30 g/mol.
Ein zweites Beispiel zeigt die Möglichkeiten des hier beschriebenen Verfahrens. Eine Substanz enthält die Elemente C H N O und S. Die Analyse ergab: 69,15 % C; 7,37 % H und 7,10 % S. Daraus erhält man die Äquivalenzmassen C 17,37 g/mol; H 13,7 g/mol und S 451,5 g/mol. Wir nehmen an, daß die Verbindung nur ein Atom Schwefel enthält. Das entspricht ca. 26 Atomen Kohlenstoff und ca. 33 Atomen Wasserstoff im Molekül. 26·C + 33·H + 1·S entspräche einer molaren Masse von 377,6 g/mol. Die Differenz zu 451,5 entspricht ca. 74 Atommasseneinheiten.
5 Stickstoff-Atome im Molekül wären 70 Atommasseneinheiten und 5 Sauerstoff-Atome ergäben 80 Einheiten. Selbst wenn wir noch nicht wissen, daß neben 33 Wasserstoff-Atomen eine ungerade Anzahl von Stickstoff-Atomen vorliegen muß, finden wir für Stickstoff den Koeffizienten 3 und für Sauerstoff den Koeffizienten 2. Die gesuchte Verbindung besitzt die Summenformel $C_{26}H_{33}N_3O_2S$ und die molare Masse 451,63 g/mol.

2.1 Berechne die Summenformel und die molare Masse für eine Substanz mit 37,5 % C; 12,5 % H und 50 % O!

9 Elementaranalysen

2.2 Berechne die Summenformel und die molare Masse für eine Substanz mit 38 % C; 5 % H und 57 % Cl!

2.3 Berechne die Summenformel und die molare Masse für eine Substanz mit 86,65 % C; 7,14 % H und 5,93 % O!

2.4 Berechne die Summenformel und die molare Masse für eine Substanz mit 77,45 % C; 7,55 % H und 15,05 % N, wenn diese Verbindung aus $C_9H_{14}O+C_3H_2N_2$ „hergestellt" wird! Stelle die Bruttoreaktionsgleichung auf!

2.5 Berechne die Summenformel und die molare Masse für eine Substanz mit 72,50 % C; 6,66 % H; 7,67 % N, und Rest = O!

2.6 Eine Substanz mit 78,26 % C; 10,28 % H und 11,67 % O soll eine molare Masse von 260 g/mol (±10 %) haben. Berechne Summenformel und molare Masse.

2.7 Berechne die einfachste Summenformel und die molare Masse für eine Substanz mit 75,87 % C und 9,99 % O, die daneben auch noch Wasserstoff und Stickstoff enthält! Die Substanz kann aus Alkohol umkristallisiert und jahrelang unzersetzt aufbewahrt werden [3].

2.8 Um experimentelle Abweichungen bei Analysen zu erkennen, werden gelegentlich Doppelbestimmungen durchgeführt. Von einem Pikrat (einer Molekülverbindung aus einem mol Pikrinsäure = $C_6H_3N_3O_7$ und einem mol eines aromatischen Kohlenwasserstoffs) wurden Kohlenstoff, Wasserstoff und Stickstoff je zweimal bestimmt: 57,33 und 57,28 % C; 4,20 und 4,31 % H sowie 10,73 und 10,51 % N.
Welche Summenformel hat das Pikrat und welche Summenformel hat der Aromat?

2.9 Eine Substanz soll die Formel $C_{21}H_{16}O$ haben. Bei vollständiger Verbrennung liefern 4,436 mg Einwaage 14,399 mg Kohlenstoffdioxid und 2,209 mg Wasser. Ist das mit der angenommenen Formel vereinbar?

2.10 Eine Substanz A wurde über B in die Substanz C überführt (die molaren Massen liegen knapp unter 400 g/mol).

Die Analysen ergaben:	für A 64,51 % C; 5,42 % H; (Sauerstoff = Rest)
$A + H_2 \Rightarrow B$	für B 64,16 % C; 5,92 % H; (Sauerstoff = Rest)
$B + H_2 - H_2O \Rightarrow C$	für C 67,02 % C; 6,19 % H; (Sauerstoff = Rest)

Berechne für A, B und C Summenformel und molare Masse!

9 Elementaranalysen

Lösungsvorschlag

Zu 1.1: Methan: molare Masse 16,04 g/mol; berechnet: 74,87 % C und 25,13 % H.
Zu 1.2: C_2H_6O: molare Masse 46,07 g/mol; berechnet: 52,14 % C; 13,13 % H und 34,73 % O.
Zu 1.3: $C_{26}H_{33}N_3O_2S$: molare Masse 451,63 g/mol: 69,15 % C; 7,37 % H; 9,30 % N; 7,08 % O und 7,10 % S.
Ein Grund für Probleme sind Lösungen - oder ist es umgekehrt?

Zu 2: Die Berechnung einer Summenformel aus Analysendaten erfolgt normalerweise nach dem von *Liebig* angegebenen Schema. Mit dem hier verwendeten Schema erhält man direkt oder indirekt auch Hinweise auf die molare Masse; außerdem ist es leicht zu behalten, daß bei Schema 1 „Punktrechnung mit einem Punkt und bei Schema 2 „Punktrechnung“ mit Doppelpunkt durchgeführt wird.
Die vollständigen Lösungen sind tabellarisch aufgeführt.

$Element_i$	Atommasse AM_i [g/mol]	p_i	M_i [g/mol]	Koeffizient	MM_i [g/mol]	n_i : xx
		Aufgabe 2.1	37,5 % C; 12,5 % H; 50,0 % O			
C	12,011	: 0,375 =	32,0	C·1	ca. 32	1C
H	1,008	: 0,125 =	8,1	H·4	ca. 32	4H
O	15,999	: 0,500 =	32,0	O·1	ca. 32	1O
molare Masse = 30			ca. 32,0	·1	= 32,04	CH_4O

		Aufgabe 2.2	38 % C; 5,0 % H; 37 % Cl			
C	12,011	: 0,38 =	31,6	C·2	ca. 62	2C
H	1,008	: 0,050 =	20,2	H·3	ca. 62	3H
Cl	35,453	: 0,57 =	62,2	Cl·2	ca. 62	1Cl
molare Masse = 30			ca. 62	·1	= 62,49	C_2H_3Cl

		Aufgabe 2.3	86,65 % C; 7,14 % H; 5,93 % O			
C	12,011	: 0,8665 =	13,86	C·39	ca. 541	39C
H	1,008	: 0,0714 =	14,12	H·38	ca. 536	38H
O	15,999	: 0,0593 =	269,8	O· 2	ca. 539,6	2O
molare Masse = 30			ca. 269,8 ?	·2	= 538,7	$C_{39}H_{38}O_2$

9 Elementaranalysen

19,5 Kohlenstoff-Atome im Molekül mit einem Sauerstoff-Atom, das geht nicht. Also das Doppelte:

Aufgabe 2.4 77,45 % C; 7,55 % H; 15,05 % N

C	12,011	: 0,7745 =	15,51	C·12	ca. 186	12C
H	1,008	: 0,0755 =	13,35	H·14	ca. 187	14H
N	14,007	: 0,1505 =	93,07	N· 2	ca. 186,1	2O
molare Masse =			ca. 93 ?	·2	= 186,29	$C_{12}H_{14}N_2$

C_6H_7N wäre eine erlaubte Verbindung.
Da jedoch die Ausgangsstoffe bekannt sind, kann folgende Bruttoreaktionsgleichung aufgestellt werden [2]:

$$C_9H_{14}O + C_3H_2N_2 \rightarrow H_2O + C_{12}H_{14}N_2$$

Ein halbes $C_{12}H_{14}N_2$-Molekül wäre recht wenig wahrscheinlich - unmöglich wäre es nicht.

Aufgabe 2.5 72,50 % C; 6,66 % H; 7,67 % N; Rest = O

C	12,011	: 0,7250 =	16,571	C·22	ca. 364,5	22C
H	1,008	: 0,0666 =	15,1	H·24	ca. 366,5	24H
N	14,007	: 0,0767 =	183	N· 2	ca. 365,2	2N
O	15,999	: 0,1317 =	121	O· 3	ca. 364,4	3O
molare Masse =			ca. 183 ?	·2	= 364,42	$C_{22}H_{24}N_2O_2$

Aufgabe 2.6 78,26 % C; 10,28% H; 11,57 % O

C	12,011	: 0,7826 =	15,35	C·18	ca. 276,3	18C
H	1,008	: 0,1028 =	9,81	H·28	ca. 274,6	28H
O	15,999	: 0,1157 =	137,1	O· 2	ca. 276,6	2O
molare Masse =			ca. 260 ?		= 276,42	$C_{18}H_{28}O_2$

Aufgabe 2.7 74,87 % C; 9,99 % O; daneben auch H und N

C	12,011	: 0,7487 =	16,0	C·20	ca. 320,8	20C
O	15,999	: 0,0999 =	160,15	O· 2	ca. 320,3	2O
H	1,008	: ? =	?	H·20		20H
N	14,007	: ? =	?	N· 2		2N
molare Masse =			ca. 160 ?		= 320,4	$C_{20}H_{20}N_2O_2$

9 Elementaranalysen

Mit einem Sauerstoff-Atom, molare Masse = 160 g/mol und 10 Kohlenstoff-Atomen (C_{10} + O = 136 g/mol) wäre der Rest von 24 g/mol auf 1 N und 10 H aufzuteilen. $C_{10}H_{10}NO$ ist jedoch keine stabile Verbindung, weil eine ungerade Anzahl von Elektronen vorliegt [1], deshalb muß es $C_{20}H_{20}N_2O_2$ sein.

Aufgabe 2.8 s. u. (Doppelbestimmung)

C	12,011	: 0,5733 =	20,95	C·19	ca. 398,1	20C
C	12,011	: 0,5728 =	20,97	C·19	ca. 398,4	20C
H	1,008	: 0,0420 =	24,0	H·17	ca. 408	17H
H	1,008	: 0,0431 =	23,4	H·17	ca. 398	17H
N	14,007	: 0,1073 =	130,5	N· 3	ca. 392	3N
N	14,007	: 0,1051 =	133,3	N· 3	ca. 400	3N
O Rest	15,999	: 0,2774 =	57,7	O· 7	ca. 404	7O
O Rest	15,999	: 0,2790 =	57,3	O· 7	ca. 401	7O
molare Masse =					= 399,4	$C_{19}H_{17}N_3O_7$

Das Pikrat enthält 3 Atome Stickstoff und 7 Atome Sauerstoff. Damit ist die molare Masse von ca. 400 ± 4 g/mol vorgegeben. Die analysierte Substanz war [4]:

$$C_{19}H_{17}N_3O_7 \rightarrow C_{19}H_{14} + C_6H_3N_3O_7$$

Zu 2.9: Für $C_{21}H_{16}O$ berechnet man eine molare Masse von 284,358 g/mol mit 88,702 % C; 5,672 % H und 5,626 % O. 4,436 mg Einwaage entsprechen 15,6 mmol. Bei der Verbrennung sollten 21·15,6·44,009 mg = 14,417 mg Kohlenstoffdioxid neben 8·15,6·18,015 mg = 2,248 mg Wasser entstehen. Die Werte sind mit der angenommenen Formel durchaus vereinbar.

Aufgabe 2.10 A

C	12,011	: 0,6451 =	18,62	C·20	ca. 372,4	20C
H	1,008	: 0,0542 =	18,60	H·20	ca. 372,0	20H
O Rest	15,999	: 0,3007 =	53,18	O· 7	ca. 372,2	7O
molare Masse =			< 400		= 372,37	$C_{20}H_{20}O_7$

9 Elementaranalysen

Aufgabe 2.10 B

C	12,011	: 0,6416 =	18,72	C·20	ca. 374,4	20C
H	1,008	: 0,0592 =	17,03	H·22	ca. 374,6	22H
O Rest	15,999	: 0,2992 =	53,44	O· 7	ca. 374,1	7O
molare Masse =			< 400		= 374,40	$C_{20}H_{22}O_7$

Aufgabe 2.10 C

C	12,011	: 0,6702 =	17,92	C·20	ca. 358,4	20C
H	1,008	: 0,0619 =	16,28	H·22	ca. 358,3	22H
O Rest	15,999	: 0,2679 =	59,69	O· 6	ca. 358,1	6O
molare Masse =			< 400		= 358,39	$C_{20}II_{22}O_6$

Für A und B ist es schwer, den Faktor 7 für den Sauerstoff direkt und ohne Hilfe zu „finden“. Aber bei C kommt man über den Faktor 3 zu $C_{10}H_{11}O_3$ mit ungerader Anzahl von Elektronen und nach dem Verdoppeln zum richtigen Wert, der auch in etwa den Angaben über die molare Masse entspricht.

9 Elementaranalysen

Weiterführende Informationen

Es fällt Anfängern schwer, Massenanteile, Volumenanteile und Atomanteile in der Chemie auseinanderzuhalten. Deshalb der kleine nachfolgende Exkurs.

Von Atomprozenten und Massenprozenten

Das Restaurant *Hühner-Hugo* am *Liebig*-Platz befindet sich gegenüber vom *Bunsen*denkmal in Wogendir. Diese Woche ist Frikassee-Hugo-spezial im Angebot: Huhn und Braunbär im Verhältnis 1:1.

Clara Corn und *Martha Pfahl* hören, als sie das Lokal betreten, wie *Mac Kerer* sich darüber beschwert, daß im Gericht so gut wie kein Huhn dagegen aber reichlich Bär sei. 1:1 stünde auf der Speisekarte und das Gericht sei deshalb falsch deklariert. *C. Ter* steht schon zeternd daneben und *Moor Dio* droht sogar mit der Polizei und Mordio. Bevor *Hühner-Hugo* zu Wort kommen kann mischt sich ein Chemiker namens *Adam Antan* ein und klärt die Mißverständnisse auf:

Es ist nicht 1 kg H + 1 kg Br, das wären gleiche Massenanteile,

es ist nicht ein Liter H + 1 Liter Br, das wären gleiche Volumenanteile - sondern

es ist ein ganzes Huhn + 1 ganzer Bär ! das sind gleiche Atomanteile.

Adam Antan, bemüht um weitere Beispiele, erwähnt:

Aus H_2 und Br_2 werden 2HBr. Im HBr sind enthalten 1 H und 1 Br. Ein Atom Br ist aber rund 80 mal so schwer wie ein Atom H. Das ist der Unterschied zwischen Atomanteilen und Massenanteilen. Übrigens ist die Erde auch rund 80 mal so schwer wie der Mond und im Molekül von HBr gibt es eine Reihe von Ähnlichkeiten mit dem Erde-Mond-System.

Soweit *Adam Antan*, den seine Kollegen irgendwo in Wogendir auch $C_{10}H_{16}$ nennen. Man verabschiedet *Adam Antan* mit freundlichen Grüßen an *Eva Entan-Antan*, die es noch nicht gibt.

Literatur

[1] *Roland Villis*, Abitur 1986 am Adalbert-Stifter-Gymnasium in Castrop-Rauxel, ergänzte die früher übliche „Regel“ »In einer Verbindung mit C, H, O und S ist die Zahl der Wasserstoff-Atome geradzahlig. Enthält die Substanz Stickstoff- und/oder Halogenatome, dann ist die Anzahl der Wasserstoffe nur dann geradzahlig, wenn Stickstoff und/oder Halogen mit einer geraden Anzahl im Molekül vertreten ist.«

Der damalige Schüler vereinfachte die obige Aussage wie folgt: Eine stabile organische Verbindung enthält Elektronenpaare. Also muß der Verbindung eine gerade Anzahl von Elektronen zur Verfügung stehen. Deshalb betrachtet man die Protonenzahlen der im Molekül vertretenen Atome, übergeht diejenige mit gerader Protonenzahl und achtet darauf, daß die Summe aller Atome mit ungerader Protonenzahl (einschließlich des Wasserstoffs) geradzahlig ist.

9 Elementaranalysen

Der Bezug auf Wasserstoff ist deshalb bedeutsam, weil Analysendaten gerade für den Wasserstoff weniger aussagekräftig für die Bestimmung der Summenformel sind (in der quantitativen Analyse ist das ein kleiner gravimetrischer Faktor) als Massenanteile von Atomen mit großer molarer Masse.

[2] *Liebigs* Ann. Chem. 724, 93 (1969)
[3] Chem. Ber. 103, 1898 (1970)
[4] *Liebigs* Ann. Chem. 724, 99 (1969)

10 Bestimmung der molaren Masse von Hämoglobin

Voraussetzungen aus dem Unterricht

Hämoglobin ist der rote Blutfarbstoff (eine Eiweißverbindung).
Berechnung von molaren Massen aus der Summenformel. Atommassen:
m(C) = 12,011u; m(O) = 15,999u; m(Fe) = 55,847u.
Gasgesetze im Zusammenhang mit osmotischem Druck (25,01 bei 300 K 26,8 °C und 1000 hPa für ein mol), Gasvolumen unter „normalen" Bedingungen (22,414 l bei 0 °C = 273,15 K und 1013,25 hPa für ein mol).
Ein mol Hämoglobin enthält ein mol Eisen und bindet in Form einer Additionsverbindung ein mol Kohlenstoffmonooxid oder ein mol Sauerstoff.

Aufgaben

1 Hämoglobin enthält 0,336 % Eisen [1]. Welche molare Masse besitzt das Hämoglobin (drei geltende Stellen)?

2 1 g Hämoglobin bindet maximal 0,00167 g Kohlenstoffmonooxid [1]. Berechne die molare Masse (drei geltende Stellen)!

3 Eine Lösung von Hämoglobin (10,8 %) besitzt bei 1 °C einen osmotischen Druck von 147 hPa [1]. Mit welcher molaren Masse (drei geltende Stellen) ist das vereinbar?

4 1 g Hämoglobin verbindet sich reversibel mit 1,34 ml Sauerstoff unter „Normbedingungen" [2]. Berechne die molare Masse (drei geltende Stellen)!

5 Vergleiche die verschiedenen Werte für die molare Masse!
Weshalb sollte die Angabe der molaren Masse nicht mehr als dreistellig sein?

10 Bestimmung der molaren Masse von Hämoglobin

Lösungsvorschlag

Zu 1: Wenn ein Molekül Hämoglobin ein Atom Eisen enthält, dann müssen 55,847 g Eisen in einem mol Hämoglobin enthalten sein. Wir erhalten deshalb nach 55,847 g/mol : 0,00336 = 16621 g/mol oder mit 3 geltenden Stellen ca. 16600 g/mol für das Hämoglobin.

Zu 2: Wenn ein Molekül Hämoglobin ein Molekül Kohlenstoffmonooxid bindet, dann entsprechen 28,01 g Kohlenstoffmonooxid einem mol Hämoglobin. Daraus folgt: 28,01 g/mol : 0,00167 = 16772 g/mol oder mit drei geltenden Stellen 16800 g/mol Hämoglobin.

Zu 3: Löst man 1 mol zu 25 Liter Lösung bei 300 K auf, dann beträgt der osmotische Druck 1000 hPa. Bei 274,2 K wird ein Druck von 914 hPa herrschen. Eine 10,8 %ige Lösung enthält in 25 l etwa 2700 g Hämoglobin (die Dichte muß nicht gleich derjenigen von Wasser sein!) und der osmotische Druck von 147 hPa entspricht 914 Pa·0,15755. Die zu berechnende molare Masse ist
2700 : 0,15755 = 17136 bzw. 17100 g/mol.

Zu 4: 1,34 ml gasförmiger Sauerstoff entsprechen bei Normbedingungen 0,0597 mmol und daraus erhalten wir 1000 mg : 0,0597 mmol = 16751 g/mol bzw. „dreistellig“ 16800 g/mol für Hämoglobin.

Zu 5: Die Bestimmungen sind mit einer molaren Massen von nahezu 16800 ± 200 g/mol Hämoglobin vereinbar. Abweichungen von rund 1 % können als vernachlässigbar angesehen werden. Ein vom Taschenrechner abgeschriebenes Ergebnis mit vielleicht drei Nachkommastellen (8 geltende Stellen) wird den gemessenen Ausgangswerten nicht gerecht. Drei Stellen gemessene Genauigkeit zu Beginn der Rechnung bedingen drei geltende Stellen im Ergebnis.

10 Bestimmung der molaren Masse von Hämoglobin

Weiterführende Informationen

Die nach verschiedenen Methoden von *Hüfner* [1] bestimmten molaren Massen für Hämoglobin unterscheiden sich kaum von späteren Ergebnissen. Jeder, der selber schon molare Massen bestimmt hat, wird zugeben, daß die Meßwerte aus der Zeit um 1900 hervorragend sind. Heute gibt man die molare Masse von Hämoglobin mit ca. 17000 an [3].

Wenn das Hämoglobin geringe Mengen an niedermolekularen Substanzen enthalten würde, dann sollten die Bestimmungen 1, 2 und 4 trotzdem relativ exakte Werte liefern, weil es sich hier um die Untersuchung von 1:1-Komplexen handelt. Die gleiche Verunreinigung würde jedoch den osmotischen Druck schon merklich erhöhen und so eine zu große molare Masse vortäuschen. Derartige Überlegungen sollten bei Bestimmungen der molaren Massen von Makromolekülen immer berücksichtigt werden.

Literatur

[1] *Hüfner*, Engelmanns Arch.f.Physiol. Phys.Abt. 1894, 130; 1903, 217; 1907, 209; zitiert in: Enzyklopädie der technischen Chemie. Herausg. *F. Ullmann*, Bd. 4, S. 506, Urban & Schwarzenberg, Berlin - Wien 1916.

[2] *Rona*, in Chemikerkalender, 1934 / II, S. 689, J. Springer, Berlin 1934.

[3] *P. Karlson*, Kurzes Lehrbuch der Biochemie. 9. Auflage, S. 166, G. Thieme, Stuttgart 1974.

11 Redoxpotentiale und Gleichgewicht

Voraussetzungen aus dem Unterricht

Spannungsreihe, Abhängigkeit der Redoxpotentiale von der Konzentration, *Nernst*-Gleichung, Berechnungen von Redoxpotentialen und Konzentrationen mit Hilfe der *Nernst*-Gleichung, Aussagen über die Reaktionsrichtung einer Redoxreaktion anhand der Redoxpotentiale treffen können.

Aufgaben

1 Aus einer Silbernitrat-Lösung der Konzentration $c = 0{,}1\ mol \cdot l^{-1}$ und einer Silber-Elektrode wird eine Ag/Ag^{+}-Halbzelle hergestellt.
Diese wird in Versuch a) mit einer Fe^{2+}/Fe^{3+}-Halbzelle aus einer Eisen(II)-chlorid-Lösung, $c = 0{,}1\ mol \cdot l^{-1}$, und einer Platin-Elektrode zu der *galvani*schen Zelle A kombiniert. Man mißt eine Spannung von $U = 0{,}18$ V, wobei die Silber-Eketrode den Plus-Pol darstellt.
In Versuch b) wird die Ag/Ag^{+}-Halbzelle mit einer Fe^{2+}/Fe^{3+}-Halbzelle aus einer Eisen(III)-chlorid-Lösung, $c = 0{,}1\ mol \cdot l^{-1}$, und einer Platin-Elektrode zu der *galvani*schen Zelle B kombiniert. Man mißt eine Spannung von $U = 0{,}2$ V, wobei jetzt die Silber-Elektrode den Minus-Pol darstellt.

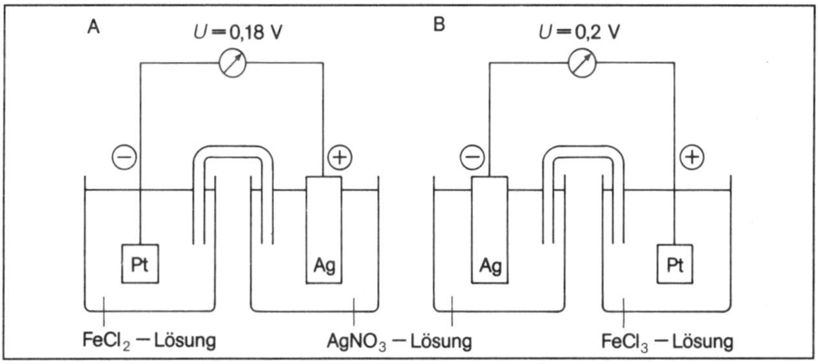

Abb. 1: Versuchsaufbau der *galvani*schen Zellen A und B

Anmerkung: Reine Eisen(II)-chlorid-Lösung ist nicht absolut rein, sondern enthält immer auch Eisen(III)-Ionen. Ebenso hält eine reine Eisen(III)-chlorid-Lösung noch Eisen(II)-Ionen.

1.1 Berechnen Sie für die *galvani*sche Zelle A das Redoxpotential der Fe^{2+}/Fe^{3+}-Halbzelle und das Konzentrationsverhältnis $c(Fe^{2+}):c(Fe^{3+})$.

1.2 Vergleichen Sie die *galvani*schen Zellen A und B eingehend hinsichtlich der jeweiligen Donator- bzw. Akzeptor-Halbzelle, der Richtung der Zellreaktion, der Änderung der Konzentrationen der Reaktionspartner bei längerem Betrieb sowie der Änderung der Zellspannung.

11 Redoxpotentiale und Gleichgewicht

1.3 Zeigen Sie für die in der *galvani*schen Zelle A ablaufende Redoxreaktion, daß zwischen der Gleichgewichtskonstanten K und der Differenz der Standard-Elektroden-Potentiale ΔE^0 der beteiligten Redoxpaare folgender Zusammenhang besteht:

$$\lg\{K\} = \frac{z \cdot \Delta E^0}{0{,}059\,V} \quad \text{(bei 25 °C)}$$

Berechnen Sie die Gleichgewichtskonstante und interpretieren Sie das Ergebnis.

Zusatzinformationen

Standard-Elektroden-Potentiale:

$Fe^{2+}(aq) \rightleftharpoons Fe^{3+}(aq) + e^-$; $E^0 = +0{,}77$ V

$Ag(s) \rightleftharpoons Ag^+(aq) + e^-$; $E^0 = +0{,}80$ V

11 Redoxpotentiale und Gleichgewicht

Lösungsvorschlag

Zu 1.1: Berechnung des Potentials der Fe^{2+}/Fe^{3+}-Halbzelle der *galvani*schen Zelle A aus der Zellspannung:

$U = E(Ag/Ag^+) - E(Fe^{2+}/Fe^{3+}) = 0{,}18\ V$

$E(Ag/Ag^+) = E^0(Ag/Ag^+) + 0{,}059\ V\ \lg\{c(Ag^+)\}$

$E(Ag/Ag^+) = 0{,}80\ V + 0{,}059\ V \cdot \lg 10^{-1}$

$E(Ag/Ag^+) = 0{,}741\ V$

$E(Fe^{2+}/Fe^{3+}) = E(Ag/Ag^+) - U = 0{,}741\ V - 0{,}18\ V$

$E(Fe^{2+}/Fe^{3+}) = 0{,}561\ V$

Berechnung des Konzentrationsverhältnisses $c(Fe^{2+}) : c(Fe^{3+})$:

$$E(Fe^{2+}/Fe^{3+}) = E^0(Fe^{2+}/Fe^{3+}) + \frac{0{,}059}{z} V \cdot \lg\frac{c(Fe^{3+})}{c(Fe^{2+})}$$

$$\lg\frac{c(Fe^{3+})}{c(Fe^{2+})} = \frac{z \cdot (E(Fe^{2+}/Fe^{3+})) - E^0(Fe^{2+}/Fe^{3+})}{0{,}0599\,V}$$

$$\lg\frac{c(Fe^{3+})}{c(Fe^{2+})} = \frac{0{,}561\,V - 0{,}77\,V}{0{,}0599\,V} = -3{,}54$$

$c(Fe^{2+}) : c(Fe^{3+}) = 3470 : 1$

Zu 1.2: In Zelle A ist die Silber-Halbzelle der Akzeptor-Halbzelle und die Fe^{2+}/Fe^{3+}-Halbzelle die Donator-Halbzelle, da das Potential des Ag/Ag^+-Redoxpaares größer als das des Fe^{2+}/Fe^{3+}-Redoxpaares ist.

Donator-Halbzelle: $Fe^{2+}(aq) \rightarrow Fe^{3+}(aq) + e^-$

Akzeptor-Halbzelle: $Ag^+(aq) + e^- \rightarrow Ag(s)$

Zellreaktion: $Fe^{2+}(aq) + Ag^+(aq) \rightarrow Fe^{3+}(aq) + Ag(s)$

In der Zelle B stellt die Silber-Halbzelle dagegen die Donator-Halbzelle (Minus-Pol) dar. Denn die Konzentration der Eisen(III)-Ionen ist sehr viel größer als die Konzentration der Eisen(II)-Ionen, so daß das Potential der Fe^{2+}/Fe^{3+}-Halbzelle größer als das der Silber-Halbzelle wird. Die für Zelle A angegebene Zellreaktion läuft in umgekehrter Richtung ab.

Zelle A: Bei längerem Betrieb nimmt in der Donator-Halbzelle die Konzentration der Eisen(III)-Ionen zu und die der Eisen(II)-Ionen ab. In der Akzeptor-Halbzelle sinkt die Silber-Ionen-Konzentration und die Masse der Silber-Elektrode steigt. Nitrat-Ionen wandern zum Ladungsausgleich in die Donator-Halbzelle.
Zelle B: umgekehrt.
In beiden Zellen sinkt die Zellspannung aufgrund der Konzentrationsänderungen bis zum Gleichgewichtszustand.

11 Redoxpotentiale und Gleichgewicht

Zu 1.3: $K = \dfrac{c(Fe^{3+})}{c(Fe^{2+}) \cdot c(Ag^{+})}$

Im Gleichgewicht: $U = 0$
$E(Ag/Ag^{+}) = E(Fe^{2+}/Fe^{3+})$

$$E^0(Ag/Ag^{+}) + \frac{0{,}059}{z}V \cdot \lg c(Ag^{+}) = E^0(Fe^{2+}/Fe^{3+}) + \frac{0{,}059}{z}V \cdot \lg \frac{c(Fe^{3+})}{c(Fe^{2+})}$$

$$\Delta E^0 = E^0(Ag/Ag^{+}) - E^0(Fe^{2+}/Fe^{3+}) = \frac{0{,}059}{z}V\left(-\lg c(Ag^{+}) + \frac{c(Fe^{3+})}{c(Fe^{2+})}\right)$$

$$\Delta E^0 = \frac{0{,}059}{z}V \cdot \lg \frac{\{c(Fe^{3+})\}}{\{c(Fe^{2+})\} \cdot \{c(Ag^{+})\}}$$

$$\Delta E^0 = \frac{0{,}059}{z}V \cdot \lg\{K\}$$

$$\lg\{K\} = \frac{z \cdot E^0}{0{,}059\,V} = \frac{0{,}80\,V - 0{,}77\,V}{0{,}059\,V} = 0{,}508$$

$K = 3{,}2\ l \cdot mol^{-1}$

Diese Redoxreaktion ist eine typische Gleichgewichtsreaktion, bei der im Gleichgewicht alle Reaktionspartner in deutlich meßbaren Konzentrationen vorliegen.

11 Redoxpotentiale und Gleichgewicht

Weiterführende Informationen

Anders als bei der in dieser Aufgabe betrachteten Reaktion sind die meisten Redoxreaktionen keine typischen Gleichgewichtsreaktionen, sondern verlaufen weit auf die Seite der Produkte, denn schon kleine Potentialdifferenzen ΔE^0 ergeben große Gleichgewichtskonstanten. So erhält man beispielsweise für die Gleichgewichtskonstante der Redoxreaktion zwischen Zink-Atomen und Kupfer-Ionen.

$$Zn(s) + Cu^{2+}(aq) \rightleftarrows Zn^{2+}(aq) + Cu(s)$$

nach:

$$\lg\{K\} = \frac{z \cdot E^0}{0{,}059\,V} = \frac{2 \cdot (0{,}35 - (-0{,}76))}{0{,}059} = \frac{2 \cdot 1{,}11}{0{,}059} = 37$$

den Wert $K = 10^{37}$. Das Gleichgewicht liegt also praktisch vollständig auf der Seite der Produkte. Kupfer-Ionen liegen im Gleichgewicht in kaum noch meßbaren Konzentrationen vor. Bei solchen Reaktionen, bei denen Konzentrationsbestimmungen nicht mehr in Frage kommen, bietet sich die Messung der Potentialdifferenz ΔE^0 als Methode zur Bestimmung der Gleichgewichtskonstanten an.

Literatur

[1] *M. Tausch* und *M. v. Wachtendonk*, Stoff-Formel-Umwelt 1, Chemische Gleichgewichte-Elektrochemie. Bamberg, C. C. Buchners Verlag 1989, S. 123 f.

[2] *M. Tausch* und *M. v. Wachtendonk*, Stoff-Formel-Umwelt S II, Bamberg, C. C. Buchners Verlag 1993, S. 187 f.

[3] *R. E. Dickerson*, *H. B. Gray* und *G. P. Haight*, Prinzipien der Chemie. Berlin, Walter de Gruyter & Co. 1978, S. 822 ff.

12 Verwertung von Natriumsulfat

Voraussetzungen aus dem Unterricht
Chlor-Alkali-Elektrolyse nach dem Diaphragma- sowie dem Membran-Verfahren, Ionenwanderung, *Faraday*-Gesetze

Aufgaben
Bei einer Vielzahl von industriellen chemischen Prozessen fällt Natriumsulfat als Nebenprodukt an. Da für den Absatz von Natriumsulfat zunehmend mit Schwierigkeiten zu rechnen ist, sucht man nach Möglichkeiten, große Mengen an Natriumsulfat zu verwerten. Eine dieser Möglichkeiten ist die Elektrolyse von Natriumsulfat-Lösung.

1 In einem Laborversuch elektrolysiert man eine neutrale Natriumsulfat-Lösung, die durch Zugabe von Universalindikator grün gefärbt ist, in einem U-Rohr an Graphit-Elektroden. Dabei tritt an den Elektroden eine Gasentwicklung ein. Gleichzeitig färbt sich die Lösung im Anodenraum rot, im Kathodenraum blau. Man bricht die Elektrolyse ab und vermischt die Lösungen aus dem Anodenraum und dem Kathodenraum. Dabei färbt sich die Lösung wieder grün.

1.1 Erklären Sie die Versuchsbeobachtungen, insbesondere die Farbänderungen bei der Elektrolyse. Erläutern Sie dabei anhand der Redoxpotentiale und der Überpotentiale, welche Reaktionen an den Elektroden ablaufen, und formulieren Sie die zugehörigen Reaktionsgleichungen auf der Teilchenebene.

1.2 Geben Sie an, welche verwertbaren Produkte man durch Elektrolyse von Natriumsulfat gewinnen kann, und formulieren Sie die entsprechende Reaktionsgleichung auf der Stoffebene.

2 Zur Zeit werden Elektrolyse-Verfahren zur Gewinnung von Schwefelsäure und Natronlauge aus Natriumsulfat-Lösung erprobt, bei denen dreiteilige Elektrolysezellen eingesetzt werden (Abb. 1). Wie in der schematischen Skizze dargestellt, wird die Natriumsulfat-Lösung in die mittlere Kammer eingespeist. Der Anodenraum ist durch eine für Anionen durchlässige Anionenaustauschermembran AM, der Kathodenraum durch eine nur für Kationen durchlässige Kationenaustauschermembran KM abgetrennt.
Durch diese sogenannte Elektrodialyse erreicht man, daß die entstehenden Produkte Schwefelsäure und Natronlauge nicht durch Natriumsulfat verunreinigt sind.

12 Verwertung von Natriumsulfat

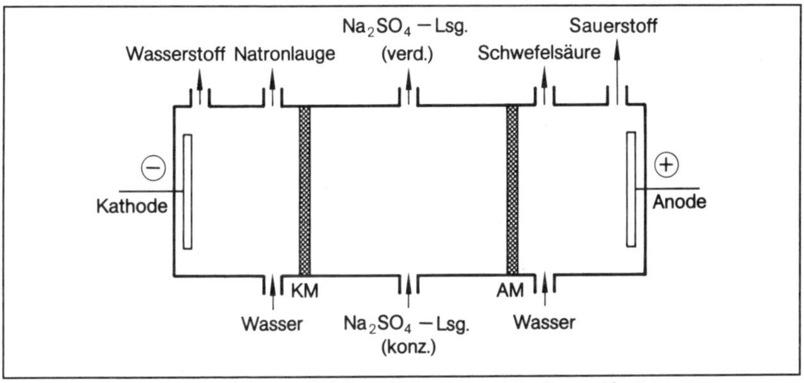

Abb. 1: Schema einer Zelle zur Elektrodialyse von Natriumsulfat-Lösung

2.1 Skizzieren und erläutern Sie begründet, in welche Richtung die einzelnen in der Lösung vorliegenden Ionen beim Anlegen der Elektrolysespannung wandern.

2.2 Erklären Sie, warum man die Elektrodenräume bei der Elektrodialyse nicht mit Diaphragmen, sondern den Kathodenraum mit einer kationendurchlässigen Membran und den Anodenraum mit einer anionendurchlässigen Membran abtrennt.

3 Der technischen Anwendung der Elektrodialyse steht derzeit noch der hohe Energieeinsatz von 3500 bis 4000 kWh/t Natriumhydroxid entgegen.

3.1 Berechnen Sie, welche Ladung durch die Elektrolysezelle fließen muß, um 1 t Natriumhydroxid herzustellen.

3.2 Berechnen Sie nach $W_{el} = U \cdot I \cdot t$ die theoretisch aufzuwendende Energie, um m = 1 t Natriumhydroxid zu erhalten, wenn eine Elektrolysespannung von U = 4,5 V angelegt wird. Vergleichen Sie den berechneten theoretischen Wert mit dem o. g. praktischen.

3.3 Schlagen Sie eine Möglichkeit vor, wie man die Energiekosten senken könnte.

Zusatzinformationen:
Standard-Elektrodenpotentiale E^0 in V:

Na/Na^+	-2,71	
H_2/H_2O	-0,41	(bei pH = 7)
H_2O/O_2	+0,82	(bei pH = 7)
$SO_4^{2-}/S_2O_8^{2-}$	+2,01	

Überpotential von Wasserstoff an Graphit: -0,47 V
Überpotential von Sauerstoff an Graphit: 0,53 V
Faraday-Konstante: F = 96487 As/mol

12 Verwertung von Natriumsulfat

Lösungsvorschlag

Zu 1.1: Die Rotfärbung der Lösung im Anodenraum deutet auf die Bildung von Hydroxonium-Ionen, die Blaufärbung im Kathodenraum auf die Bildung von Hydroxid-Ionen hin. Das an der Kathode entstehende Gas ist Wasserstoff, das an der Anode entstehende, Sauerstoff. An der Kathode werden Wasser-Moleküle reduziert:

$$2\,\overset{+I}{H_2}O(l) + 2\,e^- \rightarrow \overset{\pm 0}{H_2}(g) + 2OH^-(aq)$$

Prinzipiell wäre an der Kathode auch eine Reduktion der vorliegenden Natrium-Ionen denkbar, doch ist der Betrag des Abscheidungspotentials für Natrium größer als der Betrag des Abscheidungspotentials für Wasserstoff.

An der Anode werden Wasser-Moleküle zu Sauerstoff-Molekülen oxidiert:

$$6\,H_2\overset{-II}{O}(l) \rightarrow \overset{\pm 0}{O_2}(g) + 4\,H_3O^+(aq) + 4\,e^-$$

Die Oxidation von Wasser-Molekülen ist einer denkbaren Oxidation von Sulfat-Ionen gegenüber bevorzugt, da das Abscheidungspotential für Sauerstoff kleiner ist.

Die Gesamtreaktion lautet:

$$10\ H_2O(l) \rightarrow 2H_2(g) + O_2(g) + 4H_3O^+(aq) + 4OH^-(aq)$$

Es findet also kombiniert eine Spaltung von Wasser-Molekülen durch Elektronenübergang in Wasserstoff- und Sauerstoff-Moleküle (Umkehrung der Wassersynthese aus den Elementen) und eine Protolyse von Wasser-Molekülen zu Hydroxid- und Hydroxonium-Ionen (Umkehrung der Neutralisation) statt.

Beim Mischen der Lösungen aus dem Anoden- und Kathodenraum nach der Elektrolyse findet eine Neutralisation statt:

$$H_3O^+(aq) + OH^-(aq) \rightarrow 2H_2O(l)$$

Da bei der Elektrolyse Hydroxid- und Hydroxonium-Ionen im äquimolaren Verhältnis gebildet werden, ist die Lösung neutral, was durch die grüne Farbe des zugesetzten Indikators angezeigt wird.

Zu 1.2: Als verwertbare Produkte lassen sich bei der Elektrolyse von Natriumsulfat-Lösungen zum einen die Gase Wasserstoff und Sauerstoff gewinnen und zum anderen Natronlauge im Kathodenraum und Schwefelsäure im Anodenraum. Dabei muß aber darauf geachtet werden, daß eine Vermischung der Kathoden- und Anoden-Lösung vermieden wird:

$$2Na_2SO_4 + 6H_2O \rightarrow 2H_2 + O_2 + 2H_2SO_4 + 4NaOH$$

12 Verwertung von Natriumsulfat

Zu 2.1: Die bei der Elektrolyse ablaufenden Elektrodenreaktionen erzeugen Konzentrationsunterschiede in der Elektrolyt-Lösung, die durch Ionenwanderung ausgeglichen werden. Die an der Anode entstehenden positiv geladenen Hydroxonium-Ionen wandern aufgrund des Konzentrationsgefälles in Richtung Kathode. Die an der Kathode entstandenen negativ geladenen Hydroxid-Ionen ihrerseits wandern in Richtung Anode. Zum Ladungsausgleich wandern die in der Lösung vorhandenen Natrium-Ionen zur Kathode, die Sulfat-Ionen zur Anode.

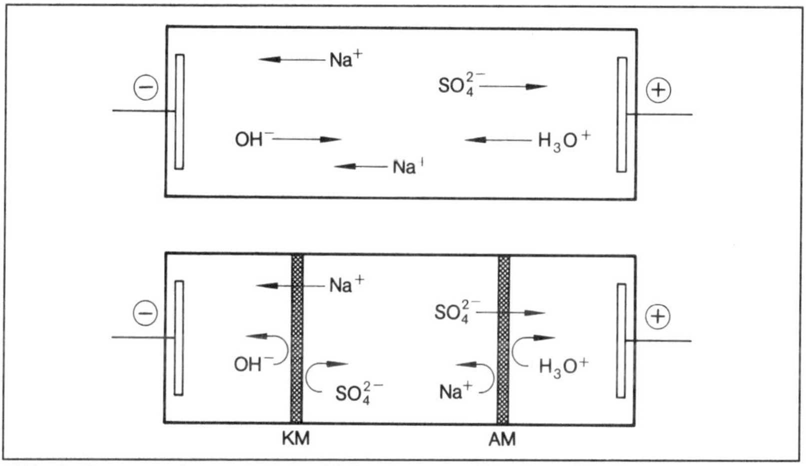

Abb. 2: Ionenwanderung bei der Elektrolyse von Natriumsulfat-Lösung

Die durch Elektrolyse von Natriumsulfat-Lösung zu gewinnenden Produkte Schwefelsäure und Natronlauge sollen rein sein, d. h. nicht mit Natriumsulfat vermischt. Deshalb trennt man die Elektrodenräume, in denen die Produkte entstehen, von der Kammer, in die die Natriumsulfat-Lösung eingespeist wird, durch Membranen ab. Der Anodenraum wird durch eine für Kationen undurchlässige Anionenaustauschermembran abgetrennt, die bewirkt, daß die an der Anode gebildeten Hydroxonium-Ionen im Anodenraum verbleiben und verhindert, daß Natrium-Ionen in den Anodenraum wandern. Die Sulfat-Ionen können dagegen durch die AM in den Anodenraum wandern, wo sich im Laufe der Elektrolyse die Schwefelsäure anreichert. Der Kathodenraum wird durch eine für Anionen undurchlässige Kationenaustauschermembran abgetrennt, so daß die an der Kathode gebildeten Hydroxid-Ionen nicht aus dem Kathodenraum hinaus und Sulfat-Ionen nicht hinein wandern können. Natrium-Ionen wandern dagegen durch die KM in den Kathodenraum zum Ladungsausgleich, wo sich während der Elektrolyse sulfationenfreie Natronlauge anreichert. Durch die Kombination von AK und KM wird weiterhin verhindert, daß Hydroxonium- und

12 Verwertung von Natriumsulfat

Hydroxid-Ionen zusammentreffen und in einer Neutralisation zu Wasser-Molekülen reagieren.
Diaphragmen sind für alle Ionenarten durchlässig. Sie verhindern zwar eine grobe Durchmischung der Lösungen, Natrium-Ionen könnten aber dennoch in den Anodenraum wandern und Sulfat-Ionen in den Kathodenraum. Die entstehende Schwefelsäure wäre dann mit Natrium-, die Natronlauge mit Sulfat-Ionen verunreinigt. Weiterhin würde es zu einer teilweisen Neutralisation von Hydroxid- und Hydroxonium-Ionen kommen.

Zu 3.1: Berechnung der Ladung zur Bildung von m = 1 t Natriumhydroxid

$$Q = n(\mathrm{NaOH}) \cdot z \cdot F = \frac{m(\mathrm{NaOH}) \cdot z \cdot F}{M(\mathrm{NaOH})}$$

Mit $m(\mathrm{NaOH}) = 1\ \mathrm{t} = 10^6\ \mathrm{g}$, $M(\mathrm{NaOH}) = 40\ \mathrm{g \cdot mol^{-1}}$, $z = 1$ und $F = 96487\mathrm{C \cdot mol^{-1}}$ ergibt sich:

$$Q = \frac{10^6\,\mathrm{g} \cdot 1 \cdot 96487\,\mathrm{C} \cdot \mathrm{mol}^{-1}}{40\,\mathrm{g} \cdot \mathrm{mol}^{-1}} = 2412{,}175 \cdot 10^6\,\mathrm{C}$$

$Q = 2{,}412 \cdot 10^9\mathrm{C}$

Zu 3.2: Berechnung der benötigten elektrischen Energie:
$W_{el} = U \cdot I \cdot t = U \cdot Q$
Mit U = 4,5 V erhält man:
$W_{el} = 4{,}5\ \mathrm{V} \cdot 2{,}412 \cdot 10^9\ \mathrm{V \cdot A \cdot s} = 10{,}85 \cdot 10^9\ \mathrm{W \cdot s} = 10{,}85 \cdot 10^6\ \mathrm{kW \cdot s}$
$W_{el} = 10{,}85 \cdot 10^6 : 3600\ \mathrm{kWh} = 3020\ \mathrm{kWh}$

Die Stromausbeute bei einem Energieverbrauch von 4000 kWh beträgt 75 %.

Zu 3.3: Die Energiekosten bei der Elektrolyse von Natriumsulfat-Lösung lassen sich senken, wenn die entstehenden Produkte Wasserstoff und Sauerstoff zur Erzeugung elektrischer Energie beispielsweise in einer Brennstoffzelle verwertet werden.

12 Verwertung von Natriumsulfat

Weiterführende Informationen

Natriumsulfat wird hauptsächlich für die Glasherstellung, die Textilverarbeitung, in der *Galvano*technik sowie in der Lederherstellung verwendet. Als Stellmittel und für die bessere Rieselfähigkeit wird bzw. wurde Natriumsulfat vielen Waschmitteln zugesetzt. Aus Umweltschutzgründen werden aber heute vermehrt Kompaktwaschmittel angeboten und verkauft, die kein oder kaum noch Natriumsulfat mehr enthalten.

Als Nebenprodukt fällt Natriumsulfat bei organisch-chemischen Synthesen an, bei denen Schwefelsäure als Reaktionsmedium oder Katalysator eingesetzt wird und anschließend durch Neutralisation aus dem Reaktionsgemisch entfernt werden muß. Natriumsulfat fällt auch bei der Rauchgasreinigung von Verbrennungsanlagen an, bei denen Natronlauge zur Gaswäsche eingesetzt wird. Das im Rauchgas enthaltene Schwefeldioxid wird nach folgender Gesamtreaktion

$$4NaOH + 2SO_2 + O_2 \rightarrow 2Na_2SO_4 + 2H_2O$$

entfernt.

Literatur

[1] *H. v. Plessen, H. Kau, G. Münster* und *W. Scheibitz*, Verwertung von Natriumsulfat. Chem-Ing.-Techn. 61 Weinheim, VCH Verlagsgesellschaft (1989), Nr. 12, S. 933 940

[2] *M. Tausch* und *M. v. Wachtendonk*, Stoff-Formel-Umwelt 1, Chem. Gleichgewichte - Elektrochemie. Bamberg, C. C. Buchners Verlag, 1989, S. 102 ff., 140 ff.

[3] *M. Tausch* und *M. v. Wachtendonk*, Stoff-Formel-Umwelt, Chemie S II.Bamberg, C. C. Buchners Verlag 1993, S. 166 ff., 204 ff.

13 Elektrolyse einer Zinkchlorid-Lösung

Voraussetzungen aus dem Unterricht
Elektrolyse, Elektrodenpotential und Standard-Elektrodenpotential E bzw. E^0, Überspannung bzw. Überpotential $E_{Ü}$,
Abscheidungspotential $E_A = E + E_{Ü}$,
Zersetzungsspannung $U_z = E_A(\text{Anode}) - E_A(\text{Kathode})$,
Bestimmung von Zersetzungsspannungen aus Strom-Spannungskurven, Spannungsdiagramme

Aufgaben

1 Eine Zinkchlorid-Lösung, $c = 1\ \text{mol}\cdot\text{l}^{-1}$, mit dem pH-Wert pH = 5 wird in
Versuch a) an Graphit-Elektroden,
Versuch b) an Platin-Elektroden,
Versuch c) an Zink-Elektroden
elektrolysiert. Man erhöht in allen drei Versuchen schrittweise die Spannung und mißt die Stromstärke. Man erhält folgende Werte:

Versuch a) Graphit – Elektroden		Versuch b) Platin Elektroden		Versuch c) Zink – Elektroden	
U in V	I in mA	U in V	I in mA	U in V	I in mA
0,2	–	0,2	–	0,2	0,8
0,4	–	0,4	–	0,4	2,0
0,6		0,6	–	0,6	3,2
0,8	–	0,8	–	0,8	4,4
1,0	–	1,0	0,1	1,0	5,6
1,2	–	1,2	0,1	1,2	6,8
1,4	0,1	1,4	0,2	1,4	8,0
1,6	0,1	1,6	0,3		
1,8	0,2	1,8	1,0		
2,0	0,2	2,0	2,2		
2,2	0,8	2,2	3,4		
2,4	2,0	2,4	4,6		
2,6	3,2	2,6	5,8		
2,8	4,4	2,8	7,0		

Tabelle 1: Elektrolyse von Zinkchlorid-Lösung an unterschiedlichem Elektrodenmaterial

13 Elektrolyse einer Zinkchlorid-Lösung

Versuch a) Bei einer Spannung von $U = 2{,}2$ Volt beginnt eine deutliche Gasentwicklung an der Anode, und an der Kathode setzt sich ein grauer Beschlag ab. Unterbricht man die Elektrolyse und mißt die Spannung zwischen den Elektroden, erhält man: $U = 2{,}12$ V.

Versuch b) Bei einer Spannung von $U = 1{,}8$ Volt tritt an beiden Elektroden eine Gasentwicklung auf. Unterbricht man die Elektrolyse und mißt die Spannung zwischen den Elektroden, erhält man: $U = 1{,}65$ V.

Versuch c) Es tritt keine Gasentwicklung an den Elektroden auf. Nach der Elektrolyse mißt man zwischen den Elektroden eine Spannung von $U \approx 0$ V.

1.1 Fertigen Sie eine Versuchsskizze (Schaltskizze) für die durchgeführten Elektrolysen an.

1.2 Zeichnen Sie für jede der drei Elektrolysen die Strom-Spannungs-Kurve. Ermitteln Sie aus dem Diagramm die jeweilige Zersetzungsspannung.

1.3 Erklären Sie die unterschiedlichen Zersetzungsspannungen der drei Elektrolysen, indem Sie aus den Beobachtungen, den angegebenen Elektrodenpotentialen sowie den Überpotentialen auf die an den Elektroden abgelaufenen Reaktionen schließen. Zeichnen Sie dazu für die Elektrolysen a) und b) je ein Spannungsdiagramm, in dem Sie Abscheidungspotentiale, Überpotentiale und Zersetzungsspannung graphisch darstellen. Ermitteln Sie die theoretischen Zersetzungsspannungen und vergleichen Sie diese Werte mit den in den Versuchen experimentell gemessenen. Formulieren Sie für jede Elektrolyse die entsprechenden Reaktionsschemata.

1.4 Erklären Sie das Auftreten einer Spannung nach Abbruch der Elektrolyse. Warum mißt man bei den Versuchen unterschiedliche Werte?

Zusatzinformationen
Standard-Elektrodenpotentiale E^0 in V:

Zn	$\rightleftharpoons$	$Zn^{2+} + 2e^-$	-0,76	
H_2	$\rightleftharpoons$	$2H^+ + 2e^-$	-0,29	(bei pH = 5)
$2H_2O$	$\rightleftharpoons$	$O_2 + 4H^+ + 4e^-$	+0,94	(bei pH = 5)
$2Cl^-$	$\rightleftharpoons$	$Cl_2 + 2e^-$	+1,36	

13 Elektrolyse einer Zinkchlorid-Lösung

Überpotentiale		$E_Ü$ in V
Wasserstoff	an Platin:	-0,12
	an Graphit:	-0,47
	an Zink:	-0,88
Sauerstoff	an Platin:	0,72
	an Graphit:	0,53
Chlor	an Platin:	0,008
	an Graphit:	0,05

13 Elektrolyse einer Zinkchlorid-Lösung

Lösungsvorschlag
Zu 1.1:

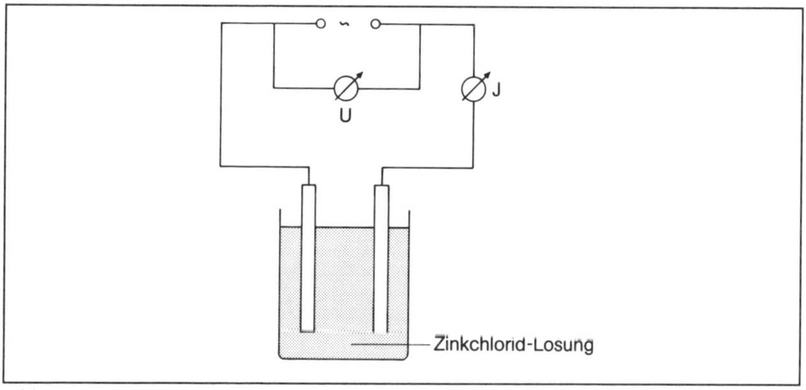

Abb. 1: Versuchsaufbau und Schaltskizze zur Aufnahme von Strom-Spannungskurven der Zinkchlorid-Elektrolysen

Zu 1.2:

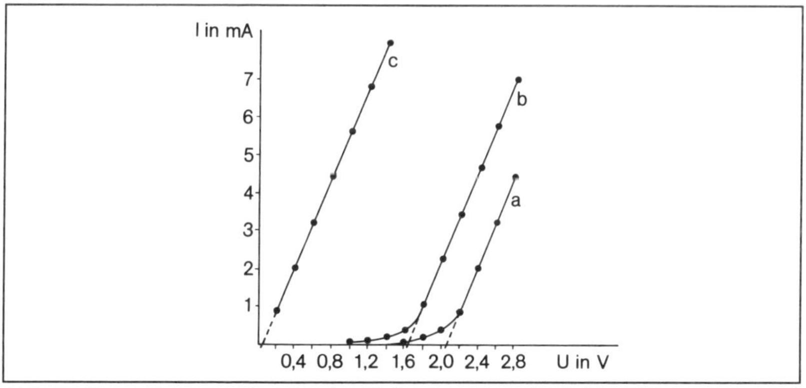

Abb. 2: Strom-Spannungskurven der Elektrolysen von Zinkchlorid-Lösungen an a) Graphit-, b) Platin-, c) Zink-Elektroden

Aus dem Diagramm (Abb. 2) lassen sich die Zersetzungsspannungen ermitteln, indem man die linearen Kurvenabschnitte verlängert. Der Schnittpunkt mit der Spannungsachse gibt die Zersetzungsspannung an. Man erhält folgende Werte:

13 Elektrolyse einer Zinkchlorid-Lösung

a) Elektrolyse von $ZnCl_2$-Lösung an Graphit-Elektroden: U_z =2,18 V
b) Elektrolyse von $ZnCl_2$-Lösung an Platin-Elektroden: U_z =1,78 V
c) Elektrolyse von $ZnCl_2$-Lösung an Zink-Elektroden: $U_z \approx$0,00 V

Diese unterschiedlichen Zersetzungsspannungen deuten auf verschiedene Elektrodenreaktionen hin.

Zu 1.3:

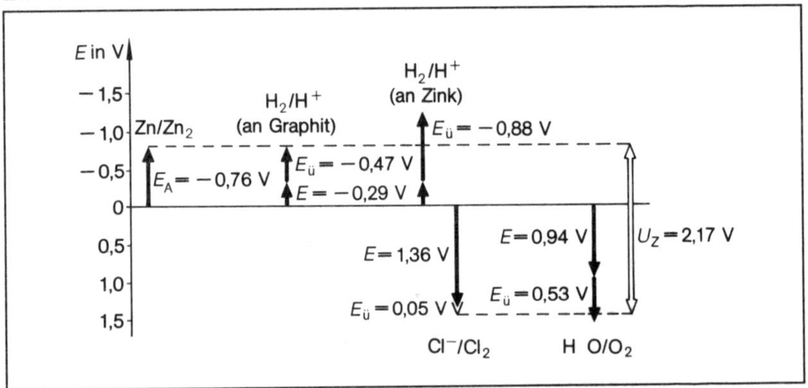

Abb. 3: Spannungsdiagramm zur Elektrolyse von $ZnCl_2$-Lösung an Graphit-Elektroden (Versuch a)

Bei einer Elektrolyse werden an den Elektroden die Stoffe abgeschieden, für die die kleinste Zersetzungsspannung nötig ist.

Zu Versuch a): Aus dem Spannungsdiagramm für die Elektrolyse von Zinkchlorid-Lösung an Graphit-Elektroden erkennt man, daß die Abscheidungspotentiale für Zink und Wasserstoff gleich sind: Das Abscheidungspotential für Zink ist gleich dem Elektrodenpotential, das Abscheidungspotential für Wasserstoff ergibt sich aus dem Elektrodenpotential und dem Überpotential:

$E_A(Zn) = E^0(Zn/Zn^{2+}) = -0{,}76\ V$
$E_A(H_2) = E(H_2/H^+) + E_Ü(H_2) = -0{,}29\ V + (-0{,}47\ V) = -0{,}76\ V$
$E_A(Zn) = E_A(H_2)$

An der Kathode sind also die Abscheidung von Zink nach $Zn^{2+}(aq) + 2\ e^- \rightarrow Zn(s)$ und die Bildung von Wasserstoff nach $2H^+(aq) + 2e^- \rightarrow H_2(g)$
zunächst gleichberechtigt. Sobald sich aber Zink abgeschieden hat, wird kein Wasserstoff mehr entwickelt, denn der Betrag des Überpotentials von Wasserstoff an Zink ist so groß, daß der Betrag des Abscheidungspotentials von Wasserstoff den von Zink übersteigt.

13 Elektrolyse einer Zinkchlorid-Lösung

$E_A(H_2) = -0{,}29\ V + (-0{,}88\ V) = -1{,}17\ V$
$|E_A(H_2)| > |E_A(Zn)|$

An der Anode werden Chlorid-Ionen zu Chlor-Molekülen oxidiert:

$$2Cl^-(aq) \rightarrow Cl_2(g) + 2e^-$$

Die Abscheidung von Chlor ist gegenüber der denkbaren Abscheidung von Sauerstoff nach

$$2H_2O\ (l) \rightarrow O_2(g) + 4H^+ + 4e^-$$

bevorzugt, da das Abscheidungspotential von Chlor kleiner als das Abscheidungspotential von Sauerstoff ist:
$E_A(Cl_2) = E^0(Cl^-/Cl_2) + E_Ü(Cl_2) = 1{,}36\ V + 0{,}05\ V = 1{,}41\ V$
$E_A(O_2) = E(H_2O/O_2) + E_Ü(O_2) = 0{,}94\ V + 0{,}53\ V = 1{,}47\ V$

Bei der Elektrolyse einer Zinkchlorid-Lösung an Graphit-Elektroden läuft also folgende Gesamtreaktion ab

$$Zn^{2+}(aq) + 2Cl^-(aq) \rightarrow Zn(s) + Cl_2(g)$$

Die theoretische Zersetzungsspannung beträgt:
$U_z = E_A(Cl_2) - E_a(Zn) = 1{,}41\ V - (-0{,}76\ V) = 2{,}17\ V$

Der Wert entspricht dem aus dem Strom-Spannungsdiagramm ermittelten Wert.

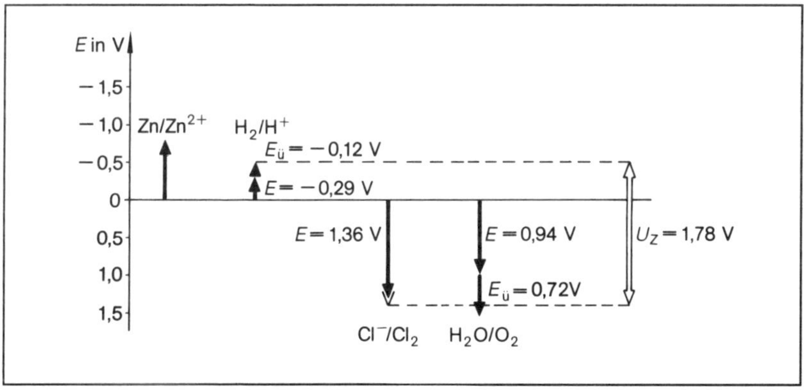

Abb. 4: Spannungsdiagramm zur Elektrolyse von $ZnCl_2$-Lösung an Platin-Elektroden

Zu Versuch b): Die Versuchsbeobachtung - Gasentwicklung an der Kathode - deutet darauf hin, daß bei der Elektrolyse einer Zinkchlorid-Lösung an Platin-Elektroden an der Kathode nicht Zink, sondern Wasserstoff abgeschieden wird. Anhand des

13 Elektrolyse einer Zinkchlorid-Lösung

Spannungsdiagramms läßt sich dies bestätigen, denn der Betrag des Abscheidungspotentials von Wasserstoff an Platin ist kleiner als der von Zink. Das Überpotential von Wasserstoff an Platin ist nämlich wesentlich kleiner als an Graphit oder Zink.
$E_A(H_2)$ = $E(H_2/H^+) + E_Ü(H_2)$ = -0,29 V − (-0,12 V) = -0,41 V
$E_A(Zn)$ = -0,76 V

An der Anode wird wiederum Chlor abgeschieden. Es läuft folgende Gesamtreaktion ab:

$$2H^+(aq) + 2Cl^-(aq) \rightarrow H_2(g) + Cl_2(g)$$

Die theoretische Zersetzungspannung beträgt:
$U_z = E_A(Cl_2) - E_A(H_2)$ = 1,37 V − (-0,41 V) = 1,78 V
Aus dem Diagramm erhält man ebenfalls diesen Wert.

Zu Versuch c): Bei der Elektrolyse von Zinkchlorid-Lösung an Zink-Elektroden ist die Zersetzungsspannung praktisch Null. Dies läßt sich damit erklären, daß an der Anode die Umkehrreaktion der Kathodenreaktion abläuft. An der Kathode werden Zink-Ionen zu Zink-Atomen reduziert, und an der Anode werden Zink-Atome der Elektrode zu Zink-Ionen oxidiert.

Kathode: $Zn^{2+}(aq) + 2e^- \rightarrow Zn(s)$
Anode: $Zn(s) \rightarrow Zn^{2+}(aq) + 2e^-$

Dies steht in Einklang mit der Beobachtung, daß keine Gasentwicklung eintritt.

Zu 1.4:
Zu Versuch a): Nach Abbruch der Elektrolyse mißt man eine Spannung von U = 2,12 V zwischen den Elektroden. Bei der Elektrolyse hat sich die pos. Elektrode mit Chlor beladen, die negative mit Zink überzogen. Es ist also eine *galvani*sche Zelle entstanden aus einer Zn/Zn^{2+}-Halbzelle und einer Cl^-/Cl_2-Halbzelle. Die Potentialdifferenz zwischen diesen Halbzellen beträgt unter Standardbedingungen:
$U = E^0(Cl^-/Cl_2) - E^0(Zn/Zn^{2+})$ = 1,36 V − (-0,76 V) = 2,12 V

Zu Versuch b): Nach Abbruch der Elektrolyse liegt eine *galvani*sche Zelle aus einer Wasserstoff- und einer Chlor-Halbzelle vor. Die Potentialdifferenz beträgt:
$U = E^0(Cl^-/Cl_2) - E(H_2/H^+)$ = 1,36 V − (-0,29 V) = 1,65 V

Zu Versuch c): Die nach der Elektrolyse gemessene Spannung ist Null, denn es liegen zwei gleiche Zn/Zn^{2+}-Halbzellen vor.

13 Elektrolyse einer Zinkchlorid-Lösung

Weiterführende Informationen

In der Technik werden Elektrolysen von Zinksalz-Lösungen durchgeführt, um Gegenstände z. B. zum Schutz vor Korrosion mit einer Zinkschicht zu überziehen. Die *galvani*sch zu verzinkenden Gegenstände werden als Kathoden in das Elektrolysierbad getaucht; als Anoden dienen Platten aus Reinzink. Wie wir bei der Elektrolyse einer Zinkchlorid-Lösung an zwei Zink-Elektroden festgestellt haben, ist die Zersetzungsspannung bei der Verwendung von zwei Zink-Elektroden Null. Daher braucht nur eine kleine Elektrolysespannung von etwa 0,2 bis 0,5 V angelegt zu werden. Eine kleine Elektrolysespannung hat den Vorteil, daß die Energiekosten relativ klein gehalten werden können, denn die elektrische Energie, die für die Elektrolyse aufgewendet werden muß, ist nach $W_{el} = U \cdot I \cdot t$ abhängig von der Elektrolysespannung. Bei der Verwendung von Graphit-Anoden dagegen wäre die notwendige Elektrolysespannung größer als 2,2 V und auch die aufzuwendende elektrische Energie entsprechend größer. Weiterhin hat die Verwendung von Zink-Anoden den Vorteil, daß während der gesamten Elektrolysedauer die Zink-Ionen-Konzentration der Lösung konstant bleibt.

Literatur

[1] *M. Tausch* und *M. v. Wachtendonk*, Stoff-Formel-Umwelt 1, Chem. Gleichgewichte - Elektrochemie. Bamberg, C. C. Buchners Verlag, 1989, S. 140 - 145

[2] *M. Tausch* und *M. v. Wachtendonk*, Stoff-Formel-Umwelt S II. Bamberg, C. C. Buchners Verlag 1993, S. 204 bis 209

14 Elektrolyse von Nickelsulfat

Voraussetzungen aus dem Unterricht
Redoxreaktionen, Spannungsreihe, Elektrolyse

Angaben, die bei Bedarf verwendet werden können:
Redoxpotentiale:

$E^0(Ni/Ni(OH)_2)$	=	-0,66 V
$E^0(Fe/Fe^{2+})$	=	-0,41 V
$E^0(Ni/Ni^{2+})$	=	-0,25 V
$E(H_2/2H^+; pH = 4)$	=	-0,24 V
$E^0(Cu/Cu^{2+})$	=	+0,35 V
$E^0(Ni(OH)_2/NiO(OH))$	=	+0,49 V
$E^0(Ag/Ag^+)$	=	+0,80 V
$E(H_2O/O_2; pH = 4)$	=	+1,00 V
$E^0(2SO_4^{2-}/S_2O_8^{2-})$	=	+2,06 V

Abscheidungspotentiale unter Berücksichtigung der Überspannungen bei den gegebenen Bedingungen

$E(H_2$ an Pt)	=	-0,41 V
$E(H_2$ an Ni)	=	-0,45 V
$E(O_2$ an Pt)	=	+1,85 V
$E(O_2$ an Ni)	=	+1,04 V

Aufgaben
Hüttentechnisch gewonnenes Nickel enthält als Verunreinigung neben Eisen vor allem Kupfer und Silber. Dieses Rohnickel wird elektrolytisch gereinigt, indem eine Nickel(II)-sulfat-Lösung ($c = 1\ mol \cdot l^{-1}$) bei pH = 4 zwischen einer Rohnickel-Elektrode und einer Reinnickel-Elektrode bei einer Spannung von wenigen Hundert Millivolt elektrolysiert wird.

1 Fertigen Sie die Skizze eines Versuchs zur Demonstration der elektrolytischen Reinigung von Rohnickel an. Beschriften Sie die Skizze. Ordnen Sie der Rohnickel-Elektrode und der Reinnickel-Elektrode Plus- und Minuspol sowie Kathode und Anode zu.

2 Geben Sie die Reaktionen an, die an den Elektroden ablaufen. Wie groß ist die theoretisch notwendige Mindestspannung bei dieser Elektrolyse?

3 Unter der Anode bildet sich während der Elektrolyse eine metallische Ablagerung. Erklären Sie das Zustandekommen dieses sogenannten Anodenschlammes.

14 Elektrolyse von Nickelsulfat

4 Führt man die Elektrolyse bei einer Spannung von U = 5 V durch und schaltet nach einiger Zeit des Elektrolysierens die Stromversorgung ab, so läßt sich danach für eine kurze Zeit eine Spannung messen. Erklären Sie diese Beobachtung.

Der Gehalt an Nickel in einer Nickel(II)-sulfat-Lösung läßt sich elektrolytisch bestimmen. Dabei wird die Nickelsalz-Lösung (pH = 4) zwischen Platin-Elektroden elektrolysiert. Die Masse der Kathode wird vor und auch der Elektrolyse bestimmt. Die Massendifferenz entspricht der abgeschiedenen Nickel-Portion.

5 Begründen Sie, welche Reaktionen bei dieser Elektrolyse ablaufen. Berechnen Sie die Zersetzungsspannung für $c(NiSO_4)$ = 1 mol·l^{-1}.

6 Skizzieren Sie in einem Diagramm die Stromstärke-Spannungskurve der Elektrolysen von Nickel(II)-sulfat an a) Nickel-Elektroden und b) Platin-Elektroden.

14 Elektrolyse von Nickelsulfat

Lösungsvorschlag

Zu 1:

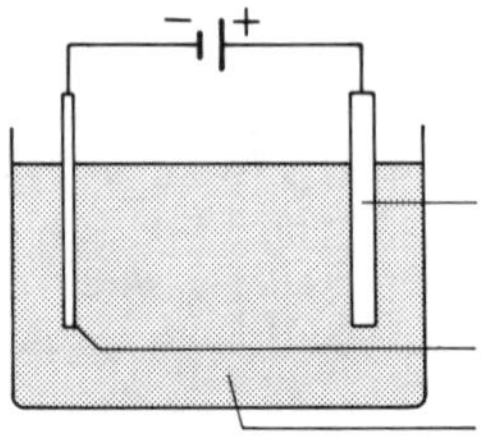

Abb. 1: Skizze zur elektrolytischen Reinigung von Rohnickel

Zu 2: Kathode(−): $Ni^{2+} + 2e^- \rightleftharpoons Ni$
Anode (+): $Ni \rightleftharpoons Ni^{2+} + 2e^-$
$Fe \rightleftharpoons Fe^{2+} + 2e^-$
$U_z = \Delta E = E(\text{Kathode}) - E(\text{Anode})$
$U_z > 0$ V

Zu 3: Beim Anlegen einer Spannung werden an der Rohnickel-Elektrode Nickel und die unedleren Begleitmetalle oxidiert. Die edleren Metalle Kupfer und Silber werden nicht oxidiert. Sie sinken bei der Auflösung der Elektrode als Anodenschlamm zu Boden.

Zu 4: Beim Anlegen einer Spannung von $U = 5$ V ist die Zersetzungsspannung von Wasser überschritten. An der Kathode entsteht Wasserstoff, an der Anode Sauerstoff. Schaltet man den Strom ab, so liefert das nun vorliegende Wasserstoff-Sauerstoff-Element eine Spannung.

Zu 5: Kathode(−): $Ni^{2+} + 2e^- \rightleftharpoons Ni$; $\Delta E = -0{,}25$ V
$2H^+ + 2e^- \rightleftharpoons H_2$; $\Delta E = -0{,}41$ V

Anode(+): $2H_2O \rightleftharpoons O_2 + 4H^+ + 4e^-$; $\Delta E = +1{,}85$ V
$2SO_42- \rightleftharpoons S_2O_8^{2-} + 2e^-$; $\Delta E = +2{,}08$ V

An der Kathode werden Ni^{2+}-Ionen reduziert (höchstes Potential). An der Anode entsteht Sauerstoff (niedrigstes Potential).
$U_z = \Delta E = E(\text{Kathode}) - E(\text{Anode})$
$U_z = 1{,}85 \text{ V} - (-0{,}25 \text{ V})$
$U_z = 2{,}1$ V

14 Elektrolyse von Nickelsulfat

Zu 6:

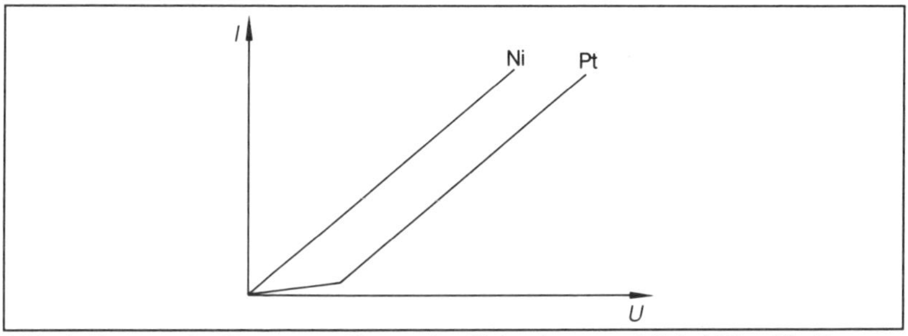

Abb. 2: Stromstärke-Spannungs-Kurve der Elektrolyse von Nickel(II)-sulfat-Lösung

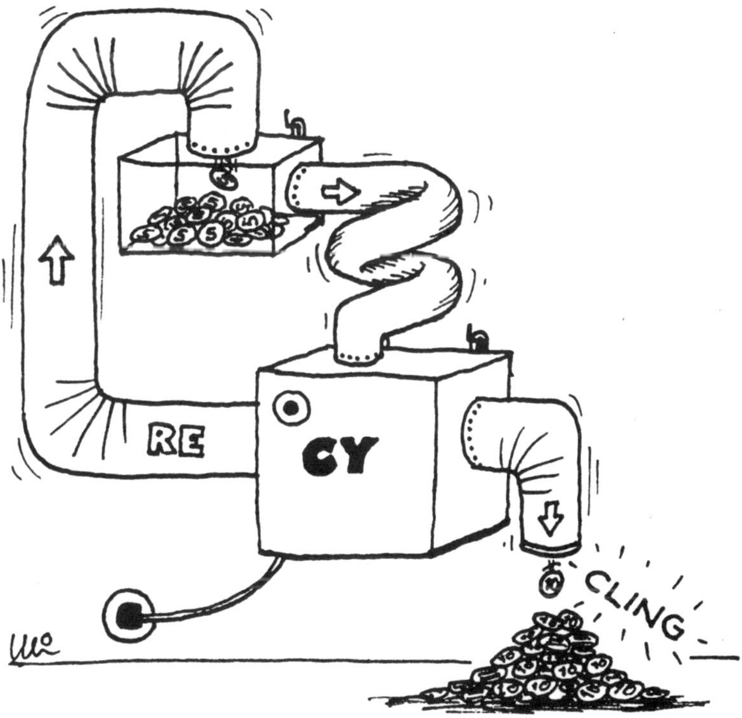

14 Elektrolyse von Nickelsulfat

Weiterführende Informationen

Die elektrolytische Raffination wird in erster Linie bei der Gewinnung von Kupfer angewandt. Der Verbrauch an elektrischer Energie liegt bei etwa 0,3 kWh pro Kilogramm Kupfer. Die relativ hohen Verfahrenskosten werden durch die Gewinnung von Edelmetallen aus dem Anodenschlamm egalisiert.

Ein wesentlich reineres Nickel als bei der elektrolytischen Raffination erhält man nach dem „*Mond*-Verfahren". Dieses Verfahren basiert auf der Bildung und der Zersetzung von Nickeltetracarbonyl:

$$Ni + 4CO \rightleftharpoons Ni(CO)_4$$

Nickeloxid wird dabei im Gegenstorm mit Kohlenstoffmonooxid reduziert. Das gebildete Nickel reagiert mit überschüssigem Kohlenstoffmonooxid zu Nickeltetracarbonyl. Dieser leichtflüchtige Stoff (ϑ_b = 42 °C) wird von Flugstaub befreit und dann in Zersetzungskammern bei etwa 180 °C zersetzt. Das so gebildete Nickel besitzt eine Reinheit von 99,9 bis 99,99 %.

Literatur

[1] *Holleman-Wiberg*, Lehrbuch der Anorganischen Chemie. Walter de Gruyter, Berlin, New York 1985

[2] *Römpp*, Chemielexikon. Georg Thieme, Stuttgart 1991

[3] *Jäckel-Risch*, Chemie heute, Sekundarbereich II. Schroedel, Hannover 1988

15 Redoxreaktionen mit Chlor

Voraussetzungen aus dem Unterricht
Redoxreaktionen, Rücktitrationen, stöchiometrisches Rechnen, Standardpotentiale

Aufgaben
Chlor ist einer der wichtigsten Grundstoffe der chemischen Industrie. Das gelbgrüne, giftige Gas (MAK 1,5 mg/m^3) wird bei einer Vielzahl von Synthesen eingesetzt.

1 Formulieren Sie folgende Redoxreaktionen:

1.1 *C. W. Scheele* entdeckte 1774 Chlor, indem er (konzentrierte) Salzsäure auf Braunstein (Mangan(IV)-oxid) einwirken ließ. Neben Chlor entsteht auch Mangan(II)-chlorid.

1.2 Im Labor kann Chlor u. a. dadurch hergestellt werden, daß konzentrierte Salzsäure auf Kaliumdichromat einwirkt. Neben Chlorgas entsteht auch Chrom(III)-chlorid.

2 In der Technik kann Chlor durch das Membranverfahren entwickelt werden. Die folgende Skizze stellt den Prozeß, der besonders in den USA und in Japan durchgeführt wird, vereinfacht dar:

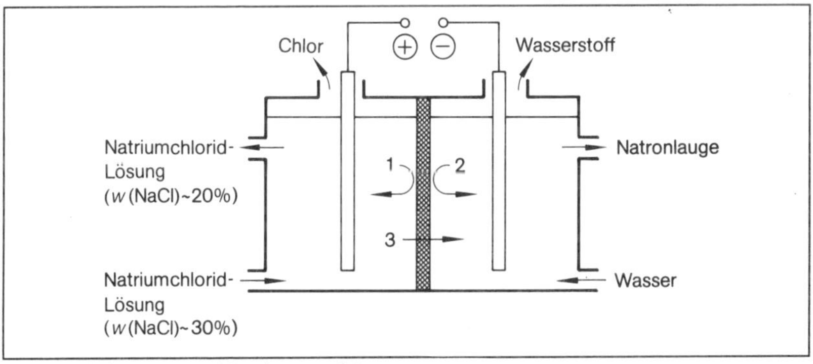

Abb. 1: Schema zum Membranverfahren

Formulieren Sie die Elektrodenvorgänge und erläutern Sie die bei 1, 2 und 3 angegebenen Ionenbewegungen!

3 Calciumhypochlorit $Ca(OCl)_2$ kommt in der Regel nicht als Reinstoff in den Handel, sondern enthält weitere Calciumsalze (Calciumhydroxid, Calciumchlorid, Calciumcarbonat); es ist im Labor ein häufig verwendetes Mischsalz, um Chlor zu gewinnen, m = 0,20 g Calciumhypochlorit (als Mischsalz) werden mit konzentrierter Salzsäure versetzt und schwach erwärmt. Sowohl Hypochlorit-

15 Redoxreaktionen mit Chlor

Ionen als auch Salzsäure entwickeln Chlor. Chlorgas wird in $V = 100$ ml Kaliumiodid-Lösung eingeleitet. In dieser Lösung findet eine stöchiometrische Umsetzung von Iodid-Ionen mit Chlor zu Iod und Clorid-Ionen statt. Durch Zugabe von 18,2 ml Natriumthiosulfat-Lösung, $c(Na_2S_2O_3) = 0{,}2\ mol \cdot l^{-1}$ (und einigen Tropfen Stärke-Lösung als Indikator; tiefblaue Farbe bei Anwesenheit von Iod, farblos bei Iodid-Ionen) wird der Äquivalenzpunkt der titrimetrischen Analyse für die Bestimmung des Iods erreicht.

3.1 Stellen Sie die Reaktionsgleichungen für die 3 Redoxreaktionen der gesamten Reaktionsabfolge auf!

3.2 Berechnen Sie den Massenanteil $w(Ca(OCl)_2)$ im eingesetzten Mischsalz!

4.1 $E^0(HAsO_2/H_3AsO_4) = +0{,}56$ V
$E^0(Cl_2/HOCl) = +1{,}63$ V

4.2 $E^0(ClO_3^-/ClO_4^-) = +0{,}36$ V
$E^0(NH_3/NO_3^-) = -0{,}12$ V

15 Redoxreaktionen mit Chlor

Lösungsvorschlag

Zu 1.1:

$MnO_2 + 2e^- + 4H_3O^+ \rightarrow Mn^{2+}\ 6H_2O$
$2HCl + 2H_2O \rightarrow Cl_2 + 2e^- + 2H_3O^+$

$MnO_2 + 2HCl + 2H_3O^+ \rightarrow Mn^{2+} + Cl_2 + 4H_2O$
$(MnO_2 + 4HCl \rightarrow MnCl_2 + Cl_2 + 2H_2O)$

Zu 1.2:

$Cr_2O_7^{2-} + 6e^- + 14H_3O^+ \rightarrow 2Cr^{3+} + 21H_2O$
$2HCl + 2H_2O \rightarrow Cl_2 + 2e^- + 2H_3O^+ \quad | \cdot 3$

$Cr_2O_7^{2-} + 6HCl + 8H_3O^+ \rightarrow 2Cr^{3+} + 3Cl_2 + 15H_2O$
$(K_2Cr_2O_7 + 14HCl \rightarrow 2CrCl_3 + 3Cl_2 + 7H_2O + 2KCl)$

Zu 2:

Anode: $2Cl^- \rightarrow Cl_2 + 2e^-$
Kathode: $2H_3O^+ + 2e^- \rightarrow H_2 + 2H_2O$

Die (freien) negativen Ladungen der Membran stoßen die Chlorid-Ionen (1) im Anodenraum und Hydroxid-Ionen (2) im Kathodenraum ab. Somit erfolgt keine Verunreinigung der Natronlauge im Kathodenraum. Die Natrium-Ionen (3) werden aufgrund ihrer positiven Elementarladung von der Membran (Ladungsunterschiede !) angezogen und durch diese „hindurchgereicht" (vgl. Vorgänge beim Ionenaustauscher). Da im Kathodenraum die Natrium-Ionen ständig durch das Abziehen der Natronlauge entfernt werden, liegt im Anodenraum eine höhere Natrium-Ionenkonzentration vor. Aufgrund dieses Konzentrationsgefälles erfolgt ein rasches Passieren der Natrium-Ionen durch die Membran.

Zu 3.1:

$2OCl^- + 2e^- + 4H_3O^+ \rightarrow Cl_2 + 6H_2O$
$2HCl + 2H_2O \rightarrow Cl_2 + 2e^- + 2H_3O^+$

$2OCl^- + 2HCl + 2H_3O^+ \rightarrow 2Cl_2 + 4H_2O$
$2I^- + Cl_2 \rightarrow 2Cl^- + I_2$
$2S_2O_3^{2-} + I_2 \rightarrow 2I^- + S_4O_6^{2-}$

Zu 3.2: $n(S_2O_3^{2-}) : n(I_2) : n(Cl_2) : n(Ca(OCl)_2) = 4 : 2 : 2 : 1$
(beachte: $n(Ca(OCl)_2)$ und $2n(HCl)$ setzen $2n(Cl_2)$ frei; daher stammt nur die Hälfte des Chlors aus Calciumhypochlorit)

$n(S_2O_3^{2-}) = 0{,}2\ mol \cdot l^{-1} \cdot 0{,}0182\ l = 3{,}64 \cdot 10^{-3}\ mol$
$n(Ca(OCl)_2) = 9{,}08 \cdot 10^{-4}\ mol$
$m(Ca(OCl)_2) = 9{,}08 \cdot 10^{-4}\ mol \cdot 143{,}1\ g \cdot mol^{-1} = 0{,}13\ g$
$w(Ca(OCl)_2) = 0{,}13\ g/0{,}20\ g = 0{,}65 = 65\ \%$

15 Redoxreaktionen mit Chlor

Zu 4.1:

$$2HOCl + 2e^- + 2H_3O^+ \rightarrow Cl_2 + 4H_2O$$
$$HAsO_2 + 4H_2O \rightarrow H_3AsO_4 + 2e^- + 2H_3O^+$$

$$2HOCl + 2HAsO_2 \rightarrow Cl_2 + H_3AsO_4$$

Zu 4.2:

$$ClO_4^- + 2e^- + H_2O \rightarrow ClO_3^- + 2OH^- \quad |\cdot 4$$
$$NH_3 + 9OH^- \rightarrow NO_3^- + 8e^- + 6H_2O$$

$$4ClO_4^- + NH_3 + OH^- \rightarrow 4ClO_3^- + NO_3^- + 2H_2O$$

15 Redoxreaktionen mit Chlor

Weiterführende Informationen

Wegen seiner großen Reaktivität (vgl. diverse Reaktionsmechanismen wie radikalische Substitution, elektrophile Addition, elektrophile aromatische Substitution) wird Chlor zur Herstellung einer riesigen Palette von Zwischen- und Endprodukten eingesetzt. Eine kleine Liste soll die Bedeutung dieses Gases (1990 weltweite Produktion ca. 35 Mio Tonnen) veranschaulichen:

Ausgangsstoff oder Zwischenstoff		Endprodukt (Verwendung)
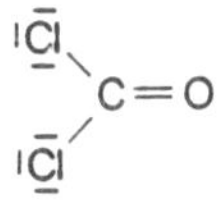	Phosgen	Poyurethane (Schaumstoffe, Dämmaterial)
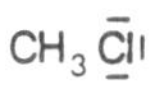	Monochlormethan	Silicone (Imprägniermaterial, Korrosionsschutz)
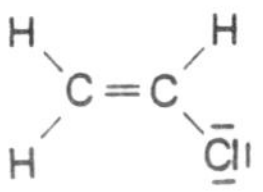	Vinylchlorid	PVC (Rohre, Folien, Fensterrahmen)
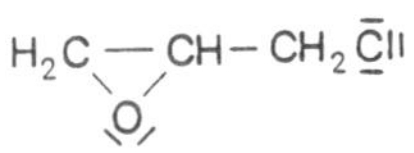	Epichlorhydrin	Epoxidharze (Bausteine von Boots- und Flugzeugrümpfen, Lacke)
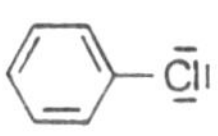	Monochlorbenzol	Farbstoffe, Pflanzenschutzmittel
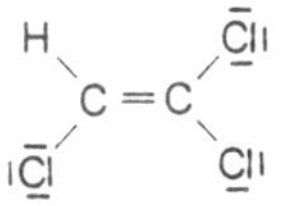	1,1,2-Trichlorethen	Lösungsmittel, Fluorkohlenwasserstoffe (Treibgase, Teflon)
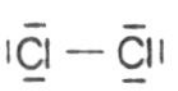	Cl_2 (elementares Chlor)	Titandioxid (weißes Pigment), Wasseraufbereitung, Zellstoffbleichung, Metallsalzbildung wie Eisen(III)- und Aluminiumchlorid

Tab. 1: Verwendungsmöglichkeiten für Chlor und Chlorverbindungen

15 Redoxreaktionen mit Chlor

Wegen ökologischer Schäden und wegen ihrer Giftigkeit haben einige Chlorverbindungen negative Schlagzeilen gemacht. Deshalb soll und wird z. T. vom Einsatz polychlorierter Biphenyle (PCB, z. B. in Holzschutzmitteln), Fluorchlorkohlenwasserstoffe (FCKW, z. B. in Treibgasen, Kühlmittel) und Dichlordiphenyltrichlorethan (DDT, Schädlingsbekämpfungsmittel) Abstand genommen werden. Berühmt-berüchtigt ist auch das Seveso-Gift (2,3,7,8-Tetrachlordibenzo-)Dioxin. Es entsteht u. a. beim Verbrennen aromatischer Chlorverbindungen. Aufgrund extrem verbesserter Analysenmethoden ermittelt man noch Spuren dieses Gifts im pg-Bereich ($1 \cdot 10^{-12}$ g!). Daher kann man feststellen, daß in der Bundesrepublik durch das Rauchen von Zigaretten genauso viel Dioxin frei wird wie in einer Sonderabfallverbrennungsanlage mit 60000 Tonnen Jahreskapazität, nämlich ca. 13 Milligramm.

Literatur

[1] Folienserie des Fonds der Chemischen Industrie: Die Chemie des Chlors und seiner Verbindungen. Frankfurt a. Main, 1992

[2] *H. R. Christen*, Grundlagen der allg. und anorg. Chemie. Diesterweg, Salle, Frankfurt a. Main, 1973

[3] Fluka-Chemikalienkatalog 1993/94

[4] *A. Stegmüller* und *M. Baumgarten*, Chemisches Rechnen. Diesterweg, Frankfurt a. Main, 1991

B.M. RODIN + A.D. DUCT

↓

DIBROMADDUCT

16 Redoxreaktionen zur Bestimmung von Luftschadstoffen

Voraussetzungen aus dem Unterricht
Aufstellen von Redoxreaktionen, Leitwertmessungen, Anwendung von Standardpotentialen, stöchiometrisches Rechnen

Aufgaben

1 Der Gehalt an Schwefeldioxid in der Luft kann wie folgt bestimmt werden: Man leitet Luft durch eine mit Schwefelsäure versetzte Wasserstoffperoxid-Lösung, in die ein Leitfähigkeitsprüfer eintaucht. Der Leitwert steigt entsprechend der Stoffmenge an Schwefeldioxid.

1.1 Formulieren Sie die Redoxreaktion von Schwefeldioxid mit Wasserstoffperoxid.

1.2 Begründen Sie, weshalb die Bestimmung des Schwefeldioxids über den Leitwert ein günstiges Meßverfahren darstellt.

2 Eine titrimetrische Bestimmung für Schwefeldioxid könnte wie folgt durchgeführt werden:
Die schwefeldioxidhaltige Luft wird in ein exaktes Volumen einer mit Schwefelsäure versetzten Wasserstoffperoxid-Lösung bekannter Stoffmengenkonzentration eingeleitet. Die überschüssige Stoffmenge an Wasserstoffperoxid wird mit einer Kaliumpermanganat-Lösung als Titer bestimmt.

2.1 Warum eignet sich die Manganometrie in vielen Fällen als günstige quantitative Bestimmungsmethode?

2.2 Die Abbildung stellt in einem rechnerischen Modellfall den Ausstoß von 200 kg Schwefeldioxid pro Stunde aus einem 50 m hohen Schornstein eines Kohlekraftwerks und seine Verteilung in der Luft dar.

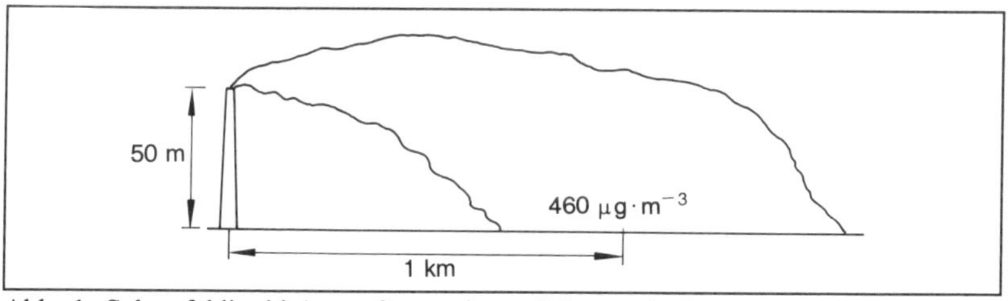

Abb. 1: Schwefeldioxid-Ausstoß aus einem Schornstein [4]

2.2.1 Berechnen Sie das Volumen einer (schwefelsauren) Kaliumpermanganat-Lösung, $c(KMnO_4) = 0{,}02\ mol \cdot l^{-1}$, das benötigt wird, wenn $V = 10\ m^3$ Luft mit der in der Abbildung angegebenen Schwefeldioxid-Stoffmenge durch $V = 100$ ml Wasserstoffperoxid-Lösung, $c(H_2O_2) = 0{,}01\ mol \cdot l^{-1}$, gesaugt werden.

16 Redoxreaktionen zur Bestimmung von Luftschadstoffen

3 Die angegebene titrimetrische Bestimmungsmöglichkeit von Kohlenstoffmonooxid basiert auf folgenden Grundlagen:
Ein bestimmtes Luftvolumen, das mit Kohlenstoffmonooxid belastet ist, wird durch eine angesäuerte Kaliumiodat-Lösung KIO_3 gesaugt. Dabei wird Kohlenstoffmonooxid zu Kohlenstoffdioxid oxidiert, während Iodat-Ionen zu Iodit-Ionen reduziert werden. Der Äquivalenzpunkt der Bestimmung liegt vor, wenn die gesamte Stoffmenge an Kohlenstoffmonooxid oxidiert wurde und das dabei entstandene Iodit mit Iodat stöchiometrisch zu Iod reagierte (Synproportionierung). Mit Hilfe von organischen Lösungsmitteln wird Iod erfaßt und quantitativ bestimmt.

3.1 Stellen Sie die Redoxreaktionen von Kohlenstoffmonooxid und Kaliumiodat KIO_3 sowie Iodid-Ionen mit Iodat-Ionen auf.

3.2 Bei Analysen des Kohlstoffmonooxidanteils der Luft nach der obigen Methode wurden in einer Stadt in Tallage 43,5 mg Iod und 5,4 mg Iod auf Berghängen gemessen, wenn je 10 m^3 Luft in eine Kaliumiodat-Lösung eingeleitet wurden. Berechnen Sie die Masse an Kohlenstoffmonooxid pro m^3 Luft in Tal- und Berglage.

4 Wenn Luft auf den Ozongehalt untersucht werden soll, leitet man diese durch eine basische Kaliumiodid-Lösung. Bei der Redoxreaktion entsteht aus Ozon Sauerstoff und Hydroxid-Ionen; aus Iodid wird Iod, das anschließend mit Natriumthiosulfat-Lösung als Titer bestimmt wird.

4.1 Formulieren Sie die Reaktion von Ozon mit basischer Kaliumiodid-Lösung.

4.2 Begründen Sie aufgrund der angegebenen Standardpotentiale, weshalb die Reduktion des Ozons in basischem Milieu erfolgen muß.

$$2I^- \rightarrow I_2 + 2e^-; \quad E^0 = +0{,}54\ V$$
$$NO + 3H_2O \rightarrow NO_2^- + 2H_3O^+ + e^-; \quad E^0 = +0{,}99\ V$$
$$NO + 2OH^- \rightarrow NO_2^- + H_2O + e^-; \quad E^0 = -0{,}46\ V$$

4.3 Berechnen Sie die Masse an Ozon in 1 m^3 Luft. (Die Entnahme erfolgte an einer Hauptverkehrsstraße an einem sonnigen Sommernachmittag während der Hauptverkehrszeit.) Für die Ozonanalyse mußten 1,27 ml Natriumthiosulfat-Lösung, $c(Na_2S_2O_3) = 0{,}01\ mol \cdot l^{-1}$ für die am Äquivalenzpunkt vorliegende Stoffmenge Iod eingesetzt werden.

16 Redoxreaktionen zur Bestimmung von Luftschadstoffen

Lösungsvorschlag

Zu 1.1:

$$4H_2O + SO_2 \rightarrow H_2SO_4 + 2e^- + 2H_3O^+$$
$$H_2O_2 + 2H_3O^+ \rightarrow 2H_2O + 2H_2O$$

$$SO_2 + H_2O_2 \rightarrow H_2SO_4$$

Zu 1.2: Leitfähigkeitsmessungen sind dann für quantitative Bestimmungen geeignet, wenn im Elektrolyten Stoffmengenänderungen schnell leitender Ionen eintreten. Da kontinuierlich Schwefelsäure entsprechend der Schwefeldioxidzufuhr gebildet wird, führt die Zunahme an Sulfat-Ionen und besonders der schnell wandernden Oxonium-Ionen („Klappmechanismus" der Ladungsweitergabe) zu einem merklichen Anstieg des Leitwerts.

Zu 2.1: Der Äquivalenzpunkt ist aufgrund des deutlichen Farbumschlags von violett nach farblos (und umgekehrt) gut erkennbar. Kaliumpermanganat ist ein starkes Oxidationsmittel, weshalb viele andere Stoffe mit vergleichsweise hohen positiven Redoxpotentialen zu Reduktionsmitteln werden, wenn sie mit Kaliumpermanganat ein Redoxpaar bilden. Da ein Permanganat-Ion 5 Elektronen aufnimmt, muß relativ weniger Titerlösung verwendet werden. Im Gegensatz zu Kaliumdichromat ist Kaliumpermanganat ungiftig.

Zu 2.2.1: $SO_2 + H_2O_2 \rightarrow H_2SO_4$ (vgl. 1.1)

$$MnO_4^- + 5e^- + 8H_3O^+ \rightarrow Mn^{2+} + 12H_2O \quad | \cdot 2$$
$$H_2O_2 + 2H_2O \rightarrow O_2 + 2e^- + 2H_3O^+ \quad | \cdot 5$$

$$2MnO_4^- + 5H_2O_2 + 6H_3O^+ \rightarrow 2Mn^{2+} + 5O_2 + 14H_2O$$

10 m³ Luft enthalten 4,6 mg Schwefeldioxid

$$n(SO_2) = \frac{4{,}6 \cdot 10^{-3}\,g}{64{,}1\,g \cdot mol^{-1}} = 7{,}18 \cdot 10^{-5}\,mol$$

Damit reagieren $7{,}18 \cdot 10^{-5}$ mol Wasserstoffperoxid (= $n(H_2O_2)_{SO_2}$)
In der Lösung verbleiben:
$n(H_2O_2)_{Beginn} - n(H_2O_2)_{SO_2} = 0{,}1\ l \cdot 10^{-2}\ mol \cdot l^{-1} - 7{,}18 \cdot 10^{-5}\ mol = 9{,}28 \cdot 10^{-4}\ mol$
Da $2n(MnO_4^-)$ $5n(H_2O_2)$ äquivalent sind, werden $3{,}71 \cdot 10^{-4}$ mol MnO_4^--Ionen für die Reduktion des überschüssigen Wasserstoffperoxid benötigt.

$$V(MnO_4^-) = \frac{3{,}71 \cdot 10^{-4}\,mol}{0{,}02\,mol \cdot l^{-1}} = 0{,}0186\,l = 18{,}6\,ml$$

16 Redoxreaktionen zur Bestimmung von Luftschadstoffen

Zu 3.1:

$IO_3^- + 6e^- + 6H_3O^+ \rightarrow I^- + 9H_2O$

$CO + 3H_2O \rightarrow CO_2 + 2e^- + 2H_3O^+ \quad |\cdot 3$

$IO_3^- + 3CO \rightarrow I^- + 3CO_2$

$2I^- \rightarrow I_2 + 2e^- \quad |\cdot 5$

$2IO_3^- + 10e^- + 12H_3O^+ \rightarrow I_2 + 18H_2O$

$5I^- + IO_3^- + 6H_3O^+ \rightarrow 3I_2 + 9H_2O$

Zu 3.2: Laut Redoxreaktionen aus 3.1) folgt:

$IO_3^- + 3CO \rightarrow I^- + 3CO_2 \quad |\cdot 5$

$5I^- + IO_3^- + 6H_3O^+ \rightarrow 3I_2 + 9H_2O$

$2IO_3^- + 5CO + 2H_3O^+ \rightarrow I_2 + 5CO_2 + 3H_2O$

$n(I_2) : n(CO) = 1 : 5$

Masse an Kohlenstoffmonooxid in Tallage pro m^3 Luft:

$$n(I_2) = \frac{43{,}5 \cdot 10^{-3}\,g}{253{,}8\,g \cdot mol^{-1}} = 1{,}71 \cdot 10^{-4}\,mol$$

$n(CO) = 5 \cdot 1{,}71 \cdot 10^{-4}$ mol $\quad m(CO) = 0{,}024$ g pro 10 m^3

Damit sind in 1 m^3 2,4 mg Kohlenstoffmonooxid.

Berglage: 0,3 mg

Zu 4.1:

$O_3 + H_2O + 2e^- \rightarrow O_2 + 2OH^-$

$2I^- \rightarrow I_2 + 2e^-$

$O_3 + H_2O + 2I^- \rightarrow O_2 + I_2 + 2OH^-$

Zu 4.2: Im basischen Milieu kann z. B. keine Redoxreaktion zwischen Iodid-Ionen und Stickstoffmonooxid erfolgen, das in der eingesaugten Luft sein könnte.
Das Symbol mit dem niedrigeren Redoxpotential dient stets als Reduktionsmittel und liefert die notwendigen Elektronen; dies wäre entsprechend dem Standardpotential Stickstoffmonooxid. Iodid-Ionen aber können keine Elektronen aufnehmen.

Zu 4.3:

$2S_2O_3^{2-} \rightarrow S_4O_6^{2-} + 2e^-$

$I_2 + 2e^- \rightarrow 2I^-$

$2S_2O_3^{2-} + I_2 \rightarrow 2I^- + S_4O_6^{2-}$

16 Redoxreaktionen zur Bestimmung von Luftschadstoffen

$n(S_2O_3^{2-}) : n(I_2) : n(O_3) = 2 : 1 : 1$

$n(S_2O_3^{2-}) = 10^{-2}\ mol{\cdot}l^{-1}{\cdot}1{,}27{\cdot}10^{-3}\ l = 1{,}27{\cdot}10^{-5}\ mol$

$n(O_3) = 6{,}35{\cdot}10^{-6}\ mol$

$m(O_3) = 3{,}06{\cdot}10^{-4}\ g = 0{,}305\ mg$

16 Redoxreaktionen zur Bestimmung von Luftschadstoffen

Weiterführende Informationen

Schwefeldioxid: Die Nachweisgrenze für dieses stechend riechende Gas mittels Leitwertbestimmung liegt bei 5 µg $SO_2 \cdot m^{-3}$, der MAK-Wert beträgt 5 $mg \cdot m^{-3}$. Schwefeldioxid entsteht technisch fast ausschließlich durch Verbrennen von Kohle und Erdöl. Es ist maßgeblich an der Entstehung des sauren Regens beteiligt ($SO_2 + H_2O \rightleftharpoons H_2SO_3$). Die Schäden an historischen Bauwerken, an Beton, Eisen usw., die durch chemische Korrosion mit Schwefeldioxid ausgelöst werden, sind immens. Die Übersäuerung der Böden ist eine der Ursachen für das Waldsterben, da bei pH < 5 Metall-Ionen aus den Böden gelöst werden, was eine Störung der Wasseraufnahme in den Wurzeln nach sich zieht. Anhaltender saurer Smog führt bei Lungen- und Kreislaufkranken zu einer erhöhten Sterblichkeitsrate. (Im Dezember 1952 stieg die Mortalitätsrate in London unter entsprechenden Bedingungen von 250 auf 900 pro Tag.) Durch Rauchgasentschwefelung ($2Ca(OH)_2 + 2SO_2 + O_2 \rightarrow 2CaSO_4 + 2H_2O$ bzw. $2CaCO_3 + 2SO_2 + O_2 \rightarrow 2CaSO_4 + 2CO_2$) und andere Verfahren konnte der Ausstoß in den alten Bundesländern von fast 4 Mio Tonnen pro Jahr (1972) auf 2,2 Mio Tonnen (1986) reduziert werden.

Kohlenstoffmonooxid: Das giftige Gas, das ca. 300fach besser als Sauerstoff an den roten Blutfarbstoff gebunden wird (MAK: 33 $mg \cdot m^{-3}$), entsteht zum größten Teil durch den Autoverkehr aufgrund unvollständiger Verbrennung von Benzin. Dank der Verwendung von Dreiwegekatalysatoren sank der Ausstoß von 14 Mio Tonnen (1973) auf 7 Mio Tonnen (1990). *Diesel*motoren erzeugen praktisch kein Kohlenstoffmonooxid, da die Gleichgewichtsreaktion

$$C + CO_2 \rightleftharpoons 2CO \; ; \Delta H > O$$

aufgrund der hohen Druckverhältnisse nach links verschoben wird.

Ozon: In der Atmosphäre ist Ozon ein Schadstoff, der Atmungsorgane angreift, am Waldsterben und am Treibhauseffekt beteiligt ist. (Die ätzende Wirkung wird z. T. bei der Desinfizierung ausgenutzt.) Die Zunahme von Ozon ist mit der Freisetzung von Stickstoffdioxid verknüpft, das durch Sonnenstrahlen in Radikale zerlegt wird.

$$\cdot NO_2 \xrightarrow{\lambda \leq 400 nm} NO\cdot + \cdot O \cdot$$

$$\cdot O \cdot + O_2 \rightarrow O_3$$

Damit wird ersichtlich, warum der Ozongehalt besonders in Sommermonaten während des nachmittäglichen Hauptverkehrs ansteigt und z. T. über 0,3 $mg \cdot m^{-3}$ beträgt (MAK: 0,2 $mg \cdot m^{-3}$).

1992 nahm das Ozonloch während des Südpolarwinters eine Ausdehnung der 2,5fachen Fläche der USA ein. Ozon wirkt in der Stratosphäre als Filter für UV-Strahlen. Diese energiereichen Strahlen schädigen die Augenbindehaut, verändern das Erbgut, verursachen Hautkrebs und mindern die Bildung von Phytoplankton, das für die Nahrungsketten im Meer von großer Bedeutung ist.

16 Redoxreaktionen zur Bestimmung von Luftschadstoffen

Chlorfluorkohlenwasserstoffe (die z. T. noch als Kühlflüssigkeit in Gefrierschränken, als Treibgase in Spraydosen und für die Schaumstoffproduktion Verwendung finden) zerstören Ozon, da sie durch die energiereiche Sonnenstrahlung in der Stratosphäre in Radikale zerlegt werden, die in einer Art Kreislauf immer wieder Ozon abbauen, z. B.

$$CCl_2F_2 \xrightarrow{\text{UV-Strahlen}} CClF_2\cdot + Cl\cdot$$

$$Cl\cdot + O_3 \rightarrow ClO\cdot + O_2$$

$$ClO\cdot + O\cdot \rightarrow Cl\cdot + O_2$$

Literatur

[1] *Holleman-Wiberg*, Lehrbuch der anorg. Chemie. de Gruyter, Berlin 1985, S. 442

[2] *H. R. Christen*, Grundlagen der allgemeinen und anorgan. Chemie. Salle Sauerländer, Frankfurt a. Main 1980, S. 698/69

[3] *G. Jander* und *E. Blasius*, Einführung in das anorg. chem. Praktikum. Hirzel Verlag Stuttgart Stuttgart 1977, S. 333 ff.

[4] *N. Lüdtke*, Stoffumsatz im Reaktionsmedium Luft. PdN 3/41, S. 2 ff.

[5] *K.-J. Rumpel* und *G. Wuttke*, SAM-Verfahren zur einfachen und kostengünstigen Ozonbestimmung. PdN 3/41, S. 16 ff.

[6] Daten zur Umwelt 1988/89. Umweltbundesamt, S. 224 - 229, 273 - 275, 280, 281, 289 - 297

[7] Folienserie des Fonds der Chemischen Industrie. Umweltbereich Luft, Frankfurt a. Main, 1987

$$\text{K.CE} + \text{K.TER} \rightarrow \text{K}_2\text{CETER}$$

$$\text{K}_2\text{CETER} + \text{Ö.diBUSS} \rightarrow \text{K.Ö.TER} + \text{DEBUSSY} + \text{K.CE}$$

$$\text{K.TER} + \text{Ö.diBUSS} \rightarrow \text{K.Ö.TER} + \text{DEBUSSY}$$

17 Quantitative Bestimmung durch Leitwertmessungen

Voraussetzungen aus dem Unterricht
Leitwert-Titrationen, Löslichkeitsprodukt, Säure-Base-Reaktionen, pK_s-Berechnungen, Puffer-Lösungen

Aufgaben

1 Die konduktrometrische Titration kann u. a. zur Bestimmung der Masse an gelöstem Calciumhydroxid in einer gesättigten Calciumhydroxid-Lösung und zur Berechnung des Zahlenwertes des entsprechenden Löslichkeitsprodukts herangezogen werden.
100 ml einer gesättigten Calciumhydroxid-Lösung werden mit jeweils 0,4 ml einer Salzsäure-Lösung, $c(HCl) = 1\ mol \cdot l^{-1}$ versetzt. Anschließend wird die Änderung des Leitwerts der Elektrolyt-Lösung gemessen.

V(HCl) [ml]	0	0,4	0,8	1,2	1,6	2,0	2,4
I [mA]	7,0	6,2	5,3	4,5	5,3	7,3	9,0

Tabelle 1: Meßwerte der Leitfähigkeitstitration von 100 ml gesättigter Calciumhydroxid-Lösung mit Salzsäure, $c(HCl) = 1\ mol \cdot l^{-1}$

1.1 Zeichnen Sie den Graphen der konduktometrischen Titration (Die Werte der zugegebenen Salzsäurevolumina werden auf der x-Achse, die der Stromstärke auf der y-Achse angetragen.)

1.2 Bestimmen Sie die Konzentration der Hydroxid-Ionen, und berechnen Sie die Masse an freiem Calciumhydroxid in der vorgelegten Lösung sowie das Löslichkeitsprodukt von Calciumhydroxid.

1.3 Erläutern Sie den Verlauf des Graphen aus 1.1.

2 Auch für die Bestimmung von pK_s-Werten schwacher Säuren kann die Konduktometrie verwendet werden, wenn man berücksichtigt, daß sich die Anionen in ihrer Ionenleitfähigkeit nur gering unterscheiden. Somit wird der Leitwert (fast) ausschließlich durch die Anzahl der Oxonium-Ionen bestimmt.
Zunächst mißt man den Leitwert von $V = 2$ ml einer schwachen einprotonigen Säure, $c(HA) = 0{,}1\ mol \cdot l^{-1}$. Anschließend werden $V = 2$ ml einer Salzsäure-Lösung, $c(HCl) = 0{,}1\ mol \cdot l^{-1}$ mit deionisiertem Wasser so weit verdünnt, daß der gleiche Leitwert wie bei der schwachen Säure vorliegt.

2.1 Bestimmen Sie den pKs-Wert der Milchsäure, wenn $V = 2$ ml Salzsäure, $c(HCl) = 0{,}1\ mol \cdot l^{-1}$ mit $V = 53$ ml deionisiertem Wasser versetzt werden mußte, damit der gleiche Leitwert wie bei der Milchsäure, $c(CH_3CHOH\text{-}COOH) = 0{,}1\ mol \cdot l^{-1}$ vorliegt.

17 Quantitative Bestimmung durch Leitwertmessungen

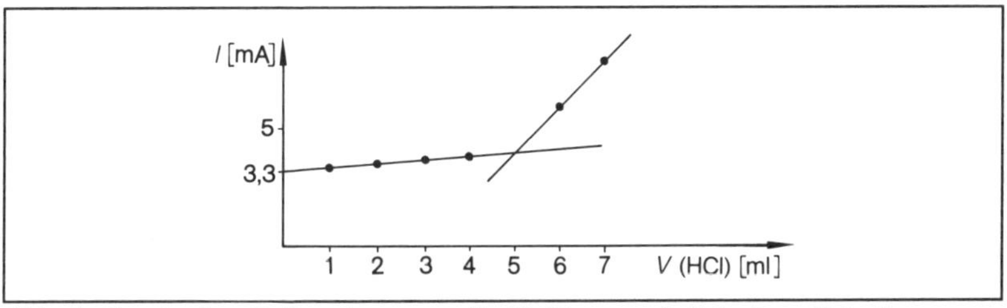

Abb. 1: Graph einer Leitwertmessung (Pufferlösung mit Salzsäure titriert)

Q-MILCH + F.SAUER-LADEN

↓

Q-FLADEN + SAUERMILCH

17 Quantitative Bestimmung durch Leitwertmessungen

Lösungsvorschlag

Zu 1.1:

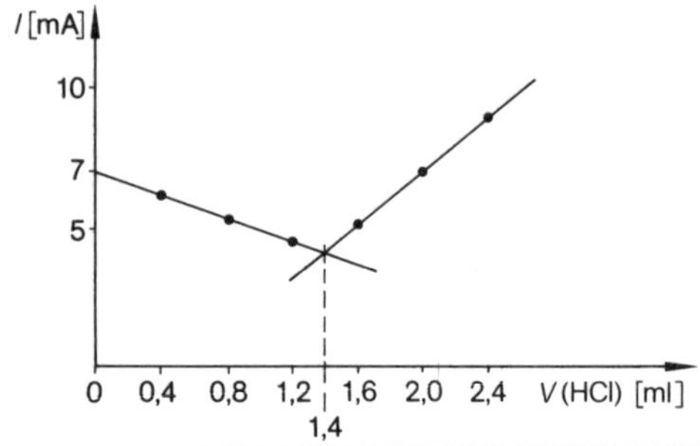

Abb. 2: Graph der konduktometrischen Titration von $Ca(OH)_2$-Lösung mit Salzsäure

Zu 1.2: Stoffmengenkonzentration der Hydroxid-Ionen:
Anhand des Graphen ist ersichtlich, daß 1,4 ml Salzsäure, $c(HCl) = 1 \text{ mol} \cdot l^{-1}$ nötig sind, um den Äquivalenzpunkt der Säure-Base-Titration zu erreichen.
$n(HCl) = 1 \text{ mol} \cdot l^{-1} \cdot 1{,}4 \cdot 10^{-3} \text{ l} = 1{,}4 \cdot 10^{-3} \text{ mol}$
Da am Äquivalenzpunkt die Stoffmenge der Oxonium-Ionen der Stoffmenge der Hydroxid-Ionen entspricht, kann die Stoffmengenkonzentration der Hydroxid-Ionen berechnet werden.

$$c(OH^-) = \frac{1{,}4 \cdot 10^{-3} \text{ mol}}{0{,}1 \text{ mol}} = 0{,}014 \text{ mol} \cdot l^{-1}$$

Masse an Calciumhydroxid:
Da $n(OH^-) = 2n(Ca^{2+})$ bzw. $n(Ca^{2+}) = 0{,}5n(OH^-)$
(vergleiche $Ca(OH)_2 \rightarrow Ca^{2+} + 2OH^-$)
$m(Ca(OH)_2) = 0{,}5 \cdot 1{,}4 \cdot 10^{-3} \text{ mol} \cdot 74{,}1 \text{ g} \cdot \text{mol}^{-1} = 0{,}052 \text{ g}$

Löslichkeitsprodukt:
$L(Ca(OH)_2) = c(Ca^{2+}) \cdot c^2(OH^-)$
$= 0{,}5 \cdot 0{,}014 \text{ mol} \cdot l^{-1} \cdot (0{,}014 \text{ mol} \cdot l^{-1})^2$
$= 1{,}37 \cdot 10^{-6} \text{ mol}^3 \cdot l^{-3}$
(Literaturwert [1]: $1{,}30 \cdot 10^{-6} \text{ mol}^3 \cdot l^3$)

Zu 1.3: Der Leitwert nimmt rasch ab. Die Hydroxid-Ionen, die eine relativ hohe Wanderungsgeschwindigkeit im Elektrolyten aufweisen, werden durch die Oxonium-Ionen der zugegebenen Säure neutralisiert. Am Äquivalenzpunkt einer Neutralisationstitration einer starken Base mit einer starken Säure (und umgekehrt) ist die Leitfähigkeit am geringsten, da die Konzentration der Hydroxid-Ionen der Konzentration der Oxonium-Ionen entspricht und den niedrigen Zahlenwert $c = 10^{-7} \text{ mol} \cdot l^{-1}$ aufweist.

17 Quantitative Bestimmung durch Leitwertmessungen

Somit sind nur die relativ „langsamen" Calcium- und Chlorid-Ionen für die Leitfähigkeit verantwortlich. Sobald der Äquivalenzpunkt überschritten ist, werden die „schnellen" Oxonium-Ionen nicht mehr neutralisiert und stehen vollständig für den Ladungstransport zur Verfügung. Daher wird ein starker Anstieg des Leitwerts gemessen.

Zu 2.1: pK_s-Berechnung der Milchsäure:
Da der Leitwert in der schwachen Säure dem der verdünnten Salzsäure entspricht, müssen in beiden Lösungen (fast) die gleichen Stoffkonzentrationen an Oxonium-Ionen vorliegen.
$2\ \text{ml} \cdot 0{,}1\ \text{mol} \cdot \text{l}^{-1} = (2\ \text{ml} + 53\ \text{ml}) \cdot c(H_3O^+)$
$c(H_3O^+) = 3{,}64 \cdot 10^{-3}\ \text{mol} \cdot \text{l}^{-1}$
Wenn das Massenwirkungsgesetz angewendet wird und man die sehr geringe Protolyse der Milchsäure vernachlässigt:

$$CH_3CHOHCOOH + H_2O \rightleftharpoons H_3O^+ + CH_3CHOHCOO^-$$

$$K_s = \frac{c(H_3O^+) \cdot c(CH_3CHOHCOO^-)}{c(CH_3CHOHCOOH)}; \text{ da}$$

$c(H_3O^+) = c(CH_3CHOHCOO^-)$

$$K_s = \frac{c^2(H_3O^+)}{c(CH_3CHOHCOOH)} = \frac{(3{,}64 \cdot 10^{-3}\,\text{mol} \cdot \text{l}^{-1})^2}{0{,}1\,\text{mol} \cdot \text{l}^{-1}}$$

$K_s = 1{,}32 \cdot 10^{-4}\ \text{mol} \cdot \text{l}^{-1}$
$\text{p}K_s = 3{,}88$

Zu 3.1: Der relativ niedrige Leitwert der reinen Puffer-Lösung ist (fast) ausschließlich auf die „langsamen" Ionen des Salzes Natriumacetat zurückzuführen, da die Essigsäure nur sehr schwach protolysiert. Somit stehen (fast) keine Oxonium-Ionen zur Verfügung, die eine sehr große Wanderungsgeschwindigkeit aufweisen.
Durch die Zugabe der Salzsäure wird das Gleichgewicht in der Puffer-Lösung

$$CH_3COOH + H_2O \rightleftharpoons H_3O^+ + CH_3COO^-$$

nach links verschoben; die Oxonium-Ionen der Salzsäure reagieren entsprechend mit den Acetat-Ionen zu Essigsäure-Molekülen, die keine Leitfähigkeit aufweisen. Der geringe Anstieg des Leitwerts beruht auf der Zufuhr der Chlorid-Ionen aus der Salzsäure. Sobald die Pufferkapazität erschöpft ist, werden die „schnellen" Oxonium-Ionen der zugesetzten Salzsäure nicht mehr „abgefangen" und verursachen den starken Anstieg des Leitwerts.

17 Quantitative Bestimmung durch Leitwertmessungen

Weiterführende Informationen
Die Konduktometrie ist ein elektrisches Analyseverfahren. Bei konstanter Wechselspannung wird die Stromstärke gemessen, die sich durch Zugabe einer Titer-Lösung ändert. Sie findet Anwendung, wenn keine geeigneten Säure-Base-Indikatoren zur Verfügung stehen, die Lösungen trüb oder intensive Eigenfärbungen aufweisen. Das Meßverfahren ist dann günstig, wenn Konzentrationsänderungen von gut beweglichen Ionen erfolgen, wie dies bei Säure-Base-Titrationen der Fall ist.

Kationen	H_3O^+	Na^+	K^+	Ca^{2+}
	$3{,}3\cdot10^{-3}$	$4{,}5\cdot10^{-4}$	$6{,}7\cdot10^{-4}$	$5{,}1\cdot10^{-4}$
Anionen	OH^-	Cl^-	CH_3COO^-	SO_4^{2-}
	$1{,}8\cdot10^{-3}$	$6{,}8\cdot10^{-4}$	$6{,}9\cdot10^{-4}$	$7{,}1\cdot10^{-4}$

Tabelle 2: Beweglichkeit einiger Ionen bei 18 °C in $cm^2\cdot(Vs)^{-1}$

Die besonders schnelle Wanderung der Hydroxid-Ionen beruht auf einem spezielle „Klappmechanismus", der auch für Oxonium-Ionen gilt.

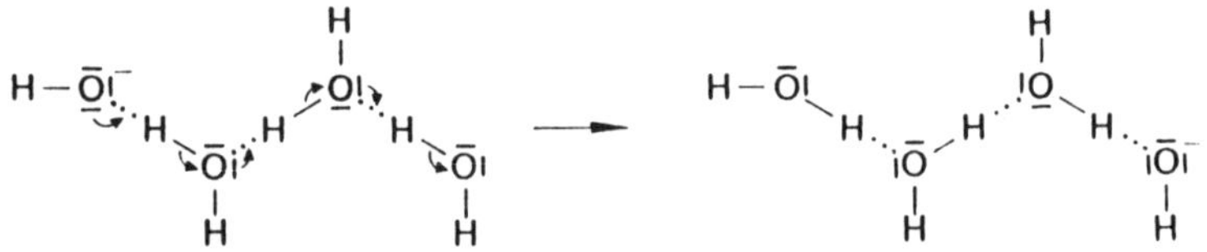

Annäherung eines Hydroxid-Ions — Freisetzung eines Hydroxid-Ions

Dadurch wandern nicht die hydratisierten Hydroxid- und Oxonium-Ionen, die wegen ihrer großen Hydrathüllen einen viel größeren Widerstand im Elektrolyten besitzen würden.
Man arbeitet mit Wechselspannung, um eine Polarisierung an den Elektroden zu vermeiden. Während der Meßreihe muß das Verdünnen des Elektrolyten mit Wasser wie das Abspritzen der Gefäßwand usw. unterbleiben, da der Leitwert von Ionenkonzentrationen linear abhängig ist.
Ein weiteres Verfahren, das die Ionenbeweglichkeit für Analysenzwecke ausnützt, ist die Elektrophorese. Hier erfolgt die Auftrennung der Ionen in einem Gleichspannungsfeld entsprechend ihrer Ladung und Größe. Besonders häufig wird dieses Meßverfahren in der Biochemie und Medizin verwendet, um Eiweißkörper (Enzyme, Antikörper, Hämoglobin usw.) zu analysieren.

Eine gebräuchliche Methode, den pK_s-Wert einer schwachen Säure zu bestimmen, ist die Halbtitration. Dabei titriert man ein bestimmtes Volumen einer schwachen Säure

17 Quantitative Bestimmung durch Leitwertmessungen

mit einer starken Lauge als Maß-Lösung bis zum Äquivalenzpunkt. Anschließend versetzt man das gleiche Säurevolumen mit der Hälfte (daher der Name) des Volumens der zur vorherigen Neutralisation benötigten Laugen-Maßlösung und mißt den pH-Wert, der dem pK_s-Wert der vorgelegten Säure entspricht.
(Ableitung durch Anwendung des Massenwirkungsgesetzes am Beispiel Essigsäure)

$$CH_3COOH + H_2O \rightleftharpoons H_3O^+ + CH_3COO^-$$

$$K_s = \frac{c(H_3O^+) \cdot c(CH_3COO^-)}{c(CH_3COOH)}$$

Da am Ende der Halbtitration $c(H_3O^+) = c(CH_3COO^-)$,
folgt $c(H_3O^+) = K_s$ und $pH = pK_s$)

Puffer-Lösungen setzen sich aus schwachen Säuren oder schwachen Basen und deren Salzen zusammen. Sie sind in der Lage, den pH-Wert bei Laugen- oder Säurezugabe entsprechend ihrer Pufferkapazität ziemlich konstant zu halten.
Von großer Bedeutung sind Puffersysteme im Organismus. Viele Stoffwechselreaktionen laufen nur in sehr engen pH-Bereichen ab, da die Katalysatorenwirkung des jeweiligen Enzyms ein typisches pH-Optimum aufweist.

Literatur

[1] *W. Fischer* und *R. Deißenberger*, C_3-Stoffe-Reaktionen-Energie. C. C. Buchners Verlag, Bamberg 1988, S. 46
[2] *H. Kiechle*, Analysenmethoden. Verlag Diesterweg-Salle-Sauerländer, Frankfurt a. Main 1978, S. 32-36
[3] *E. Tag*, Elektrochemie. Studienbücher Chemie, Verlag Diesterweg-Salle-Sauerländer, Frankfurt a. Main 1979, S. 26 - 28
[4] *H. R. Christen*, Organische Chemie. Verlag Diesterweg-Salle, Frankfurt a. Main 1975, S. 386
[5] *O. Eisenbarth*, Kursheft Praktikum Chemie. Klett Verlag, Stuttgart 1982, S. 63/64
[6] *R. Beer*, *W. Glöckner* und *R. Letterer*, Chemische Analytik-Kernchemie-Modellvorstellungen. C. C. Buchners Verlag, Bamberg 1983, S. 28 - 33
[Z2] *W. Rauch*, Eine vereinfachte konduktometrische Methode zur pK_s-Wert-Bestimmung. 12/84, S. 359/360

18 Herstellung von Reinkupfer

Voraussetzungen aus dem Unterricht
Redoxreaktionen, Elektrolyse, *Faraday*-Gesetze, *Nernst*-Gleichung, Metallbindung, Metallkomplexe, Massenwirkungsgesetz

Aufgaben
Kupfer ist ein begehrtes Metall, an dessen Reinheitsgrad man hohe Ansprüche stellt. Elektrische Leitfähigkeit und Korrosionsbeständigkeit werden in großem Umfang durch Fremdatome herabgesetzt. Durch elektrolytische Raffination von Rohkupfer, das man aus Schmelzen kupferhaltiger Erze erhält, kann man Kupfer mit einem Reinheitsgrad von 99,98 % herstellen.

1 Aus Erzen herausgelöstes Kupfer(I)-sulfid wird in einem Konverter unter Lufteinblasen in der Schmelze zu Kupfer(I)-oxid unter Freisetzung von Schwefeldioxid umgewandelt.

$$2Cu_2S + 3O_2 \rightarrow 2Cu_2O + 2SO_2$$

Formulieren Sie den anschließenden Redoxvorgang, bei dem Kupfer(I)-oxid mit noch im Konverter vorhandenem Kupfer(I)-sulfid in der Schmelze zu Kupfer und Schwefeldioxid reagiert. (Das Schwefeldioxid wird für die Gewinnung von Schwefelsäure eingesetzt.)

2 Das so erhaltene Rohkupfer muß in einem elektrischen Raffinationsprozeß von Fremdmetallen befreit werden. Dazu gießt man das Rohkupfer in Platten und schaltet diese als Anoden. Dünne Reinkupferbleche dienen als Kathodenmaterial. In den Elektrolysetrögen verwendet man verdünnte Schwefelsäure und Kupfersulfat-Lösung als Elektrolyte.

2.1 Formulieren Sie die Vorgänge an den Elektroden.

2.2 Begründen Sie, warum man bei ca. 0,2 - 0,3 Volt Gleichspannung die Elektrolyse durchführen muß, obwohl die Kathodenreaktion die Umkehr der Reaktion an der Anode darstellt. Warum wird verdünnte Schwefelsäure als Elektrolyt eingesetzt?

3 In den Rohkupferplatten der Anoden sind die Metalle Eisen, Zink und Silber enthalten. Begründen Sie aufgrund der angegebenen Standardpotentiale, welche Metalle oxidiert werden und welche Metalle als Anodenschlamm (unverändert) zu Boden sinken.
$E^0(Zn/Zn^{2+}) = -0{,}76$ V $E^0(Fe/Fe^{2+}) = -0{,}44$ V $E^0 = (Ag/Ag^+) = +0{,}81$ V
$E^0(Cu/Cu^{2+}) = +0{,}35$ V

4 Berechnen Sie wie lange es dauert, bis eine 150 cm hohe, 100 cm breite und 5 cm dicke Anodenplatte nur noch 10 % ihrer Ausgangsmasse besitzt. Die Stromdichte beträgt $0{,}02\ A\cdot cm^{-2}$;

18 Herstellung von Reinkupfer

ϱ (Kupfer) = 8,92 $g \cdot cm^{-3}$; die Kathodenoberfläche weist eine Oberfläche von 30000 cm^2 auf.

5 In einem Versuch [2] kann der Raffinationsvorgang nicht nur simuliert, sondern auch abgeändert werden, wenn man die Gleichspannung auf ca. 15 Volt erhöht. Die Vorgänge sind in der Abbildung 1 angegeben.

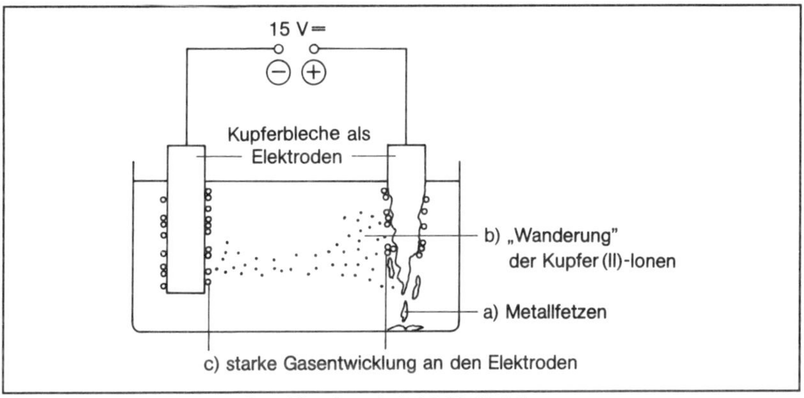

Abb. 1: Schema zur Kupferraffination bei 15 V Gleichspannung

5.1 Entwickeln Sie zu a) ein Modell, das das Ablösen der Kupfermetallfetzen erklärt.

5.2 Wie kann die „Wanderung" der Kupfer-Ionen b) zur Kathode sichtbar gemacht werden?

5.3 Erklären Sie die Vorgänge c) an den Elektroden, die zur Gasentwicklung führen.

6 Bei der elektrolytischen Rohkupferreinigung entstehen auch Kupfer(I)-Ionen:

$$Cu^{2+} + Cu \rightleftharpoons 2Cu^{+}$$

Berechnen Sie die entsprechende Gleichgewichtskonstante K (Hinweis: Ein Gleichgewichtssystem liefert dann keine Energie, wenn es sich im Zustand des dynamischen Gleichgewichts befindet.)

$E^0(Cu/Cu^{2+}) = +0{,}35$ V $\qquad$ $E^0(Cu/Cu^{+}) = +0{,}52$ V (Zahlenwert aus [7])

7 Kupfer(I)-Ionen sind in wäßrigen Lösungen unbeständig und werden durch den Luftsauerstoff zu Kupfer(II)-Ionen oxidiert. Geben Sie die entsprechende Redoxreaktion an und begründen Sie, weshalb dem Elektrolysebad immer wieder Schwefelsäure zugesetzt werden muß.

18 Herstellung von Reinkupfer

8 Begründen Sie mit Hilfe der Orbitaltheorie die (im Gegensatz in wäßrigen Lösungen) große Beständigkeit von Kupfer(I)-Ionen in Komplexsalzen, z. B. bei Kaliumtetracyanocuprat(I).

9 Berechnen Sie die Stoffmengenkonzentration der Kupfer(II)-Ionen in einer Kupferhalbzelle, die mit einer Arsenstandardhalbzelle zu einer *galvani*schen Zelle verbunden ist, wenn zwischen beiden Halbzellen kein Spannungsunterschied besteht.
$E^0(As/As^{3+}) = +0{,}30\ V$ $E^0(Cu/Cu^{2+}) = +0{,}35\ V$

18 Herstellung von Reinkupfer

Lösungsvorschlag

Zu 1:

$$Cu^+ + e^- \rightarrow Cu \quad |\cdot 6$$
$$2O^{2-} + S^{2-} \rightarrow SO_2 + 6e^-$$

$$6Cu^+ + 2O^{2-} + S^{2-} \rightarrow 6Cu + SO_2$$
$$Cu_2S + 2Cu_2O \rightarrow 6Cu + SO_2$$

Zu 2.1: Anode: Cu (Rohkupfer) $\rightarrow Cu^{2+} + 2e^-$
Kathode: $Cu^{2+} + 2e^- \rightarrow Cu$ (Reinkupfer)

Zu 2.2: Die Konzentration der Cu^{2+}-Ionen ist an der Anode, wo sie freigesetzt werden, bedeutend höher als an der Kathode, wo ihre Reduktion erfolgt. Damit liegen an den Elektroden unterschiedliche Potentiale vor.
Im Elektrolyten muß ein guter Ladungstransport und Ladungsausgleich an den Elektroden gewährleistet werden. Dies geschieht durch die Schwefelsäure, die Sulfat-Ionen und schnell leitende Oxonium-Ionen liefert.

Zu 3: Zink und Eisen werden aufgrund ihres weitaus niedrigeren Standardpotentials oxidiert und gehen (mit Kupfer) in Lösung. (Eine Abscheidung der Zink(II)- und Eisen(II)-Ionen kann an der Kathode wegen ihres relativ niedrigen Redoxpotentials nicht erfolgen.) Der „Elektronensog" von ca. 0,3 V an der Anode vermag keine Elektronen aus den Silber-Atomen abzuziehen. Silber fällt als unlöslicher Anodenschlamm an.

Zu 4: Volumen der Kupferanode V(Anode) = 75000 cm^3
Masse der Kupferanode m(Kupferanode) = $6{,}69 \cdot 10^5$ g
Masse der Kupferanode, wenn 90 % elektrolysiert wurden:
m(Cu 10 %) = $6{,}69 \cdot 10^4$ g
Damit wurden an der Kathode $6{,}021 \cdot 10^5$ g Kupfer abgeschieden.

Notwendige Ladung:

$$Q = \frac{6{,}021 \cdot 10^5\,\text{g}}{63{,}5\,\text{g} \cdot \text{mol}^{-1}} \cdot 2 \cdot 96487\,\text{As} \cdot \text{mol}^{-1} = 1{,}83 \cdot 10^9\,\text{As}$$

$$t = \frac{1{,}83 \cdot 10^9\,\text{As}}{0{,}02\,\text{A} \cdot \text{cm}^{-2} \cdot 30000\,\text{cm}^2} = 3{,}05 \cdot 10^6\,\text{s} = 35{,}3\,\text{Tage}$$

18 Herstellung von Reinkupfer

Zu 5.1:

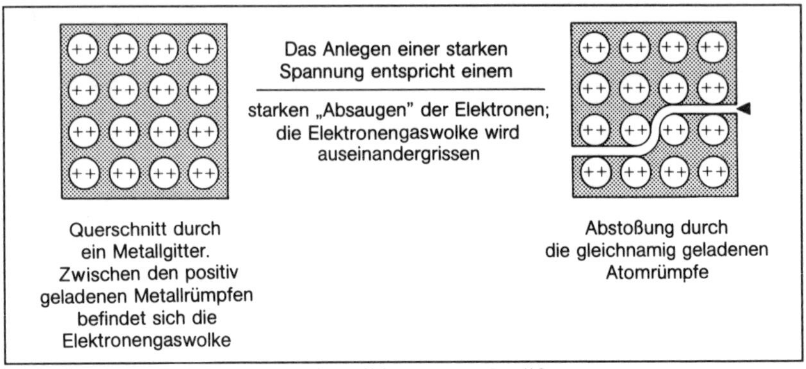

Abb. 2: Schema zur Erklärung der Bildung von Metallfetzen

Zu 5.2: Ammoniak ist ein Nachweisreagenz für Kupfer(II)-Ionen; Bildung des Kupferteraamminkomplexes $[Cu(NH_3)_4]^{2+}$, der in wäßriger Lösung eine blaue Farbe ergibt.

Zu 5.3: Wegen der hohen Spannung werden an der Kathode Wasserstoff und an der Anode Sauerstoff frei. (Sulfat-Ionen werden aufgrund ihrer hohen Überspannung nicht oxidiert.)

Kathode:	$2H_3O^+ + 2e^-$	$\rightarrow H_2 + 2H_2O \mid \cdot 2$
Anode:	$6H_2O$	$\rightarrow O_2 + 4H_3O^+ + 4e^-$
	$2H_2O$	$\rightarrow 2H_2 + O_2$

Zu 6: $E(Cu/Cu^{2+}) = E(Cu/Cu^+)$ wenn $U = 0V$

$$E(Me/Me^{n+}) = E^0(Me/Me^{n+}) + \frac{0{,}059\ V}{z} \cdot \lg c(Me^{n+})$$

$$0{,}35\,V + \frac{0{,}059\,V}{2} \cdot \lg c(Cu^{2+}) = 0{,}52\,V + \frac{0{,}059\,V}{1} \cdot \lg c(Cu^+)$$

$$0{,}35\ V - 0{,}52\ V = 0{,}059\ V \cdot \lg\ c(Cu^+) - (\tfrac{1}{2} \cdot 0{,}059\ V \cdot \lg\ c(Cu^{2+}))$$

$$-0{,}17\ V = 0{,}059\ V \cdot [\lg\ c(Cu^+) - \tfrac{1}{2} \cdot \lg\ c(Cu^{2+})]$$

$$-\frac{0{,}17\,V}{0{,}059\,V} = \lg c(Cu^+) - \frac{1}{2} \lg c(Cu^{2+}) \mid \cdot 2$$

$$-5{,}76 = \lg\ c^2(Cu^+) - \lg\ c(Cu^{2+})$$

18 Herstellung von Reinkupfer

$$10^{-5,76}\,\text{mol}\cdot\text{l}^{-1} = \frac{c^2(\text{Cu}^+)}{c(\text{Cu}^{2+})} \qquad \left(\text{K} = \frac{c^2(\text{Cu}^+)}{c(\text{Cu}^{2+})}\right)$$

Zu 7:

$$\begin{array}{lll} Cu^+ & \rightarrow & Cu^{2+} + e^- \;|\cdot 4 \\ O_2 + 4e^- + 4H_3O^+ & \rightarrow & 6H_2O \\ \hline 4Cu^+ + O_2 + 4H_3O^+ & \rightarrow & 4Cu^{2+} + 6H_2O \end{array}$$

Anhand der Reaktionsgleichung wird deutlich, daß zur Oxidation der Kupfer(I)-Ionen Oxonium-Ionen benötigt werden. (Die Sulfat-Anionen dienen zur „elektrischen Neutralisation" der Cu^{2+}-Ionen.)

Zu 8:

Cu^+: [ ] [↑↓][↑↓][↑↓][↑↓][↑↓] [ ][ ][ ]

$4s^0$ $3d^{10}$ $4p^0$

$\overset{+I}{[Cu(CN)_4]^{3-}}$: [↑↓] [↑↓][↑↓][↑↓][↑↓][↑↓] [↑↓][↑↓][↑↓] ≙ Elektronenkonfiguration des Edelgases Krypton

$4s^2$ $3d^{10}$ $4p^6$

Elektronenpaare (4s², 4p⁶) von CN^--Liganden

Zu 9: $0{,}30\text{ V} = 0{,}35\text{ V} + \frac{0{,}059\text{ V}}{2}\cdot \lg c(\text{Cu}^{2+})$

$$\frac{-0{,}05\text{ V}}{0{,}0295\text{ V}} = \lg c(\text{Cu}^{2+})$$

$$c(\text{Cu}^{2+}) = 0{,}02\text{ mol}\cdot\text{l}^{-1}$$

18 Herstellung von Reinkupfer

Weiterführende Informationen

Steinzeitmenschen benutzten bereits vor ca. 9000 Jahren in Anatolien Kupfer. 1987 wurden zur Kupfergewinnung 8,6 Millionen Tonnen Erze abgebaut. Man nützt nicht nur die gute Stromleitfähigkeit und die Korrosionsbeständigkeit des Kupfers aus, sondern auch die gute Dehnbarkeit und Wärmeleitung (z. B. bei Braukesseln). In die Elektrolysetröge tauchen ca. 30 - 35 Anoden- und Kathodenplatten. Ein Rühren der Elektrolyt-Lösung muß unterbleiben, damit der Anodenschlamm nicht aufgewirbelt wird. Als Bodenbelag kann er leicht entfernt werden und einer elektrolytischen Aufbereitung der darin enthaltenen Edelmetalle zugeführt werden. Die geringe Stromdichte (0,016 - 0,025 $A \cdot cm^{-2}$) bedingt den einige Wochen andauernden Elektrolysevorgang. Damit sind große Mengen an Kupfer (und Kapital) während der Reinkupferherstellung gebunden. Größere Stromdichten sind nicht möglich, da sonst im Elektrolyten u. a. eine zu starke Strömung und Durchmischung erfolgt. Dies würde das Absetzen des wertvollen Anodenschlamms beeinträchtigen.

Literatur

[1] *E. Tag*, Elektrochemie. Diesterweg Salle, Frankfurt a. Main, 1984, S. 87 - 92

[2] *R. Pauli*, Projektionschemie. Maey Lehrmittelbau, Bonn 1978, S. 53

[3] *H. R. Christen*, Grundlagen der allg. und anorg. Chemie. Sauerländer Salle, Frankfurt a. Main 1969, Redoxpotentiale, S. 557

[4] *Römpp*s Chemie-Lexikon. Franckhsche Verlagsbuchhandlung, Stuttgart 1985, S. 2282 ff.

[5] *M. Tausch* und *M. von Wachtendonk*, Stoff, Formel, Umwelt 1. C. C. Buchners Verlag, Bamberg 1989, S. 150/151

[6] *E. Aparci*, Geschichte, Vorkommen und Gewinnung von Kupfer. PdN 4/39, Aulis Verlag Köln, S. 2 ff.

[7] *F. Kober*, Das Ätzen von Platinen, PdN 4/39, Aulis Verlag Köln S. 29 ff.

19 Galvanisieren - Korrosionsschutz und Dekoration

Voraussetzungen aus dem Unterricht
Elektrolyse, Redoxreaktionen, *Faraday*-Gesetze, Metallkomplexe

Aufgaben
Unter *Galvani*sieren versteht man elektrochemische Verfahren, um Gegenstände mit haftenden Metallschichten (aus Edelmetallen, Chrom, Kupfer, Zink u. a.) zu überziehen.

1 Eine Versuchsanleitung zur Verchromung (nach [1] verändert) lautet: n = 0,3 mol Chrom(III)-sulfat und m = 0,3 g konzentrierte Schwefelsäure werden in V = 70 ml Wasser gelöst. Das Eisenblech, das verchromt werden soll, schaltet man als Kathode; als Anode wird eine Graphitelektrode eingesetzt. Man elektrolysiert t = 30 Minuten bei U = 4 Volt Gleichspannung. Die Stromstärke beträgt I = 0,6 Ampere.

1.1 Fertigen Sie eine Versuchsskizze an und formulieren Sie die Elektrodenvorgänge, wobei neben der Metallabscheidung Gasentwicklung an beiden Elektroden erfolgt.

2 Eine zu starke Wasserstoffentwicklung an der Kathode führt zu einem unvollständigen, blasigen Chromüberzug. Dies kann man durch Zugabe von Salpetersäure unterbinden, die zu Ammoniak reduziert wird, während Wasserstoff zu Oxonium-Ionen oxidiert wird.

2.1 Formulieren Sie den Redoxvorgang (pH < 3).

3 Berechnen Sie die abgeschiedene Chrommasse, wenn die Versuchsanleitung aus 1) befolgt wird und der Wirkungsgrad der elektrolytischen Abscheidung 96 % beträgt.

4 Die Stoffmenge an Chrom(III)-Ionen in einem *Galvani*sierbad kann titrimetrisch bestimmt werden. [3]
V = 100 ml Lösung aus dem Elektrolysierbad werden mit schwefelsaurer Ammoniumperoxodisulfat-Lösung $(NH_4)_2S_2O_8$ versetzt, die Chrom(III)-Ionen zu Dichromat-Ionen $Cr_2O_7^{2-}$ oxidiert; Peroxodisulfat-Ionen werden zu Sulfat reduziert. Das überschüssige Peroxodisulfat wird durch Kochen der Lösung zerstört.
Die Zugabe von V = 50 ml Eisen(II)-sulfat-Lösung, $c(FeSO_4)$ = 0,1 mol·l^{-1}, bewirkt eine Reduktion des Dichromats zu Chrom(III)-Ionen unter Bildung von Eisen(III)-Ionen. Der Überschuß an Eisen(II)-sulfat wird mit V = 8 ml Kaliumpermanganat-Lösung, $c(KMnO_4)$ = 0,02 mol·l^{-1} bestimmt.
Berechnen Sie die Stoffmenge der Chrom(III)-Ionen in V = 100 ml Elektrolyse-Lösung.

19 Galvanisieren - Korrosionsschutz und Dekoration

5 Eine Salzlösung, die für eine dekorative *Galvani*sierung verwendet wird, besteht aus zweiwertigen Metall- und Sulfat-Ionen. Welches Salz liegt vor, wenn die Kathode um m = 0,476 g schwerer wird und an der Anode unter Normbedingungen V = 84 ml Sauerstoff frei wurden? (Die Elektrolyse findet in saurem Milieu statt.)

6 Die elektrochemischen Korrosionsvorgänge, die sich abspielen, wenn Kupfermünzen in eisernen Töpfen in sauren Moorböden vergraben werden oder wenn Wasserleitungsrohre aus Kupfer mit Eisengewinden verbunden werden, kann man durch folgenden Versuch simulieren:
Ein dicker Kupferdraht, der in der Mitte von einem schmalen Eisenblech eng umhüllt ist, liegt in einer wäßrigen Lösung, deren pH-Wert pH < 7 ist und die neben Phenolphthalein Kaliumhexacyanoferrat(III) enthält.
Schildern und erklären Sie die Vorgänge, die sich bei diesem Versuch abspielen.

19 Galvanisieren - Korrosionsschutz und Dekoration

Lösungsvorschlag

Zu 1.1:

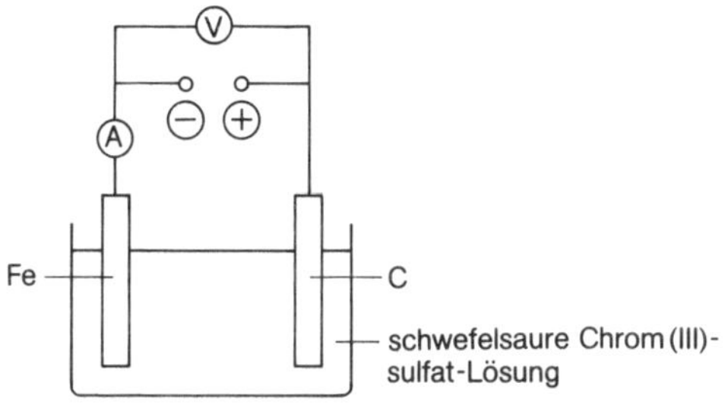

Abb. 1: Skizze zum Verchromungsvorgang

⊖-Pol: $Cr^{3+} + 3\,e^- \rightarrow Cr$

und $2\,H_3O^+ + 2\,e^- \rightarrow H_2 + 2\,H_2O$

⊕-Pol: $6\,H_2O \rightarrow O_2 + 4\,e^- + 4\,H_3O^+$

(Sulfat-Ionen werden aufgrund sehr hoher Überspannung nicht entladen.)

Zu 2.1:

$$H_2 + 2\,H_2O \rightarrow 2\,H_3O^+ + 2\,e^- \quad |\cdot 4$$
$$HNO_3 + 8\,e^- + 8\,H_3O^+ \rightarrow NH_3 + 11\,H_2O$$

$$HNO_3 + 4\,H_2 \rightarrow NH_3 + 3\,H_2O$$

Zu 3: $Q = z \cdot n \cdot F$

$$m(Cr) = \frac{M(Cr)}{z \cdot F} \cdot I \cdot t$$

$$= \frac{52\,g \cdot mol^{-1}}{3 \cdot 96487\,As \cdot mol^{-1}} \cdot 0{,}6\,A \cdot (30 \cdot 60\,s)$$

$$= 0{,}194\,g$$

Bei 96 % Wirkungsgrad: 0,186 g

Zu 4:

$$2\,Cr^{3+} + 21\,H_2O \rightarrow Cr_2O_7^{2-} + 6\,e^- + 14\,H_3O^+$$
$$S_2O_8^{2-} + 2\,e^- \rightarrow 2\,SO_4^{2-} \quad |\cdot 3$$

$$3\,S_2O_8^{2-} + 2\,Cr^{3+} + 21\,H_2O \rightarrow 6\,SO_4^{2-} + Cr_2O_7^{2-} + 14\,H_3O^+$$

19 Galvanisieren - Korrosionsschutz und Dekoration

$$\begin{array}{lcll} Cr_2O_7^{2-} + 6\ e^- + 14\ H_3O^+ & \rightarrow & 2\ Cr^{3+} + 21\ H_2O & \\ Fe^{2+} & \rightarrow & Fe^{3+} + e^- & |\cdot 6 \\ \hline Cr_2O_7^{2-} + 6\ Fe^{2+} + 14\ H_3O^+ & \rightarrow & 6\ Fe^{3+} + 2\ Cr^{3+} + 21\ H_2O & \end{array}$$

$$\begin{array}{lcll} MnO_4^- + 5\ e^- + 8\ H_3O^+ & \rightarrow & Mn^{2+} + 12\ H_2O & \\ Fe^{2+} & \rightarrow & Fe^{3+} + e^- & |\cdot 5 \\ \hline MnO_4^- + 5\ Fe^{2+} + 8\ H_3O^+ & \rightarrow & Mn^{2+} + 5\ Fe^{3+} + 12\ H_2O & \end{array}$$

$n(Cr_2O_7^{2-}) : n(Cr^{3+}) = 1 : 2$
$n(Cr_2O_7^{2-}) : n(Fe^{2+}) = 1 : 6$
$n(MnO_4^-) : n(Fe^{2+}) = 1 : 5$

Verbrauchte Stoffmenge an MnO_4^--Ionen:
$n(MnO_4^-) = 8\cdot 10^{-3}\ l\cdot 0{,}02\ mol\cdot l^{-1} = 1{,}6\cdot 10^{-4}\ mol$
Stoffmenge an Fe^{2+}-Ionen für die Reduktion der Dichromat-Ionen:
$n(Fe^{2+})_{Beginn} - n(Fe^{2+})_{Überschuß} =$
$5\cdot 10^{-3}\ mol - 5\cdot 1{,}6\cdot 10^{-4}\ mol = 4{,}2\cdot 10^{-3}\ mol$
$n(Cr_2O_7^{2-}) = 7\cdot 10^{-4}\ mol$
$n(Cr^{3+}) = 1{,}4\cdot 10^{-3}\ mol$

Zu 5: Ladung zur Sauerstoffabscheidung:

$$Q = \frac{V_n \cdot z \cdot F}{V_{mn}} = \frac{0{,}084\ l \cdot 4 \cdot 96487\ As \cdot mol^{-1}}{22{,}4\ l \cdot mol^{-1}} = 1447{,}3\ As$$

Bestimmung der molaren Masse des Metalls:

$$M(Me^{2+}) = \frac{m \cdot z \cdot F}{Q} = \frac{0{,}476\ g \cdot 2 \cdot 96487\ As \cdot mol^{-1}}{1447{,}3\ As}$$

$$= 63{,}47\ g \cdot mol^{-1}$$

In der Lösung ist Kupfer(II)-sulfat.

19 Galvanisieren - Korrosionsschutz und Dekoration

Zu 6:

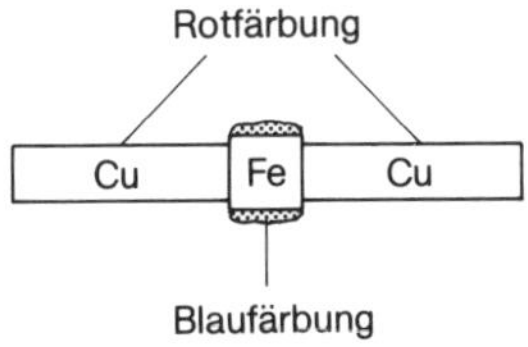

Abb. 2: Schema zur Reaktion des Eisenblechs mit dem Kupferdraht

Es liegt ein Kontaktelement (Lokalelement) vor. Eisen und Kupfer weisen unterschiedliche Redoxpotentiale auf. Eisen dient als Anode und löst sich relativ schnell auf, da die Kathodenoberfläche des Kupfers groß ist. Deshalb folgt der Abfluß der Elektronen aus dem Oxidationsvorgang des Eisens zum Kupfer schnell, das nicht aufgelöst wird (vgl. positivse Redoxpotential). Auf der Kupferoberfläche findet Säure- oder Sauerstoffkorrosion statt.

A Anode: $Fe \rightarrow Fe^{2+} + 2\,e^-$

Nachweisreaktion, Blaufärbung (Berlinerblau):

$$Fe^{2+} + K_3[Fe(CN)_6] \rightarrow 2\,K^+ + K[FeFe(CN)_6]$$

B Auf der Kupferoberfläche:

Säurekorrosion (bei pH < 4,5):

$$2\,H_3O^+ + 2\,e^- \rightarrow H_2 + 2\,H_2O$$

Die Stoffmenge an Oxonium-Ionen nimmt ab, die der Hydroxid-Ionen nimmt zu (vgl. Gleichgewichtsverschiebung: $2\,H_2O \rightleftharpoons H_3O^+ + OH^-$).

Sauerstoffkorrosion: $2\,H_2O + O_2 + 4\,e^- \rightarrow 4\,OH^-$

Die Stoffmenge an Hydroxid-Ionen nimmt zu, Nachweis durch Rotfärbung des Phenolphthaleins.

Im Laufe der Zeit erfolgt Rostbildung (durch im Elektrolyten physikalisch gelösten Sauerstoff)

$$4\,Fe^{2+} + O_2 + 8\,OH^- \rightarrow 4\,FeO(OH) + 2\,H_2O$$

PETER.N.WETTER + U.T.SILIE

↓

UNWETTER + PETERSILIE

19 Galvanisieren - Korrosionsschutz und Dekoration

Weiterführende Informationen

Die Korrosionsschäden an Metallen, die sich durch Herabsetzung bzw. durch Verlust der Tragfähigkeit (vgl. rostende Autos und Eisenarmierungen), durch Beeinträchtigung von Lebensmitteln (korrodierende Konservendosen) u.s.w. zeigen, sind immens. Sie werden nach [5] auf 4,2 % des Bruttosozialprodukts einer Industrienation veranschlagt. Dabei berücksichtigt man nicht nur Materialschäden, sondern auch Reparaturkosten, Betriebsausfälle u. ä.; 1988 belief sich der so errechnete Schaden für die Bundesrepublik Deutschland auf 85 Mrd. DM. Mit einer Vielfalt von Gegenmaßnahmen (*Galvani*sieren, Phosphatieren, Emaillieren, Schutzanstriche, Anodisieren u.s.w.) versucht man diese elektrochemischen Zersetzungsvorgänge zumindest einzudämmen. 150000 t Zink pro Jahr werden allein für *Galvani*sierungsprozesse in der Bundesrepublik eingesetzt.

Wenn besonders dünne Metallschichten (bei Edelmetallüberzügen) hergestellt werden sollen, setzt man dem Elektrolysierbad häufig cyanidhaltige Salze zu, da Cyanid-Ionen mit Metallen der Nebengruppenelemente stabile Komplexe ergeben. Die kathodische Metallabscheidung erfolgt dann langsamer und ergibt sehr zusammenhängende Schichten, da die Metall-Ionen nur in geringen Stoffportionen abgegeben werden. Darüber hinaus lösen die Cyanid-Ionen, die durch Metallabscheidung an der Kathode frei werden, aus den entsprechenden Metallanoden die Kationen unter Bildung des jeweiligen Komplexsalzes heraus. Vgl. Cyanid-Laugerei bei der Silber- und Goldgewinnung, z. B.:

$$4\ Ag + 2\ H_2O + O_2 + 8\ KCN \rightarrow 4\ K[Ag(CN)_2] + 4\ KOH$$

Literatur

[1] *R. Arendt* und *L. Dörmer*, Technik der Experimentalchemie. Quelle & Meyer, Heidelberg 1972, S. 405/406

[2] *F. Götze* und *W. Fischer*, Anorganische und Allgemeine Chemie. C. C. Buchners Verlag, Bamberg 1978, S. 207

[3] *G. Jander* und *E. Blasius*, Einführung in das anorganisch-chemische Praktikum. Hirzel Verlag Stuttgart 1968, S. 439

[4] *W. Fischer* und *H. Deißenberger*, C3-Stoffe-Reaktionen-Energie. C. C. Buchners Verlag, Bamberg 1988, S. 85 ff.

[5] Folienserie des Fonds der Chemischen Industrie, Korrosion/Korrosionsschutz. Frankfurt a. Main 1990

20 Anteile von Kupfer- und Eisensulfid an einer Erzprobe

Voraussetzungen aus dem Unterricht
Redoxtitrationen (Iodometrie, Manganometrie), stöchiometrisches Rechnen

Anhand qualitativer Vorproben werden in einer Erzprobe als Bestandteile Siliciumdioxid, Kupfer(II)-, und Eisen(II)-sulfid festgestellt. Nachfolgend wird eine (verkürzte und vereinfachte) Analysenmethode für den metallischen Anteil angegeben.
A: m = 5,330 g der Erzprobe werden in Salpetersäure aufgelöst. Siliciumdioxid wird als unlöslicher Teil abgetrennt. In der Lösung sind Sulfat-Ionen (Oxidation der Sulfid-Ionen durch Salpetersäure), Kupfer-Ionen und Eisen(III)-Ionen (Oxidation der Eisen(II)-Ionen durch Salpetersäure).
Die Lösung wird mit deionisiertem Wasser auf V = 300 ml Volumen ergänzt und stellt für die weiteren Analysen die Ausgangslösung dar.

B: Die Schwefelbestimmung erfolgt als Sulfatfällung, indem man V = 100 ml Ausgangslösung mit Bariumnitrat versetzt und den Bariumsulfatniederschlag gravimetrisch bestimmen. Die Masse an Bariumsulfat betägt 0,215 g.

C: Zur Bestimmung des Kupferanteils leitet man in V = 100 ml der sauren Ausgangslösung Schwefelwasserstoff ein. Kupfersulfid setzt sich als Niederschlag ab und wird abgetrennt. Anschließend löst man ihn wieder auf und versetzt die angesäuerte Lösung mit Kaliumiodid (im Überschuß). Die Kupfer(II)-Ionen werden zu Kupfer(I)-Ionen reduziert, aus Iodid wird Iod. Das quantitativ entstandene Iod wird mit V = 6,15 ml einer Natriumthiosulfat-Lösung, $c(Na_2S_2O_3) = 0{,}05\ mol \cdot l^{-1}$, bestimmt. (Den Äquivalenzpunkt stellt man durch das Verschwinden der blauen Farbe des Iod-Stärke-Komplexes fest.)

D: 100 ml der Ausgangslösung werden mit Zinn(II)-chlorid versetzt, damit eine Reaktion der Eisen(III)-Ionen zu Eisen(II)-Ionen erfolgt; die Zinn-Ionen werden zu Zinn(IV)-Ionen oxidiert. Für die titrimetrische Bestimmung der Eisen(II)-Ionen benötigt man V = 12,3 ml Kaliumpermanganat-Lösung, $c(KMnO_4) = 0{,}01\ mol \cdot l^{-1}$. (Die Kupfer(II)-Ionen wurden vorher ausgefällt, um die Bestimmung nicht zu verfälschen.)

Aufgaben

1 Stellen Sie die Gleichungen zu den Redoxreaktionen der Abschnitte C und D auf.

2 Berechnen Sie die Massen an Sulfid-, Kupfer(II)- und Eisen(II)-Ionen in der Erzprobe und erstellen Sie eine mögliche Formel für die vorliegende Kupfer-Eisen-Sulfidverbindung.

20 Anteile von Kupfer- und Eisensulfid an einer Erzprobe

Lösungsvorschlag

Zu 1:

C

	$2\,I^-$	→	$I_2 + 2\,e^-$	
	$Cu^{2+} + e^-$	→	Cu^+	$|\cdot 2$
	$2\,I^- + 2\,Cu^{2+}$	→	$I_2 + 2\,Cu^+$	
	$I_2 + 2\,e^-$	→	$2\,I^-$	
	$2\,S_2O_3^{2-}$	→	$S_4O_6^{2-} + 2\,e^-$	
	$I_2 + 2\,S_2O_3^{2-}$	→	$2\,I^- + S_4O_6^{2-}$	

D

	Sn^{2+}	→	$Sn^{4+} + 2\,e^-$	
	$Fe^{3+} + e^-$	→	Fe^{2+}	$|\cdot 2$
	$Sn^{2+} + 2\,Fe^{3+}$	→	$Sn^{4+} + 2\,Fe^{2+}$	
	Fe^{2+}	→	$Fe^{3+} + e^-$	$|\cdot 5$
	$MnO_4^- + 5\,e^- + 8\,H_3O^+$	→	$Mn^{2+} + 12\,H_2O$	
	$MnO_4^- + 5\,Fe^{2+} + 8\,H_3O^+$	→	$Mn^{2+} + 5\,Fe^{3+} + 12\,H_2O$	

Zu 2: Sulfid-Bestimung (in $V = 100$ ml Ausgangslösung):

$$n(BaSO_4) = \frac{0{,}215\ g}{233{,}4\ g \cdot mol^{-1}} = 9{,}21 \cdot 10^{-4}\ mol$$

$n(BaSO_4) = n(S^{2-}) = 9{,}21 \cdot 10^{-4}$ mol
$m(S^{2-}) = 0{,}0296$ g
Sulfidmasse in 5,33 g Erz: 88,8 mg

Kupferbestimmung (in $V = 100$ ml Ausgangslösung):
$n(Cu^{2+}) : n(I_2) : n(S_2O_3^{2-}) = 2 : 1 : 2$
$n(S_2O_3^{2-}) = 0{,}05\ mol \cdot l^{-1} \cdot 6{,}15 \cdot 10^{-3}\ l = 3{,}075 \cdot 10^{-4}$ mol
$n(Cu^{2+}) = 3{,}075 \cdot 10^{-4}$ mol
$m(Cu^{2+}) = 0{,}0195$ g
Kupfermasse in 5,33 g Erz: 58,5 mg

20 Anteile von Kupfer- und Eisensulfid an einer Erzprobe

Eisenbestimmung (in V = 100 ml Ausgangslösung):
$n(MnO_4^-) : n(Fe^{2+}) = 1 : 5$
$n(MnO_4^-) = 0{,}01\ mol \cdot l^{-1} \cdot 12{,}3 \cdot 10^{-3}\ l = 1{,}23 \cdot 10^{-4}\ mol$
$n(Fe^{2+}) = 6{,}15 \cdot 10^{-4}\ mol$
$m(Fe^{2+}) = 0{,}0343\ g$
Eisenmasse in 5,33 g Erz: 102,9 mg

Verhältnisformel (in 5,33 g Erz):
$n(S^{2-}) : n(Cu^{2+}) : n(Fe^{2+}) =$
$2{,}763 \cdot 10^{-3}\ mol : 9{,}225 \cdot 10^{-4}\ mol : 1{,}845 \cdot 10^{-3}\ mol$

Division durch den kleinsten Zahlenwert:
$n(S^{2-}) : n(Cu^{2+}) : n(Fe^{2+}) = 3 : 1 : 2$
Damit lautet die Formel $CuFe_2S_3$ (oder ein Vielfaches).

20 Anteile von Kupfer- und Eisensulfid an einer Erzprobe

Weiterführende Informationen

Eine Variante der Schwefelbestimmung wäre die Messung der Stoffmenge des Schwefeldioxids, die durch Rösten der Erzprobe gewonnen würde. Das Gas, das aus 5,330 g des sulfidischen Erzes freigesetzt wird, leitet man in $V = 100$ ml einer schwefelsauren Wasserstoffperoxid-Lösung, $c(H_2O_2) = 0{,}05\ \mathrm{ml \cdot l^{-1}}$. Es findet folgende Redoxreaktion statt:

$SO_2 + H_2O_2 \rightarrow H_2SO_4$.

Die überschüssige Stoffmenge an Wasserstoffperoxid wird durch $V = 44{,}8$ ml Kaliumpermanganat-Lösung, $c(KMnO_4) = 0{,}02\ \mathrm{mol \cdot l^{-1}}$ (im sauren Milieu) bestimmt. Die zugrunde liegende Reaktion lautet:

$5\ H_2O_2 + 2\ MnO_4^- + 6\ H_3O^+ \rightarrow 5\ O_2 + 2\ Mn^{2+} + 14\ H_2O$.

Die Masse an Sulfid berechnet sich nach:

$n(MnO_4^-) = 8{,}96 \cdot 10^{-4}$ mol

$n(H_2O_2)_{\text{Überschuß}} = 2{,}5 \cdot 8{,}96 \cdot 10^{-4}$ mol

$n(H_2O_2)_{\text{Beginn}} - n(H_2O_2)_{\text{Überschuß}} = 5 \cdot 10^{-3}\ \text{mol} - 2{,}24 \cdot 10^{-3}\ \text{mol} = 2{,}76 \cdot 10^{-3}$ mol

Da $n(H_2O_2) = n(SO_2) = n(S^{2-})$, beträgt die Masse m(Sulfid) in 5,330 g Erz $m = 88{,}6$ mg.

Die Reaktion der Kupfer(II)-Ionen mit Kaliumiodid muß in saurer Lösung erfolgen, da in basischem Milieu Iod zu Iodid und Hypoiodit disproportionieren würde.

Literatur

[1] *G. Jander* und *E. Blasius*, Einführung in das anorganisch-chemische Praktikum. Hirzel Verlag Stuttgart 1973, S. 422/423

[2] *Holleman-Wiberg*, Lehrbuch der anorganischen Chemie. de Gruyter Berlin 1985, S. 997 ff.

21 Analysen mit Leitwertmessungen

Voraussetzungen aus dem Unterricht
Konduktometrie, Enzymkinetik, Metallkomplexe, MWG, Protolysen

Leitwertmessungen können für eine Vielzahl von qualitativen und quantitativen Bestimmungen eingesetzt werden.

Aufgaben

1 Enzymreaktionen: Harnstoffspaltung durch Urease

2 Prüfgläser werden mit je V = 20 ml 1 %iger Harnstoff-Lösung beschickt. Zu Glas A gibt man zusätzlich V = 5 ml deionisiertes Wasser, zu Glas B V = 5 ml Blei(II)-nitrat-Lösung, $c(Pb(NO_3)_2) = 0{,}5\ mol \cdot l^{-1}$. Nachdem man den Leitwert in beiden Prüfgläsern gemessen hat, pipettiert man jeweils V = 0,5 ml Urease-Lösung dazu und mißt in 1 Minutenabstand die Leitfähigkeit. Erklären Sie die Ergebnisse, die in der folgenden Abbildung angegeben sind.

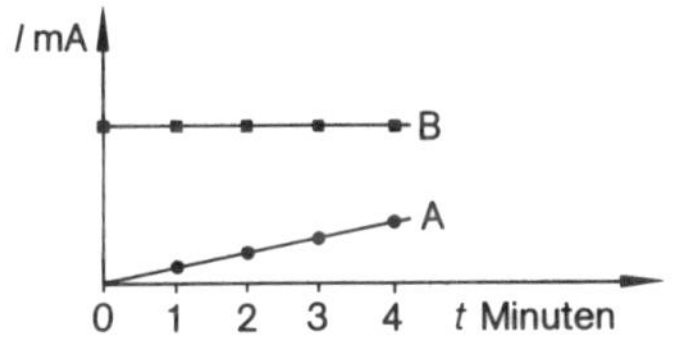

Abb. 1: Leitwertmessungen einer Urease-Lösung; Glas A ohne Zugabe von Bleinitrat, Glas B mit Zugabe von Bleinitrat

2 Ermittlung der Formeln bei Komplexverbindungen

2.1 Geben Sie die Formeln von Cobalt-Komplexverbindungen an, die maximale bzw. keine Leitfähigkeit aufweisen, wenn diese in Wasser gelöst werden. Als Zentral-Ionen dienen Cobalt(III)-Ionen; für die Liganden der sechszähligen Komplexe stehen Ammoniak-Moleküle und Chlorid-Ionen zur Verfügung.

2.2 Der Leitwert von V = 2 ml einer gesättigten Kupfer(II)-chlorid-Lösung wird bei einer Wechselspannung von U = 2 Volt gemessen. Anschließend fügt man jeweils deionisiertes Wasser hinzu und bestimmt die Leitfähigkeit. Man erhält folgende Ergebnisse:

21 Analysen mit Leitwertmessungen

Volumen der gesättigten Kupfer(II)-chlorid-Lösung	zugegebenes Volumen deionisiertes Wasser	Leitwert
2 ml	0,0 ml	53 mA
2 ml	0,4 ml	59 mA
2 ml	0,8 ml	78 mA

Erklären Sie die Steigerung des Leitwerts, obwohl bei Verdünnungen eines Elektrolyten mit deionisiertem Wasser die Leitfähigkeit abnehmen sollte. (Hinweis: In einer gesättigten Kupfer(II)-chlorid-Lösung liegt u. a. der Komplex $[Cu(H_2O)_2Cl_2]$ vor.)

3 Bestimmung der Stoffmengen verschiedener Säuren in einer gemeinsamen Lösung

V = 40 ml einer Säure-Lösung, die Salzsäure und Essigsäure enthält, wird mit Natronlauge, c(NaOH) = 1 mol·l^{-1} titriert und der Leitwert nach Zugabe bestimmter Volumina des Titers bestimmt. Die folgende Abbildung gibt das Ergebnis wieder.

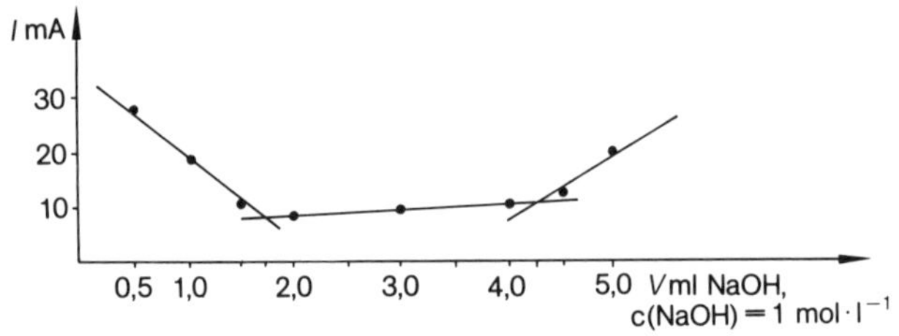

Abb. 2: Leitwertmessung der Titration eines Salzsäure-Essigsäure-Gemisches mit Natronlauge, c(NaOH) = 1 mol·l^{-1}

Berechnen Sie die jeweilige Konzentration der vorgelegten Säuren.

21 Analysen mit Leitwertmessungen

Lösungsvorschlag

Zu 1: Der Leitwert einer Lösung hängt von der Beweglichkeit und Anzahl der Ladungsträger ab.

Zu 1.2A: Eine Harnstoff-Lösung leitet den elektrischen Strom nicht. Durch die Zugabe des Enzyms Urease findet folgende Reaktion statt:

$$H_2N{-}CO{-}NH_2 + H_2O \xrightarrow{\text{Urease}} 2\,NH_3 + CO_2$$

Ammoniak und Kohlenstoffdioxid reagieren mit Wasser:

$2\,NH_3 + 2\,H_2O \rightleftharpoons 2\,NH_4^+ + 2\,OH^-$ $\qquad CO_2 + H_2O \rightleftharpoons H_2CO_3$

Base und Säure reagieren in einer Protolysereaktion und bilden das gut lösliche Ammoniumcarbonat:

$2\,NH_4^+ + 2\,OH^- + H_2CO_3 \rightarrow 2\,H_2O + 2\,NH_4^+ + CO_3^{2-}$

Die lineare Zunahme des Leitwerts gibt somit die ständige Freisetzung von Ammoniumcarbonat durch das Enzym Urease wieder.

Zu 1.2B: Der hohe Leitwert wird durch die relativ große Stoffmenge an Blei(II)- und Nitrat-Ionen bedingt. Da es zu keiner Änderung des Leitwerts kommt, muß das Enzym durch dieses Schwermetallsalz gehemmt worden sein.

Zu 2.1: Maximale Leitfähigkeit: $[Co(NH_3)_6]Cl_3$

in Wasser: $[CO(NH_3)_6]^{3+}$- und 3 Cl^--Ionen

Damit liegen pro Komplexteilchen 4 freie Ionen vor.

Keine Leitfähigkeit: $[Co(NH_3)_3Cl_3]$

Damit liegen in einer wäßrigen Lösung keine freien Ionen vor.

Zu 2.2: Da Stromleitfähigkeit vorliegt, müssen freie Ionen vorhanden sein:

$[Cu(H_2O)_2Cl_2] + 2\,H_2O \rightleftharpoons [Cu(H_2O)_4]^{2+} + 2\,Cl^-$

Bei weiterer Zugabe von Wasser verschiebt sich das Gleichgewicht nach rechts; somit nimmt die Stoffmenge an freien Ionen zu, was sich in einer Erhöhung des Leitwerts zeigt.

Zu 3: Salzsäure ist eien starke Säure und liefert eine große Stoffmenge an Oxonium-Ionen, die das Gleichgewicht der Essigsäureprotolyse ganz auf die Seite der Essigsäure-Moleküle verschieben:

$CH_3COOH + H_2O \rightleftharpoons CH_3COO^- + H_3O^+$

Somit wird zuerst die Salzsäure neutralisiert. Der Äquivalenzpunkt der Neutralisation liegt bei Zugabe von $V = 1{,}75$ ml NaOH, $c(NaOH) = 1\ mol{\cdot}l^{-1}$.

$n(OH^-) = n(H_3O^+)_{HCl} = 1\ mol{\cdot}l^{-1}{\cdot}1{,}75{\cdot}10^{-3}\ l = 1{,}75{\cdot}10^{-3}\ mol$

21 Analysen mit Leitwertmessungen

$$c(\text{HCl}) = \frac{1{,}75 \cdot 10^{-3}\,\text{mol}}{0{,}04\,\text{l}} = 0{,}044\,\text{mol} \cdot \text{l}^{-1}$$

Der Äquivalenzpunkt der Essigsäuretitration wird bei Zugabe von $V = 2{,}5$ ml Natronlauge erreicht (4,25 ml – 1,75 ml = 2,5 ml).
$n(\text{OH}^-) = n(\text{H}_3\text{O}^+)_{\text{CH}_3\text{COOH}} = 2{,}5 \cdot 10^{-3}$ mol
$c(\text{CH}_3\text{COOH}) = 0{,}0625\ \text{mol} \cdot \text{l}^{-1}$

21 Analysen mit Leitwertmessungen

Weiterführende Informationen

Enzyme sind Biokatalysatoren und bestehen aus Eiweiß bzw. weisen einen Proteinanteil auf. Dort befindet sich das aktive Zentrum, wo die Substratumsetzung erfolgt. Viele Vergiftungen durch Schwermetallsalze beruhen darauf, daß die Struktur des Proteinanteils verändert wird. Dies hat zur Folge, daß das aktive Zentrum seine Wirksamkeit verliert.

Der Nobelpreisträger *Alfred Werner* (1866 - 1919) klärte mit einfachen Geräten (z. B. Leitfähigkeitsprüfer) und chemischen Nachweisreaktionen (z. B. Fällungen) die Struktur von Metallkomplexen zu einer Zeit auf, als noch keine Erkenntnisse über den Bau der Atomhülle vorlagen. Nach seiner Vorstellung ist der Aufbau der Verbindung $CoCl_3 \cdot NH_3$ durch 6 Nebenvalenzen (Bindungen zwischen dem Cobalt(III)-Ion und den 6 Ammonium-Molekülen) und 3 Hauptvalenzen (Bindungen zwischen dem Cobalt(III)-Ion und den 3 Chlorid-Ionen) gekennzeichnet. Die Bindungspartner der Nebenvalenzen stehen in eckigen Klammern und sind räumlich angeordnet. Die Hauptvalenzen stellen weniger feste Bindungen dar, weshalb sie in wäßrigen Lösungen aufbrechen.

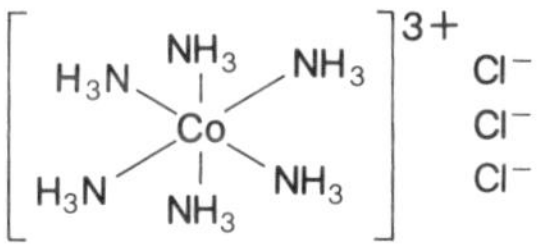

Abb. 3: Bau des Komplexes $[Co(NH_3)_6]Cl_3$ nach *A. Werner* [5]

Damit der jeweilige Äquivalenzpunkt bei der Neutralisation des Säuregemisches durch die Leitwertänderung eindeutig feststellbar wird, müssen sich die Säuren in ihrem Protolysegrad deutlich unterscheiden. Nur so ist gewährleistet, daß die stärkere Säure aufgrund ihrer großen Stoffmenge an Oxonium-Ionen das Ausmaß der Protolyse der schwächeren Säure zurückdrängt.

Literatur

[1] *J. Müller*, Die quantitative Verfolgung von Enzymreaktionen. MNU-Vortrag, München 1980

[2] *H. Kiechle*, Analysenmethoden. Diesterweg Salle, Frankfurt a. Main 1976, S. 32 ff.

[3] *W. Beck* und *K. Häusler*, Chemie Teil 2. Oldenbourg Verlag, München 1983, S. 76 ff.

[4] *A. Kemper* und *R. Fladt*, Chemie. Klett Verlag, Stuttgart 1977, S. 274 ff.

[5] *R. Demuth* und *F. Kober*, Komplexchemie experimentell. Diesterweg Verlag, Frankfurt a. Main 1980, S. 96 ff.

22 Korrosion

Voraussetzungen aus dem Unterricht
Spannungsreihe, Redoxreaktionen, Korrosion (Ursachen, Schutzmaßnahmen, Reaktionen)

Aufgaben
Zink und Zinn werden in großem Maßstab zum Korrosionsschutz von Eisen eingesetzt. Dabei wird das Grundmetall Eisen (beispielsweise, Autokarosserien, Draht, Zäune, Konservendosen u. a. m.) mit einer Schicht Zink oder Zinn überzogen.

1.1 Deuten Sie den Korrosionsvorgang an Metallen als elektrochemischen Vorgang und beschreiben Sie ausführlich das dabei entstehende *galvani*sche Element mit allen Fachbegriffen.

1.2 Welche Faktoren begünstigen die Korrosion auf Seiten des Metalls und auf Seiten des Elektrolyten?

1.3 Welche Schutzmaßnahmen sind gegen Korrosion wirksam? Nennen Sie mehrere Beispiele und begründen Sie die Schutzwirkung.

2 Wie verhalten sich verzinkte bzw. verzinnte Bleche bei Beschädigungen in neutraler Umgebung bzw. in Gegenwart von Säuren (saurer Regen, Fruchtsäuren)?

2.1 Die nachstehenden Abbildungen zeigen zwei Möglichkeiten der Korrosion:

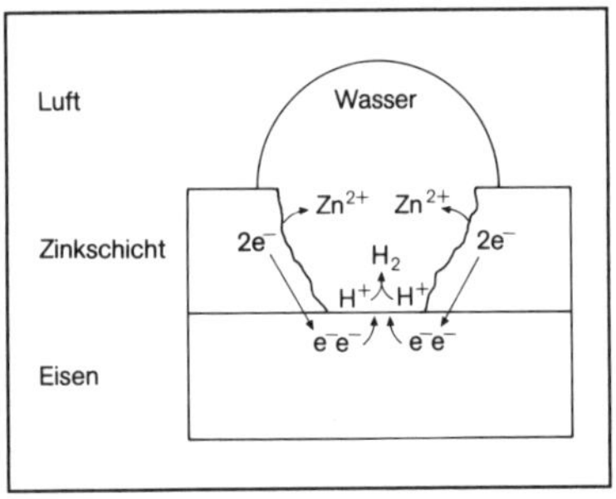

Abb. 1

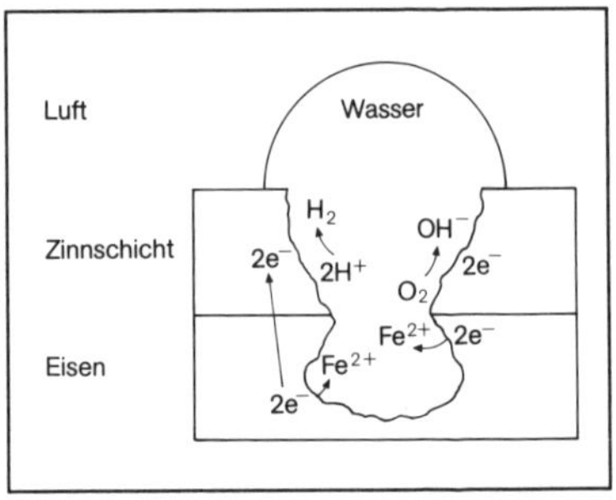

Abb. 2

Welche Unterschiede können Sie bei diesen Korrosionen feststellen?

2.2 Begründen Sie Ihre Vermutungen mit den zugehörigen Reaktionsschemata für die reduktions- und Oxidationsvorgänge und ordnen Sie diese den beiden Polen zu.

2.3 Weshalb werden Konservendosen verzinnt und nicht verzinkt? Stellen Sie eine begründete Vermutung auf!

22 Korrosion

2.4 Erklären Sie die Unterschiede zwischen Säure- und Sauerstoffkorrosion.

3 Gibt man auf ein gereinigtes Eisenblech einen Tropfen einer Lösung von Natriumchlorid, Kaliumhexacyanoferrat(III) und Phenolphthalein, so beobachtet man nach einiger Zeit folgendes Bild:

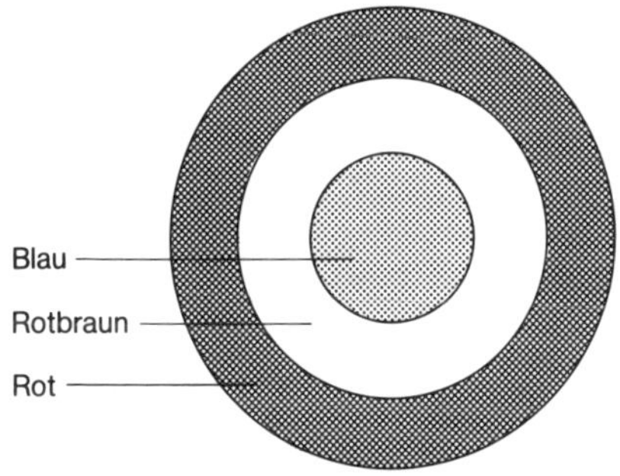

Abb. 3: Schema zur Reaktion von Eisen mit Kaliumhexacyanoferrat(III) und Phenolphthalein

3.1 Beschreiben Sie die zugrundeliegenden chemischen Vorgänge mit den zugehörigen Reaktionsschemata.

3.2 Begründen Sie die geschilderten Beobachtungen mit den aufgestellten Reaktionsschemata.

4 In geschlossenen Kesseln und Rohrleitungen kann die Korrosion erheblich vermindert werden, wenn dem Wasser Natriumsulfit (Na_2SO_3) zugesetzt wird. Erklären Sie diese Wirkung und stellen Sie das Reaktionsschema auf.

22 Korrosion

Lösungsvorschlag

Zu 1.1: Metallische Werkstoffe werden elektrochemisch korrodiert, wenn die folgenden Voraussetzungen gegeben sind:
1. ein Elektrolyt mit meßbarer Leitfähigkeit ist vorhanden,
2. eine Lokalanode und
3. eine Lokakathode kann gebildet werden.

Erst dann entsteht ein Stromkreis. Selbst reines Wasser ist leitfähig genug, mindestens durch gelöstes Kohlenstoffdioxid aus der Luft; Säuren, Alkalien und Salze fördern die Korrosion erheblich. An der Anode gehen hauptsächlich Metall-Ionen in Lösung, an der Kathode wird ein Oxidationsmittel reduziert. Der Stromkreis besteht dabei immer aus dem Elektronenstrom im Metall und dem Ionenstrom im Elektrolyt. Dies zusammen ergibt ein *galvani*sches Element, das für den Spezialfall der Korrosion Lokal- oder Korrosionselement genannt wird.

Zu 1.2: Korrosion kann auf Seiten des Metalls ausgelöst werden durch:
1. Kontakt unterschiedlicher Metalle
2. Inhomogenitäten (Risse in Oxidschichten, Einschlüsse von Fremdkörpern oder Phasenbildung, chromarme Bereiche in Chrom-Nickel-Stählen)
3. statische und dynamische Zugbeanspruchung und damit Rißbildung
4. Absorption von Wasserstoff im Metall

Andererseits kann auch das umgebende Medium Korrosion auslösen durch:
1. lokale Konzentrationsunterschiede, die leicht an Rissen, Spalten und Ablagerungen entstehen und häufig Sauerstoff- und Salzkonzentrationen oder pH-Werte betreffen
2. unterschiedliche Strömungsgeschwindigkeiten, Wirbelbildung u. ä.
3. Dreiphasengrenzen zwischen Metall und zwei nicht mischbaren Flüssigkeiten
4. Kondensatbildung

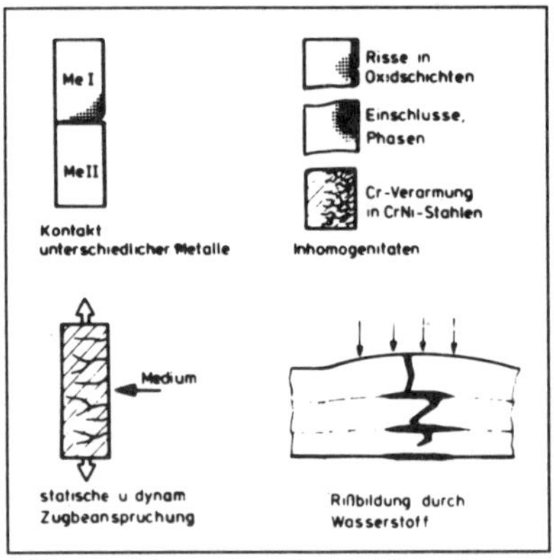

Abb. 4: Korrosion durch Kontakt und Inhomogenitäten

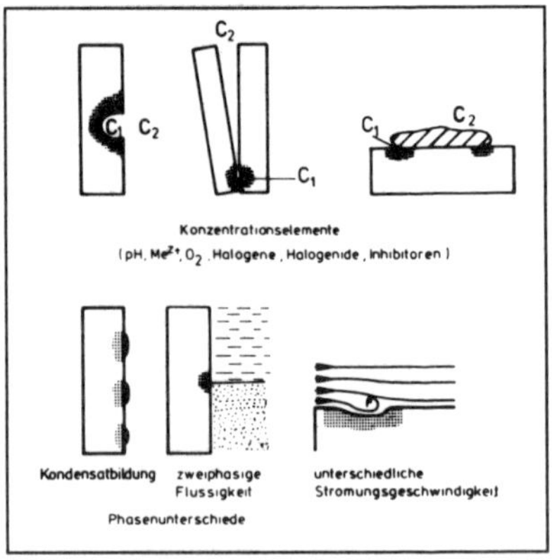

Abb. 5: Korrosion durch das umgebende Medium

22 Korrosion

Zu 1.3: Alle Schutzmaßnahmen zielen darauf ab, mindestens eine der drei Voraussetzungen der Korrosion (s. o.) zu verhindern. Geeignet sind dazu

1. Der Schutz des Metalls durch Überzüge und Beschichtungen
   a) Nichtmetallische Schichten können erzeugt werden durch Phosphatieren und Oxidieren, durch Aufbringen von Emaille oder Lack, durch Öl- oder Fettfilme.
   b) Metallische Überzüge werden durch elektrolytische Abscheidung, Schmelztauchen und andere Verfahren erzeugt.
2. Verminderung der Korrosion durch Zusatz von Inhibitoren im Elektrolyten (z. B. Natriumsulfit, s. Aufgabe 2.4).
3. Elektrochemische Beeinflussung des Korrosionselements
   a) durch Anbringen von Opferanoden mit einem negativeren Elektrodenpotential als das zu schützende Metall (z. B. Magnesium an Schiffsrümpfen oder Pipelines)
   b) durch Schutz mit angelegtem Fremdstoff zur Kompensation oder Ableitung des Streustroms

Zu 2.1 und 2.2.2: Ist ein verzinktes Blech beschädigt, so löst sich Zink auf, Eisen ist beständig. Diesen Sachverhalt zeigt Abbildung 1: Ein Loch in der Beschichtung (Zink) wird immer größer, das Grundmetall bleibt unversehrt. Begründung: Das Standard-Elektrodenpotential von Zink ($E^0(Zn^{2+}/Zn)$ = -0,76 V) ist kleiner als das von Eisen ($E^0(Fe^{2+}/Fe)$ = -0,44 V).

Minuspol: Oxidation

$$Zn(s) \rightarrow Zn^{2+}(aq) + 2\ e^-$$

Bei Sauerstoffkorrosion läuft die folgende Reaktion ab:
Pluspol: Reduktion

$$O_2(aq) + 2\ H_2O(l) + 4\ e^- \rightarrow 4\ OH^-(aq)$$

Bei Säurekorrosion entsteht Wasserstoff:
Pluspol: Reduktion

$$2\ H^+(aq) + 2\ e^- \rightarrow H_2(g)$$

Bei einem verzinnten Blech wird eine Beschädigung bewirken, daß sich Eisen auflöst, die Zinnschicht ist beständig (Abb. 2),
Begründung: Das Standard-Elektrodenpotential von Zinn ($E^0(Sn^{2+}/Sn)$ = -0,136 V ist größer als das von Eisen ($E^0(Fe^{2+}/Fe)$ = -0,44 V).

Minuspol: Oxidation

$$Fe(s) \rightarrow Fe^{2+}(aq) + 2\ e^-$$

Die Reaktionen am Pluspol sind identisch mit denen bei verzinktem Blech (s. o.).

22 Korrosion

Zu 2.3: Konservendosen werden als folgenden Gründen verzinnt:

a) Bei verzinkten Dosen würde eine Korrosion im Innern der Dose unbemerkt ablaufen. Die freiwerdenden Zink-Ionen würden sich im Inhalt der Dose anreichern und mit der Nahrung aufgenomnmen werden. Zink-Ionen sind zwar in geringer Menge ein lebensnotwendiges Spurenelement (im menschlichen Körper sind etwa 2 - 4 Gramm Zink enthalten), jedoch führt die Aufnahme von 1 - 2 Gramm Zinksalzen zu einer akuten, aber vorübergehenden Übelkeit, die mit Unpäßlichkeit, Schwindel, Erbrechen, Kolik und Durchfall einhergehen kann. Als Folge der Korrosion würden sich in einer Konservendose Zinkchlorid und Zinksulfat bilden [3].

b) Verzinnte Dosen werden nach einiger Zeit undicht, die Korrosion ist also sichtbar und solche Dosen gelangen weniger leicht in den Verkauf. Auch ist eine verzinnte Dose noch korrosionsbeständiger als eine verzinkte, solange die etwa 0,001 mm dicke Schicht unbeschädigt ist [3].

Zu 2.4: Die meisten Korrosionserscheinungen bei Metallen lassen sich auf zwei Arten der Korrosion zurückführen, die sich durch die Art des Oxidationsmittels und damit durch die Reaktionen an der Kathode unterscheiden. Bei der Sauerstoffkorrosion wird Sauerstoff zu Hydroxid-Ionen reduziert und Eisen-Ionen gehen in Lösung. In der Gesamtreaktion entsteht Eisen(II)-hydroxid, das in einer Folgereaktion zu braunem Eisenoxidhydrat, dem sichtbaren Rost, oxidiert wird. Bei der Säurekorrosion entsteht Wasserstoff, beide Korrosionsvorgänge sind in der folgenden Abbildung verdeutlicht:

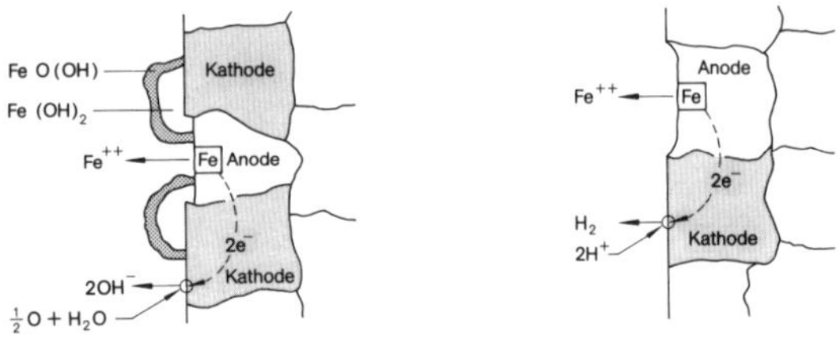

$$Fe \longrightarrow Fe^{++} + 2e^-$$
$$\tfrac{1}{2}O_2 + H_2O + 2e^- \longrightarrow 2\,OH^-$$
$$Fe + \tfrac{1}{2}O_2 + H_2O \longrightarrow Fe(OH)_2$$
$$2\,Fe(OH)_2 + \tfrac{1}{2}O_2 \longrightarrow 2FeO(OH) + H_2O$$

$$Fe \longrightarrow Fe^{++} + 2e^-$$
$$2H^+ + 2e^- \longrightarrow H_2$$
$$Fe + 2H^+ \longrightarrow Fe^{++} + H_2$$

Abb. 6: Sauerstoff und Säurekorrosion an Eisen

22 Korrosion

Zu 3: Im Mittelpunkt des Tropfens läuft vorwiegend die anodische Oxidation des Eisens ab:

$$Fe(s) \rightarrow Fe^{2+}(aq) + 2\ e^-$$

Die Eisen-Ionen reagieren mit Kaliumhexacyanoferrat(III) zu *Turnbulls* Blau, während die Elektronen im Metall zum Tropfenrand fließen. Insbesondere an der Dreiphasengrenze Luft, Wasser, Eisen läuft die kathodische Reaktion ab. Hier ist die Sauerstoffkorrosion am stärksten, da dieser aus der Luft schnell gelöst werden kann:

$$O_2(g) + 2\ H_2O(l) + 4\ e^- \rightarrow 4\ OH^-(aq)$$

Die entstehenden Hydroxid-Ionen färben Phenolphtalein rot.

Die im Wasser gelösten Eisen-Ionen reagieren mit Sauerstoff zu Eisenhydroxid:

$$4\ Fe^{2+}(aq) + O_2(g) + 2\ H_2O(l) \rightarrow 4\ Fe^{3+}(aq) + 4\ OH^-(aq)$$

Erst in einer weiteren Reaktion entsteht schwerlösliches, rotbraunes Eisenoxidhydrat:

$$Fe^{3+}(aq) + 3\ OH^-(aq) \rightarrow FeO(OH)(s) + H_2O(l)$$

Die innerste Rostschicht enthält überwiegend Eisen(II)-oxid mit 22 % Sauerstoffanteil, die mittlere Eisen (II,III)-oxid mit 27,8 % Sauerstoffanteil und schließlich enthält die äußerste Rostschicht Eisen(III)-oxid mit 30 % Sauerstoffanteil. Diese Abfolge beruht auf der Diffusion des Sauerstoffs: die der Luft am nächsten gelegenen Stellen werden besser mit Sauerstoff versorgt als die Innenstellen.

Zu 4: Natriumsulfit reagiert mit dem im Wasser gelösten Sauerstoff zu Natriumsulfat. Damit sinkt die Sauerstoffkonzentration im Wasser und die Sauerstoffkorrosion wird vermindert.

$$2\ SO_3^{2-}(aq) + O_2(g) \rightarrow 2\ SO_4^{2-}(aq)$$

22 Korrosion

Weiterführende Informationen

Rost bildet sich erst oberhalb einer relativen Luftfeuchtigkeit von 70 %, da erst dann Wasseradsorptionsfilm entstehen kann. Rost ist ein Gemisch unterschiedlicher Oxide und Hydrate, die sich im Laufe der Zeit nochmals verändern. Das sich zunächst bildende weiß-grünliche Eisen(II)-hydroxid reagiert in Anwesenheit von Luftsauerstoff rasch zu gelb-braunem Eisen(III)-hydroxid weiter. In sauerstoffreicher Umgebung entsteht die alpha-Form (Eisen(III)-oxidhydrat), in sauerstoffarmer Umgebung die dunkelgrün-schwarze Gamma-Form (Eisen(II)-Eisen(III)-hydrat) als Zwischenstufe. In drei bis vier Monaten altert der Rost: aus wasserreichem, voluminösem, hellgelb bis hellbraunem und in verdünnter Salzsäure leicht löslichem Rost mit einem geringen Gehalt an Fe_3O_4 entsteht wasserarmer und kompakter, grau-schwarzer und in verdünnten Säuren schwer löslicher Rost mit viel Fe_3O_4. Das Rosten setzt sich immer weiter fort, da die poröse Roststruktur den ständigen Zutritt von Luft und Wasser ermöglicht. Jährlich verrosten in Deutschland etwa 1 - 2 % der Eisenmenge. Ungeschütztes Eisen wird unter dem Einfluß von Landluft jährlich 0,03 - 0,06 mm dünner (Stadtluft: 0,05-0,08 mm, stark schwefeldioxidhaltige Luft: 0,08 - 0,15 mm, Meeresluft: 0,06 - 0,23 mm). Nichtrostende Stähle enthalten mindestens 12 % Chrom und maximal 1,2 % Kohlenstoff, das führt unter Umständen zu der Bildung einer schützenden Chromoxidschicht (Cr_2O_3). („Stahl", „Rost", „Rosten", „nichtrostende Stähle"). In der Architektur und in der Kunst werden manchmal Stähle verwendet, die eine schützende Rostschicht auszubilden imstande sind. Dabei handelt es sich um sogenannten „CorTen-Stahl", der mit 0,5 % Kupfer, 0,5 % Mangan, 0,8 % Chrom und 0,4 % Nickel legiert ist.

Literatur

[1] „Korrosion - Korrosionsschutz". Folienserie 8 Fonds der Chemischen Industrie Frankfurt, 1990

[2] *M. Tausch* und *v. Wachtendonk*, „Chemische Gleichgewichte - Elektrochemie", Stoff-Formel-Umwelt 1. C. C. Buchner Verlag Bamberg, 1989

[3] *J. Falbe* und *M. Regnitz*, „Römpp Chemie Lexikon". Georg Thieme Verlag Stuttgart, 9. Auflage, 1990

[4] *M. Jäckel* und *K. Risch*, „Chemie heute - Sekundarbereich II" (Lehrerband Teil 1)

[5] „Versuche zur elektrochemischen Korrosion von Eisen". PdN Chemie 8, 1991 40, S. 29 ff.

[6] Themenheft Korrosion Naturwissenschaften im Unterricht NiU 36, 1988 Nr. 33

23 Galvanische Elemente

Voraussetzungen aus dem Unterricht
Spannungsreihe, *galvani*sche Elemente (Aufbau, Funktion, Anwendungen), elektrochemische Doppelschicht, Konzentrationszellen, energetische Aspekte (freie Enthalpie, Entropie)

Aufgaben
Aus den Redoxpaaren Ag/Ag^{+} und Cu/Cu^{2+} läßt sich ein *galvani*sches Element konstruieren.

1 Skizzieren Sie den Aufbau eines solchen Elements und beschriften Sie alle Teile.

2 Beschreiben Sie ausführlich die Vorgänge an den Elektroden bevor und nachdem der Stromkreis geschlossen wird. Kennzeichnen Sie Plus- und Minuspol.

3 Formulieren Sie die Reaktionsschemata für Oxidation und Reduktion.

4 Berechnen Sie die Spannung des *galvani*schen Elements.

5 Berechnen Sie die freie Enthalpie des *galvani*schen Elements

a) mit Hilfe der Zellspannung und

b) mit Hilfe der nachstehend tabellierten thermodynamischen Daten [2].

Molare freie Standardenthalpien für Atomisierung $\Delta_A G^0_m$, Ionisierung $\Delta_f G_m$ und Hydratisierung $\Delta_H G^0_m$							
Redoxpaar	$\Delta_A G^0_m$	$\Delta_f G^0_m$	$\Delta_H G^0_m$	Redoxpaar	$\Delta_A G^0_m$	$\Delta_f G^0_m$	$\Delta_H G^0_m$
H^+/H_2	203	1314	-1089	Fe^{2+}/Fe	358	2356	-1910
Li^+/Li	128	522	-510	Cu^{2+}/Cu	300	2708	-2080
Na^+/Na	78	498	-410	Ag^+/Ag	247	738	-478
Al^{3+}/Al	284	5146	-4615	Cl_2/Cl^-	106	-359	-313
Sn^{2+}/Sn	268	2125	-1556	Br_2/Br^-	82	-337	-284
Pb^{2+}/Pb	161	2170	-1496	I_2/I^-	70	-307	-247

Tab 1: Molare freie Standardenthalpien

6 Erklären Sie die Berechnung der freien Enthalpie nach 5b.

7 Bei der Reaktion einer Silbersalz-Lösung mit Kupfer wird eine Reaktionsenthalpie von $\Delta_R H_m^0$ (1 mol Kupfer-Atome) = -142 kJ/mol gemessen.

7.1 Berechnen Sie die Entropie.

23 Galvanische Elemente

7.2 Beurteilen Sie die Reaktion ausführlich über freie Enthalpie, Entropie und Reaktionsenthalpie. Welche weiteren Fälle wären theoretisch denkbar?

8 Der nachstehende Text beschreibt die Konstruktion einer „Natrium-Dampfmaschine“:

„... Man nehme einen Hohlzylinder von der größe einer Konservendose aus hochtemperatur- und korrosionsbeständigem Material, z. B. aus Edelstahl. Dann teile man den Zylinder in eine innere und äußere Kammer, indem man ein konzentrisches Rohr aus Beta-Aluminiumoxid von etwa einem Millimeter Wandstärke einzieht. Nun fülle man die innere Kammer mit Natrium und bringe dieses auf rund 1000 °C. Die äußere Kammer halte man durch Kühlung des Außenmantels - zum Beispiel mit Wasser - auf etwa 300 °C; Natrium, das von der inneren in die äußere Kammer dringt, wird sich dann an diesem gekühlten Mantel niederschlagen. Da Natrium schon bei 98 °C schmilzt, befindet es sich in beiden Kammern sowohl im flüssigen wie im dampfförmigen Zustand. Nun beträgt aber der Dampfdruck bei 1000 °C rund 2,5 bar, bei 300 °C aber nur ein Zehnmillionstel bar, gleichbedeutend mit einem enormen Konzentrationsunterschied. ...“ (aus VDI-Nachrichten vom 21.2.1992)

8.1 Fertigen Sie eine Skizze der Apparatur an.

8.2 Beschreiben Sie die Apparatur als *galvani*sche Zelle, benennen Sie alle Teile und geben Sie die Zellreaktionen an.

8.3 Nennen Sie das Grundprinzip, nach dem die Zelle arbeitet und berechnen Sie die theoretische Zellspannung. Begründen Sie die Grundannahmen Ihrer Rechnung.

8.4 Welcher Anwendungsbereich wäre für diese Zelle besonders gut geeignet? Begründen Sie!

9 1936 fand man in der Nähe von Bagdad 18 cm hohe Tontöpfe, die jedoch sonderbar aufgebaut waren. Einer Theorie zufolge handelt es sich bei ihnen um *galvani*sche Elemente, die sogenannte „Urbatterie“. Folgende Abbildung zeigt die Rekonstruktion:

23 Galvanische Elemente

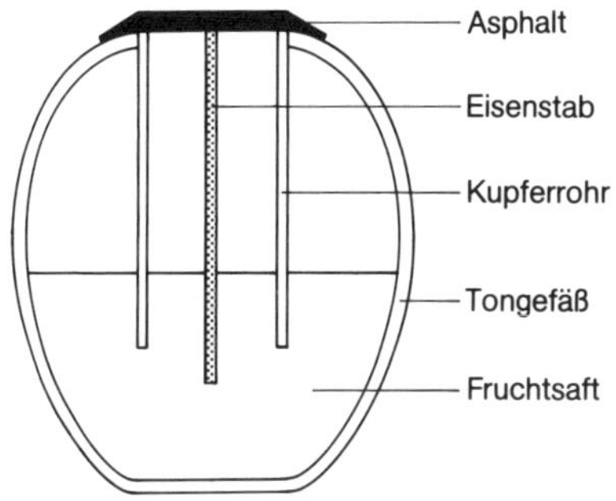

Abb. 1: Batterie der Parther

In dem Tontopf befanden sich ein Eisenstab und ein Zylinder aus Kupfer, beide waren durch Asphalt voneinander getrennt. Verwendet wurden außerdem eine goldhaltige Lösung sowie ein saurer Fruchtsaft. Mit Hilfe dieser Rekonstruktion wurde 1978 in Hildesheim anläßlich einer Ausstellung über die Parther eine kleine Silberstatue in zweieinhalb Stunden vergoldet.

Erklären Sie die Funktion und Arbeitsweise dieses Geräts

a) als einfache *galvani*sche Zelle und
b) zum Vergolden.

23 Galvanische Elemente

Lösungsvorschlag

Zu 1:

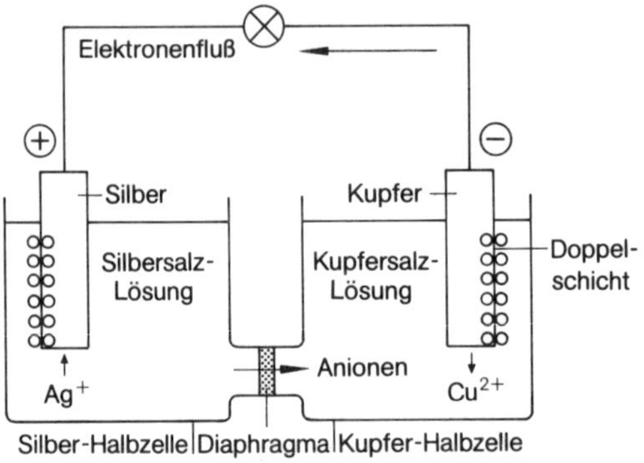

Abb. 2: *Galvani*sche Zelle mit Silber- und Kupferelektrode

Silber- und Kupferelektrode, Silbersalz- und Kupfersalz-Lösung, Diaphragma//Stromschlüssel/Tonzelle, Verbraucher/Voltmeter, Halbzelle, *galvani*sche Zelle, Minuspol und Pluspol, Ionenwanderung, Elektronenfluß von Kupfer zu Silber, starre und diffuse Doppelschicht.

Zu 2: An den Elektroden baut sich eine elektrolytische Doppelschicht auf, sobald das Metall in die Lösung eintaucht. Kupfer- bzw. Silber-Ionen gehen in Lösung, die Elektronen bleiben zurück. Ein Teil der Ionen wird an der Elektrode fixiert (starre Doppelschicht), einige Ionen bleiben in einigem Abstand noch im Einfluß der Anziehungskräfte (diffuse Doppelschicht) und einige Ionen gehen vollends in Lösung. In diesem Zustand stellt sich schnell ein dynamisches Gleichgewicht ein [1]. („Eletrochemische Doppelschicht") Dieses wird in dem Augenblick gestört, wenn der Stromkreis geschlossen wird und ein *galvani*sches Element entsteht. Das edlere Metall mit dem höheren Elektrodenpotential zeigt den geringeren Lösungsdruck und wird sich eher aus der Lösung abscheiden. Das Metall mit dem geringeren Elektrodenpotential hat den im Vergleich dazu höheren Lösungsdruck und wird sich bevorzugt lösen. Lösung und Abscheidung werden so lange ablaufen, bis sich entweder das unedlere Metall völlig gelöst hat oder in der Lösung keine Ionen des edleren Metalls mehr vorhanden sind, die sich abscheiden könnten. Während der Vorgang abläuft, werden jedoch Elektronen vom unedleren Metall zum edleren Metall fließen. Der Ladungsausgleich findet über Ionenwanderung zwichen den beiden Halbzellen statt, beispielsweise durch ein Diaphragma oder einen Stromschlüssel. Kupfer-Ionen gehen in Lösung, daher lädt sich die Kupferelektrode negativ auf und bildet den Minuspol; die Silberelektrode dient als Pluspol.

23 Galvanische Elemente

Zu 3:

Oxidation: $Cu(s) \rightarrow Cu^{2+}(aq) + 2\ e^-$

Reduktion: $Ag^+(aq) + e^- \rightarrow Ag(s)$

Zu 4: Die Spannung des *galvani*schen Elements ergibt sich aus der Differenz zwischen den Elektrodenpotentialen beider Halbzellen:

$E^0(Cu^{2+}/Cu//Ag^+/Ag) = E^0(Ag^+/Ag) - E^0(Cu^{2+}/Cu)$

$E^0(Cu^{2+}/Cu) = +0{,}35\ V$

$E^0(Ag^+/Ag) = +0{,}80\ V$

$E^0(Cu/Cu^{2+}//Ag^+/Ag) = 0{,}45\ V$

Zu 5a): Die Berechnung der freien Enthalpie erfolgt nach:

$\Delta_R G_m = -n \cdot E^0 \cdot F$ (F = *Faraday*-Konstante)
(n = Anzahl ausgetauschter Elektronen)

$\Delta_R G_m = -2 \cdot 0{,}45\ V \cdot 96500\ C\ mol^{-1}$
(Hinweis: $C = As\ V^{-1}$ und $J = As$)

$\Delta_R G_m = -86{,}850\ kJ\ mol^{-1}$

Zu 5b) und 6: Die freie Enthalpie bei Redoxreaktionen in wäßrigen Lösungen läßt sich nicht direkt experimentell bestimmen. Denkt man sich den Ablauf solcher Reaktionen jedoch modellhaft auf Umwegen, so lassen sich drei Teilschritte erkennen:

1. die Atomisierung der Teilchen aus einem Molekül oder Gitterverband heraus;
2. die Ionisierung der Teilchen durch Aufnahme oder Abgabe von Elektronen und
3. die Hydratisierung der Teilchen zu hydratisierten Ionen.

Diese Vorgehensweise hat den Vorteil, daß alle Teilschritte gemessen und ihre Größe bestimmt werden kann. Ergebnisse solcher Messungen zeigt die Tabelle (s. Aufgabenstellung). Bei jedem Teilschritt wird Energie aufgewandt (positiver Betrag) oder abgegeben (negativer Betrag). Erstellt man die Energiebilanz aller Teilschritte, so erhält man die freie molare Reaktionsenthalpie. Für den vorliegenden Fall sind folgende Schritte zu unterscheiden:

1.	$Cu(s)$	$\rightarrow$	$Cu(g)$;	$300\ kJ\ mol^{-1}$
2.	$Cu(g)$	$\rightarrow$	$Cu^{2+}(g) + 2\ e^-$;	$2708\ kJ\ mol^{-1}$
3.	$Cu^{2+}(g)$	$\rightarrow$	$Cu^{2+}(aq)$;	$-2080\ kJ\ mol^{-1}$
Die Summe für diesen Teil beträgt.				$928\ kJ\ mol^{-1}$

Für den anderen Reaktionspartner laufen alle Schritte in umgekehrter Richtung durch, daher werden auch die Vorzeichen der Tabellenwerte umgekehrt. Außerdem sind zwei Anteile Silber beteiligt, so daß die Werte verdoppelt werden:

23 Galvanische Elemente

4.	2 $Ag^+(aq)$	→	2 $Ag^+(g)$;	956 kJ mol^{-1}
5.	2 $Ag^+(g)$ + 2 e^-	→	2 Ag(g);	-1476 kJ mol^{-1}
6.	2 Ag(g)	→	2 Ag(s);	-494 kJ mol^{-1}

Die Summe für diesen Teilschritt beträgt: -1014 kJ mol^{-1}

Die molare freie Reaktionsenthalpie beträgt daher insgesamt:
$\Delta_R G_m$ = 928 kJ mol^{-1} – -1014 kJ mol^{-1}
$\Delta_R G_m$ = -86 kJ mol^{-1}

Zu 7.1: Die Berechnung der Entropie erfolgt über die *Gibbs-Helmholtz*-Gleichung:
$\Delta_R H_m - T\Delta_R S_m = \Delta_R G_m$
$\Delta_R S_m = (\Delta_R G_m - \Delta_R H_m)/T$
$\Delta_R S_m = (86{,}85\ \text{kJ mol}^{-1} - 143\ \text{kJ mol}^{-1})/298\ \text{K}$
$\Delta_R S_m = 188\ \text{J K}^{-1}\ \text{mol}^{-1}$

Zu 7.2: Die folgenden Ergebnisse wurden erhalten:

Entropie	$\Delta_R S_m$ = 188 J K^{-1} mol^{-1}
Enthalpie	$\Delta_R H_m$(1 mol Kupfer-Atome) = -143 kJ/mol
freie Enthalpie	$\Delta_R G_m$ = -86,850 kJ mol^{-1}

$\Delta_R G_m$ ist hier kleiner als Null, also läuft die Reaktion ohne äußeren Zwang ab und man bezeichnet sie als exergonisch im Gegensatz zu endergonischen, nicht freiwillig ablaufenden Reaktionen. In dem vorliegenden Beispiel ist die Enthalpie $\Delta_R H_m$ kleiner als Null und die Entropie $\Delta_R S_m$ größer als Null. Dieser Fall kennzeichnet eine in jedem Fall ablaufende Reaktion, die überdies stark exotherm ist. Weitere Möglichkeiten zeigt folgende Tabelle:

	Reaktionsentropie $\Delta S > 0$	Reaktionsentropie $\Delta S < 0$
Reaktionsenthalpie $\Delta H > 0$	Endotherme Reaktion, die nur oberhalb bestimmter Grenztemperaturen freiwillig endotherm abläuft	Niemals freiwillig ablaufende endotherme Reaktion
Reaktionsenthalpie $\Delta H < 0$	Stark exotherme, in jedem Fall ablaufende Reaktion	Exotherme Reaktion, die nur unterhalb bestimmter Grenztemperaturen freiwillig abläuft

23 Galvanische Elemente

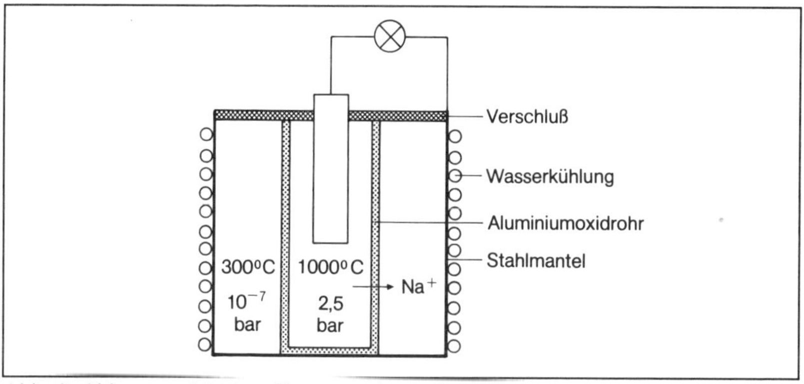

Abb. 2: Skizze zur Natrium-Konzentrationszelle

Zu 8.2: Die Aluminiumoxidwand dient als Diapghragma, da sie anscheinend gasförmiges Natrium durchläßt. Das Natrium im inneren Zylinder bildet eine Halbzelle, das im äußeren Behälter die zweite Halbzelle. Dabei kann das Edelstahlrohr gleichzeitig als Elektrode der äußeren Halbzelle dienen, in die innere Halbzelle müßte eine weitere Elektrode eintauchen, die aber im Text nicht beschrieben ist. An der Anode (innere Halbzelle) wird Natrium oxidiert:

$$Na \rightarrow Na^+ + e^-$$

An der Kathode (äußere Halbzelle) werden Natrium-Ionen reduziert:

$$Na^+ + e^- \rightarrow Na$$

Zu 8.3: Die beschriebene Zelle funktioniert als Konzentrationszelle, da der Druck des gasförmigen Natriums in beiden Halbzellen stark unterschiedlich ist. Donator ist dabei das Natrium in der Halbzelle mit der höheren Temperatur, da es leichter ionisiert wird. Die Anzahl der Natrium-Teilchen pro Volumeneinheit ist proportional dem herrschenden Druck:

c_i (Natrium, innere Zelle) = k·2,5 bar
c_a (Natrium, äußere Zelle) = k·0,0000001 bar
E^0 (Na^+/Na) = -2,522 V

E(Na/Na^+//Na^+/Na) = E_A(Akzeptorhalbzelle) – E_D(Donatorhalbzelle)
= (-2,522 V + 0,059 V log 10^{-7} bar) – (-2,522 V + 0,059 V log 2,5 bar)
= -0,44 V

Zu 8.4: Hohe Temperaturen und große Druckunterschiede sowie der Einsatz von Natrium stellen bei Unfällen erhebliche Gefahrenquellen dar. Daher sollte diese Zelle nur stationär eingesetzt werden. Sie ist allerdings ideal, um dort Strom zu erzeugen,

23 Galvanische Elemente

wo ohnedies mit hohen Temperaturen gearbeitet wird. Dies könnte sehr gut in Kraftwerken der Fall sein.

Zu 9a): Kupferzylinder und Eisenstab bilden die beiden Elektroden, die durch Asphalt voneinander isoliert sind. Ein saurer Fruchtsaft (z. B. Zitronensaft) enthält Säuren und Salze, die als Elektrolyt wirken könnten. Schließt man nun einen Verbraucher (Lampe, Motor, Meßgerät) zwischen die beiden Pole, so läßt sich eine Spannung messen bzw. ihre Wirkung beobachten. Dabei dient der Eisenstab als Minuspol, der Kupferzylinder als Pluspol. Eisen-Ionen gehen dabei in Lösung, doch können sich keine Kupfer-Ionen abscheiden, da keine in Lösung vorhanden sind. Möglicherweise entsteht Wasserstoff durch Entladung von Wasserstoff-Ionen, die ja genügend in der sauren Lösung enthalten sind. Eine zweite Möglichkeit besteht darin, daß „Sauerstoffkorrosion" stattfindet:

$$O_2(aq) + 2\ H_2O(l) + 4\ e^- \rightarrow 4\ OH^-(aq)$$ oder

$$O_2(aq) + 4\ H_3O^+(aq) + 4\ e^- \rightarrow 6\ H_2O(l)$$

Dafür würde sprechen, daß ein Tongefäß verwendet wurde, durch dessen Poren ständig Sauerstoff in die Lösung indiffundieren könnte.

Zu 9b): Um das *galvani*sche Element zum Vergolden nutzen zu können, muß statt des Fruchtsaftes eine Goldsalzlösung eingefüllt werden, deren Leitfähigkeit man noch durch Zusatz anderer Stoffe (Fruchtsaft, Kochsalz) erhöhen könnte. Außerdem muß der zu vergoldende Gegenstand in die Lösung eintauchen und mit dem Minuspol (Eisen) verbunden sein.

23 Galvanische Elemente

Weiterführende Informationen

*Galvani*sche Elemente sind nach dem italienischen Arzt und Physiker *Luigi Galvani* (1737 - 1798) benannt. Er untersuchte zahlreiche elektrische Phänomene. Sein berühmtester Versuch ist der Froschschenkelversuch von 1789. Dabei reizte er motorische Nerven, indem er die beiden Schenkelnerven mit verschiedenen Metallen verband und deutete dies als „tierische Elektrizität". Die damalige Öffentlichkeit erhoffte sich von dieser Erscheinung Hinweise auf die „Lebenskraft" [3] [4]. 1789 führte der Physiker *Johann Wilhelm Ritter* diesen Effekt auf chemische Grundlagen zurück, indem er auf die identische Reihenfolge der Metalle sowohl hinsichtlich ihrer *galvani*schen Wirksamkeit als auch in ihrer Affinität zu Sauerstoff hinwies. Diese richtige Erkenntnis stand jedoch im Gegensatz zur verbreiteten Lehrmeinung und setzte sich erst knapp hundert Jahre später durch, nachdem *Arrhenius* und *Ostwald* die Ionenlehre erstellt hatten.

Ob die Parther vor 2000 Jahren tatsächlich die „Urbatterie" elektrochemisch genutzt haben oder ob es sich um Gefäße zur Aufbewahrung von Dokumenten und Opfergaben handelte, ist umstritten. Bewiesen dagegen ist, daß dieses Gerät unter damaligen Voraussetzungen funktioniert haben könnte. Goldhaltige Lösungen erhielt man damals ebenso wie heute bei der Gewinnung von Blattgold, das zwischen Ochsenhäuten dünn geschlagen wurde. Dabei bilden sich aus den Aminosäuren des Leders Cyanide, die mit Gold zum Komplex $K[Au(CN_4)]$ reagieren und bei Waschen des Leders gelöst werden. Eine andere Möglichkeit bestände darin, aus den Kernen von Pfirsichen durch Zerquetschen an der Luft oxidativ Blausäure zu gewinnen, die ebenfalls Gold oxidiert und komplex löst [6] [7].

Literatur

[1] *J. Falbe* und *M. Regnitz*, Römpp Chemie Lexikon. Georg Thieme Verlag Stuttgart, 9. Auflage, 1990
[2] *M. Jäckel* und *K. Risch*, Chemie heute - Sekundarbereich II (Lehrerband Teil 1)
[3] *J. Falbe* und *M. Regnitz*, Römpp Chemie Lexikon. Georg Thieme Verlag Stuttgart, 9. Auflage, 1990
[4] *Oskar Höfling*, Lexikon der Schulphysik Band 6. Aulis Verlag Köln 1971
[5] *M. Tausch* und *v. Wachtendonk*, Chemische Gleichgewichte - Elektrochemie, Stoff-Formel-Umwelt 1. C. C. Buchner Verlag Bamberg, 1989
[6] *H. Gebelein*, Alchemie. Eugen Diederichs, Verlag München 1991
[7] *W. Jansen* et al., Entwicklung und Wandel von Theorien. PdN Chemie 35 (1986) 2, 2-11

24 Elektrochemische Produktionsverfahren

Voraussetzungen aus dem Unterricht
Elektrolyse, Redoxvorgänge, Oxidationszahlen Organische Chemie: (Aromaten), Alkene, Aldehyde, Carbonsäure, Oxidationsreaktionen, Zucker, Enzyme

Aufgaben

Elektrischer Strom ersetzt Chemikalien
Umweltfreundliche Oxidationsreaktion: Chrom- oder Manganverbindungen müssen nicht mehr entsorgt werden.

Das müßte einen Verfahrenstechniker eigentlich freuen: Verglichen mit herkömmlichen chemischen Reaktionen, die sich nur über Temperatur, Druck und Konzentration der Reaktionspartner beeinflussen lassen, hat die elektrochemische Synthese neben dem Sparen von Chemikalien noch weitere Vorteile zu bieten.
Über die Menge des eingesetzten Stroms läßt sich die Geschwindigkeit der chemischem Reaktion steuern; die eingestellte Spannung hat einen direkten Einfluß auf die Selektivität der Reaktion. Da sich der Strom auf Knopfdruck einfach ausschalten läßt, kann die elektrochemische Reaktion zu jedem beliebigen Zeitpunkt unterbrochen werden; das heißt, der optimale Umsatz zum Endprodukt läßt sich exakt kontrollieren. Diese zusätzlichen Regelmöglichkeiten erlauben es, unerwünschte Nebenprodukte weitgehend zu vermeiden.
Auch der apparative Aufwand ist häufig geringer als bei traditionellen chemischen Prozessen. Ort der elektrochemischen Synthese ist eine einfach gehaltene, mit der Reaktionslösung gefüllte Elektrolysezelle, in der einen Vielzahl eng benachbarter stromleitender Platten angeordnet sind. Wird eine elektrische Spannung angelegt, laufen an der Oberfläche dieser Elektroden folgende Reaktionen ab: An den positiv geladenen Elektroden, den Anoden, werden durch Oxidation die gewünschten Zwischenprodukte synthetisiert, an den negativ geladenen Elektroden, den Kathoden, wird gleichzeitig Wasserstoff produziert. Geschlossen wird der Stromkreis zwischen Anoden und Kathoden durch ein in der Reaktionslösung enthaltenes Leitsalz.
Nach Beendigung der Reaktion wird das Produkt von der Reaktionslösung abgetrennt. Nicht umgesetztes Ausgangsprodukt, Lösungsmittel und Leitsalz werden in den Prozeß zurückgeführt. Der als Nebenprodukt anfallende Wasserstoff kann anderweitig weiterverwendet werden. Das elektrochemische Verfahren ist also rundherum umweltfreundlich.
Daß die Elektrochemie trotzdem der große Durchbruch noch nicht gelungen ist, hat mehrere Gründe. So bestehen die Reaktoren oft aus einer zu großen Zahl dicht gepackter Elektrodenplatten, wobei nicht selten die entgegengesetzt gepolten Elektroden durch Membranen voneinander getrennt werden müssen. Damit aber wird Massendurchsatz beinahe unmöglich. Weiterhin fehlt es noch an manchem ingenieurtechnischen Know-how für den Bau dieser Spezial-Reaktoren; Erfahrungen aus dem Bereich der anorganischen Elektrolyse nützen nur wenig.
Vergleichbares gilt auch für das Langzeitverhalten der Elektroden und für die Elektrolyse-Lösung. Die Zusammensetzung dieser Mixtur, die eine Reihe von Hilfsstoffen enthält, ist oft entscheidend für die Ausbeute und den Wirkungsgrad des Prozesses, außerdem muß sie - etwa unter Zuhilfenahme eines Leitsalzes .- den bestmöglichen Stromfluß auch in der Lösung sicherstellen. Dennoch beginnt sich das Verfahren bei in geringeren Mengen benötigten Chemikalien durchzusetzen. Bei BASF in Ludwigshafen wird es zur Synthese mehrer aromatischer Aldehyde genutzt, die als Riechstoffe - so als Anisduft - oder als Zwischenprodukte für die Herstellung von

24 Elektrochemische Produktionsverfahren

Maiglöckchen- und Jasmin-Orangenduft, Pilzbekämpfungsmittel, ‚Pharmazeutika, Desinfektions- und Sonnenschutzmittel dienen.
Sie machen sauerstoffhaltige Chrom- und Manganverbindungen überflüssig, deren Entsorgung sehr schwierig ist. Die nach Abtrennung des Wertprodukts zurückbleibende Mischung aus restlichem Ausgangsprodukt, Lösungs- und Hilfsmitteln sowie Leitsalzen kann in den Prozeß zurückgeführt werden - und den tatsächlich als einziges „Abfallprodukt“ anfallenden Wasserstoff sinnvoll zu nutzen, bereitet heute keine Kopfschmerzen mehr.
Nach diesem Schema lassen sich zahlreiche andere Substanzen und sogar komplizierte organische Moleküle manipulieren. Tatsächlich gehören elektrochemische Reaktionen mit organischen Komponenten zu den ältesten bekannten Reaktionen überhaupt, und zu Beginn dieses Jahrhunderts erlebte die „organische Elektrochemie“ einen regelrechten Boom. So wurde in industriellem Maßstab die Oxidation des Traubenzuckers, der Glucose, zu Gluconsäure betrieben, die wiederum als Basis für ein Calciumpräparat diente.
Nach einer Phase geringeren Interesses in den dreißiger Jahren erlebte die organische Elektrochemie um 1965 eine Renaissance. Denn elektrochemische Reaktionen spielen sich bei normalem Umgebungsdruck und Temperaturen bis höchstens 80 °Celsius ab, während bei anderen chemischen Verfahren oft hohe Drücke und Temperaturen benötigt werden. Das bietet nicht nur energetische Vorteile, sondern senkt auch die Anforderungen an die Apparaturen. Und bei Spannungen von wenigen Volt kann durch Veränderungen der Spannung und der Stromdichte auch der Prozeß bei hohen Ausbeuten wesentlich präziser gesteuert werden als bei konventionellen Verfahren [1].

1 Nennen Sie die Vorteile und die Nachteile elektrochemischer Produktionsverfahren im Vergleich zu üblichen Produktionsweisen, bei denen Chemikalien gemischt, evtl. erhitzt und die Produkte aus dem Reaktionsgemisch abgetrennt werden.

2a) Erstellen Sie die Strukturformeln von Glucose und Gluconsäure. Ermitteln Sie aus Fachbüchern, mit welchem Oxidationsmittel diese Reaktion in Organismen abläuft.

2b) Wie muß das Reaktionsschema bei einem elektrochemischen Produktionsverfahren aussehen? Erstellen Sie die Reaktionsschemata für Oxidation und Reduktion.

3 Ein im Text angesprochener aromatischer Aldehyd ist der p-Anisaldehyd (4-Methoxybenzaldehyd). Nach einem klassischen Verfahren wird er durch Oxidation von Anethol (4-Propenylanisol) mit Natriumdichromat und Schwefelsäure hergestellt.

24 Elektrochemische Produktionsverfahren

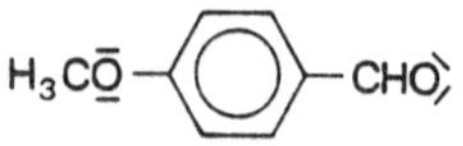

p-Anisaldehyd (1)

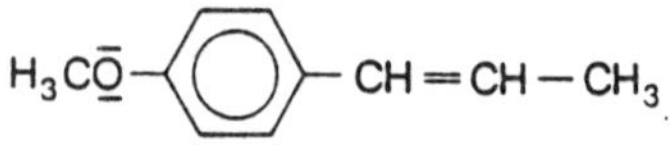

Anethol (2)

a) Erstellen Sie das Reaktionsschema für die klassische Reaktion.

b) Schlagen Sie ein Reaktionsschema für die Elektrooxidation vor.

c) Vergleichen und diskutieren Sie beide Verfahren.

24 Elektrochemische Produktionsverfahren

Lösungsvorschlag

Zu 1: Vorteile elektrochemischer Produktionsverfahren:

- Über die Menge des eingesetzten Stroms (Stromstärke) läßt sich die Geschwindigkeit der Reaktion steuern.
- Über die gewählte Spannung hat man einen Einfluß auf die Selektivität der Reaktion.
- Durch Unterbrechung des Stromkreises läßt sich die Reaktion jederzeit abbrechen.
- Durch die genannten Parameter werden unerwünschte Nebenprodukte weitgehend vermieden.
- Der apparative Aufwand ist meist geringer als bei anderen chemischen Prozessen.
- Abfallarm, da nicht umgesetzte Ausgangsprodukte, Lösungsmittel und Leitsalz wieder eingesetzt werden.
- Das Nebenprodukt Wasserstoff wird für andere Prozesse weiterverwendet.
- Im Vergleich zu klassischen Verfahren wird ein Reaktionspartner ersetzt, z. B. muß die reduzierte Form eines Oxidationsmittels nicht entsorgt werden.

Nachteile elektrochemischer Produktionsverfahren:

- Ein Massendurchsatz ist wegen der dicht gepackten Anordnung von Elektroden und wegen der beschränkten Durchlässigkeit der Membranen schwer möglich.
- Es fehlt an ingenieurtechnischem Know-How zum Bau solcher Anlagen.
- Über das Langzeitverhalten der Elektroden und des Elektrolyts ist wenig bekannt.

Zu 2:

a) biochemische Reaktion:

D-Glucose D-Gluconsäure

b) elektrochemische Reaktion:

Oxidation:

$$R\text{—}CHO + H_2O \rightarrow R\text{—}COOH + 2\,H^+ + 2\,e^-$$

24 Elektrochemische Produktionsverfahren

Reduktion:

$$2\ H_3O^+ + 2\ e^- \rightarrow H_2 + 2\ H_2O$$

Gesamtreaktion:

$$R{-}CHO + 2\ H_3O^+ \rightarrow R{-}COOH + H_2 + H_2O + 2\ H^+$$

Zu 3:

a) Der Alkenanteil des Anethols wird unter den vorherrschenden scharfen Bedingungen gespalten und zu Aldehyd und einer Säure oxidiert, intermediär entsteht vermutlich ein Glykol.

Oxidation:

$$R{-}CH{=}CH{-}CH_3 + 3\ H_2O \rightarrow R{-}CHO + CH_3{-}COOH + 6\ e^- + 6\ H^+$$

Reduktion:

$$Cr_2O_7^{2-} + 6\ e^- + 14\ H^+ \rightarrow 2\ Cr^{3+} + 7\ H_2O$$

Gesamtreaktion:

$$R{-}CH{=}CH{-}CH_3 + Cr_2O_7^{2-} + 8\ H^+ \rightarrow R{-}CHO + CH_3{-}COOH + 2\ Cr^{3+} + 4\ H_2O$$

b) elektrochemisches Verfahren

Oxidation:

$$R{-}CH{=}CH{-}CH_3 + 3\ H_2O \rightarrow R{-}CHO + CH_3{-}COOH + 6\ e^- + 6\ H^+$$

Reduktion:

$$6\ e^- + 6\ H^+ \rightarrow 3\ H_2$$

Gesamtreaktion:

$$R{-}CH{=}CH{-}CH_3 + 3\ H_2O \rightarrow R{-}CHO + CH_3{-}COOH + 3\ H_2$$

c) Bei dem elektrochemischen Verfahren wird lediglich Anethol und Wasser benötigt (und ein Leitsalz, das aber im Reaktionsschema nicht erscheint). Es entstehen p-Anisaldehyd und Essigsäure sowie Wasserstoff, so daß zwei Nebenprodukte verwertet werden müssen. Der Einsatz von Schwefelsäure und Chromverbindungen wie bei dem klassischen Verfahren ist unnötig, spart Rohstoff und die Notwendigkeit der Entsorgung.

24 Elektrochemische Produktionsverfahren

Weiterführende Informationen

Anis enthält 1,5 - 6 % Anisöl, das durch Wasserdampfdestillation gewonnen werden kann. 80 - 90 % des Anisöls bestehen aus Anethol, das süßlich schmeckt und nach Anis riecht. Unter Einfluß von Licht und Luft wird es zu Anisaldehyd und Anissäure oxidiert. Anisaldehyd wird in Seifen, Schminken und Pudern als Riechstoff verwendet und dient als Ausgangsstoff zur Synthese von Antihistaminika. Es kann auch durch Oxidation von 4-Methoxytoluol mit Kaliumperoxodisulfat und Silber(I)-Ionen sowie durch Elektrooxidation von 4-Methoxytoluol hergestellt werden.[2]

Glucose (Traubenzucker, Dextrose) dient auch in erheblichem Maße als Ausgangsstoff für chemische Synthesen, z. B. zur Herstellung von Sorbit, Ascorbinsäure, Glutaminsäure, Glutamat, Gluconsäure. Überwiegend wird Gluconsäure durch mikrobielle Oxidation aus D-Glucose mit Aspergillus Niger hergestellt. Deren Salze, die Gluconate, werden zur Schmelzkäseherstellung (Alkaligluconate), als Gerbmittel (Titangluconat) oder als Medikament (Eisengluconat, blutbildendes Mittel) eingesetzt. Das im Text angesprochene Calciumgluconat wird vom Körper gut aufgenommen und dient daher als Medikament zur Regulierung des Calciumspiegels im Blut. Im Körper entsteht Gluconsäure durch enzymatische Umsetzung von D-Glucose mit Glucoseoxidase.[2]

Literatur

[1] VDI-Nachrichten von 29.5.1992
„Elektrischer Strom ersetzt Chemikalien“

[2] *J. Falbe* und *M. Regnitz*, Römpp Chemie Lexikon. Georg Thieme Verlag Stuttgart, 9. Auflage, 1990

25 Schmelzflußelektrolyse von Aluminiumoxid

Voraussetzungen aus dem Unterricht
Schmelzflußelektrolyse von Aluminiumoxid
Stoffe: Aluminium, Bauxit, Kryolith, Kalk, Soda, Fluorkohlenwasserstoffe
Begriffe: Domäne, Mega- und Kilowattstunde

Aufgaben
Umweltferkel oder Öko-Werkstoff: Aluminium entsteht dreckig, hat aber eine glänzende Laufbahn

Leichtes Silber aus schwerem Lehm
Von *Klaus Jopp*

Die Kette der Transportgondeln reißt nicht ab. Unaufhörlich schweben mächtige Kohleblöcke durch die flirrend heiße Luft und verschwinden in einer Halle. Dort, im Halbdunklen, fallen stählerne Dreizacken in die Bohrungen der Blöcke und werden dann mit flüssigem Eisen festgegossen. Danach werden die aufgespießten schwarzen Brocken mit einer silbrig schimmernden Haut überzogen.
Der metallene Hauch ist aus Aluminium. Auf dem riesigen Betriebsgelände hier in Jebel Ali, im Emirat Dubai am Persischen Golf gelegen, gewinnt die Dubai Aluminium Company (Dubal) das Leichtmetall. Seine Produktion belastet die Umwelt, die Nutzung des Aluminiums indes entlastet sie: Es ist schwer, hier Bilanz zu ziehen.
Die Anlage in Jebel Ali versorgt hauptsächlich Japans Automobilindustrie. Mit enormem Energieaufwand erschmelzen 504 Elektrolysezellen das gefragte Metall. Ein gewaltiger Kraftwerkskomplex, bestehend aus 14 Gas- und zwei Dampfturbinen, liefert 645 Megawatt elektrische Leistung. Gerade genug, um pro Jahr 240 000 Tonnen Aluminium aus dem Rohstoff Bauxit zu gewinnen, der per Schiff von Australien herangeschafft wird.
Die Kohlebrocken sind ein wichtiger Bestandteil der Aluminium-Herstellung, nicht nur in Dubai. Sie wird seit 1886 nahezu unverändert nach dem Elektrolyseverfahren betrieben. Mit Kalk, Soda und Hitze wird Bauxit zu reinem Aluminiumoxid gebrannt. Dieses wird sodann in geschmolzenem Kryolith (einer Verbindung aus Natrium, Aluminium und Fluor) gelöst, wodurch der Schmelzpunkt des Oxids von 2050 Grad Celsius auf handhabbare 950 Grad herabsinkt. Elektrolysezellen zerlegen die Lösung nun mit Gleichstrom. Das flüssige Aluminium sammelt sich auf dem Boden der mit Kohle als Kathode (negative Elektrode) ausgekleideten Wannen und wird dort von Vakuumglocken abgesaugt. Der freiwerdende Sauerstoff oxidiert die Kohleblöcke, die als Anode (positive Elektrode) dienen, sie werden also zu Kohlendioxid (CO_2) abgebrannt. Gerade 24 Tage hält ein Block, dann sieht er grau und zerfressen aus und muß ersetzt werden. Kein Wunder also, daß die Dubal eine eigene „Anodenbäckerei" unterhält.
Aluminiumproduktion frißt Energie. Seit Anfang der fünfziger Jahre konnte die Aluminiumindustrie den Stromverbrauch von über 21 Kilowattstunde pro Tonne Aluminium allerdings um gut ein Drittel senken. Außerdem wird Aluminium weltweit zu über 61 Prozent mit Elektrizität aus Wasserkraft gewonnen, die keine Emissionen freisetzt - etwa in Norwegen, Kanada und den Vereinigten Staaten. Mittlerweile jedoch dringen die Golfstaaten mit Vehemenz ins Geschäft. Mit Milliarden von Petrodollar werden gigantische Hütten aus dem Wüstensand gestampft. In Bahrein zum Beispiel ist die Firma Alba (Aluminium Bahrein) gerade dabei, mit zwei weiteren Elektrolyselinien ihren Jahresausstoß auf 450 000 Tonnen hochzuschrauben. Hier wie in Dubai, Saudi-Arabien oder im Iran dient Erdgas als Energielieferant.

25 Schmelzflußelektrolyse von Aluminiumoxid

Selbst dort, wo Wasserkraft den Strom liefert, bleibt dennoch ein CO_2-Problem: der Anodenabbrand. Pro Tonne Aluminium verbraucht die Elektrolyse etwa 400 Kilogramm Kohle. Bei rund zwanzig Millionen Tonnen weltweiter Aluminiumherstellung bedeutet das etwa 30 Millionen Tonnen Kohlendioxid aus der Elektrodenverbrennung. Das wären 0,3 Prozent der anthropogenen CO_2-Emissionen von 22 Milliarden Tonnen insgesamt - doch es würde sich lohnen, sie einzusparen. Dazu sind nicht reagierende, also inerte Elektroden vonnöten. Die Aluminiumindustrie hat nach eigenen Angaben in den letzten zwanzig Jahren rund hundert Millionen Mark für die Suche nach inerten Elektroden aufgebracht - ein Flop. Ihre Forscher fanden kein Material, das genügend Strom leitet und zugleich dem Angriff der heißen Kryolithschmelze standhält.
Vor wenigen Wochen veröffentlichte das Wissenschaftsblatt *nature* (Bd. 356, S. 484) neue Erkenntnisse über zwei Fluorkohlenwasserstoffe (FKW), die nahezu ausschließlich beim Aluminiumschmelzen aus dem Anodenkohlenstoff und dem im Kryolith enthaltenen Fluor entstehen: Sie sind extrem wirksame Treibhausgase. Die jährlich emittierte Menge beträgt zwar nur 31000 Tonnen, eine konsequente Umweltpolitik müßte dennoch nach Methoden suchen, diese Moleküle aus der Abluft herauszufischen. Noch ist keine Technik in Sicht, die das kann - ein weiterer trüber Fleck auf dem blitzblanken Image des Aluminiums.
Trotz der umweltschädlichen Herkunft ist das „Silber aus Lehm" mittlerweile zum meistbenutzten Nichteisenmetall avanciert, denn die Kombination seiner Eigenschaften ist einzigartig: Es ist leicht und fest zugleich, leitet Strom und Wärme, reflektiert Licht, bleibt unmagnetisch und trotzt jeder Korrosion. Geduldig läßt es sich schmieden, stanzen, pressen, gießen, ziehen, walzen, schweißen, kleben, sägen, drehen, feilen, biegen und kanten.
Aluminium wiegt nur 2,7 Gramm pro Kubikzentimenter. Wer ein Fahrzeug bauen will, für den bedeutet Aluminium deshalb die Möglichkeit, Treibstoff zu sparen. Nach den jahrzehntelangen glänzenden Erfahrungen der Flugzeugbauer fahren jetzt auch die Eisenbahner auf Aluminium ab. War das Leichtmetall früher eher eine Domäne der Nahverkehrsstrategen, weil sie aufgrund der vielen Brems- und Anfahrvorgänge niedriges Gewicht bevorzugten, hat mit dem InterCityExpress (ICE) nun auch der Hochgeschwindigkeitsverkehr einen Zug zum Aluminium. Die Wagenkästen der schneeweißen Vorzeigerenner der Bundesbahn bringen nur 4,5 Tonnen im Rohbau auf die Waage - dank einer Aluminiumlegierung.
Seit Jahren immer wieder für den Automobilbau im Gespräch, wird der leichte Werkstoff demnächst tatsächlich eine tragende Rolle im Auto spielen. Im westfälischen Soest baut die Aluminium Company of America (Alcoa) mit einem Investitionsvolumen von 120 Millionen Mark derzeit das weltweit erste Werk für die Fertigung von Karosserieteilen aus Aluminium. Im nächsten Jahr soll das Werk betriebsbereit sein und die zusammen mit Audi entwickelten Gitterrohrrahmen nach Ingolstadt liefern. Bis zum Jahr 2000 will die Aluminiumbranche den Anteil ihres Metalls pro Fahrzeug um fast das Dreifache auf 160 Kilogramm erhöhen; japanische Ingenieure peilen gar 270 Kilogramm an.
Das Motiv: 100 Kilogramm Aluminium sparen 0,7 Liter Kraftstoff pro 100 Kilometer. Der energieaufwendig hergestellte Werkstoff kommt damit wieder zu ökologischen Ehren. Mit einem Kipper, dessen Fahrgestell und Mulde aus Aluminium bestehen, ließen sich binnen eines Jahres 50 000 Kilowattstunden (kWh) sparen. Bei einer Lebensdauer von fünf Jahren wären das mithin 250 000 kWh - das Dreieinhalbfache der 70 000 kWh Energie, welche die Herstellung des Aluminiums für den Kipper mehr kostete als der entsprechenden Menge Stahl.
Das zweite Umweltplus: Aluminium läßt sich exzellent wiederverwerten, viel besser als Eisen zum Beispiel, von Kunststoffen ganz zu schweigen. Das sogenannte Sekundäraluminium, in Deutschland mit steigender Tendenz eingesetzt und 1990 mit 540 000 Tonnen gegenüber 720 000

25 Schmelzflußelektrolyse von Aluminiumoxid

Tonnen Neumetall auf dem Weg zum „Fifty-fifty“, verbraucht für seine Aufbereitung zum verarbeitungsfähigen Werkstoff nur wenig Energie: Die Geburt einer Tonne Aluminium aus Bauxit kostet vierzehn Megawattstunden, das wiedergewonnene Leichtmetall indessen ist schon mit einem Zwanzigstel dieses Aufwandes zu haben. Dabei handelt es sich um echtes Recycling, weil Aluminium auch nach beliebig vielen Umläufen seine Eigenschaften behält.
Eine Umweltbilanz ist bislang nicht errechnet worden. Wird Aluminium jedoch gezielt zur Gewichtseinsparung eingesetzt und konsequent als Altstoff gesammelt, so kann es zur Entlastung der Umwelt beitragen. Knappheit droht nicht: Die Rate des Recyclings ist schon jetzt hoch, überdies lagern 32 Milliarden Tonnen abbaufähiges Aluminiumoxid in der Erdrinde [1].

1 Wie wird Aluminium hergestellt? Erstellen Sie mit Hilfe des Textes sowie des Schulbuches eine Skizze, beschriften Sie diese und beschreiben Sie den Herstellungsvorgang.

2 Deuten Sie die Herstellung von Aluminium als chemische Reaktion für Oxidation, Reduktion und Gesamtreaktion und begründen Sie die einzelnen Verfahrensssschritte des Brennens mit Kalk und Soda sowie den Zusatz von Kryolith.

3 Wofür wird Aluminium verwendet? Erstellen Sie eine Liste und nennen Sie Vor- und Nachteile gegenüber einer Verwendung anderer Werkstoffe (Glas, Eisen, Kunststoff, Holz etc.).

4 Erstellen Sie eine Umweltbilanz (Nutzen und Schaden) des Werkstoffes Aluminium a) für die Herstellung und b) für die Verwendung.

5 Wie ließe sich diese Bilanz umweltverträglicher gestalten?

25 Schmelzflußelektrolyse von Aluminiumoxid

Lösungsvorschlag

Zu 1: Zunächst wird aus Kalk und Soda zusammen mit Bauxit reines Aluminiumoxid gebrannt. Dieses wird in geschmolzenem Kryolith gelöst und mit Gleichstrom elektrolysiert. Flüssiges Aluminium entsteht an der negativen Kohlekathode, sammelt sich auf dem Boden und wird mit Vakuumglocken abgesaugt. Gleichzeitig entsteht Sauerstoff an der Anode, der mit dieser zu Kohlenstoffdioxid reagiert.

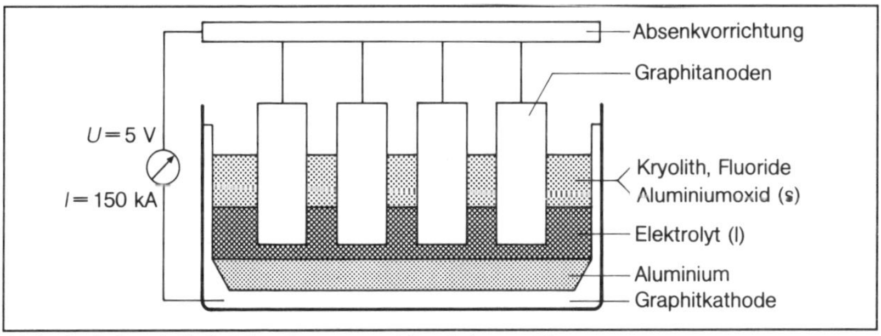

Abb. 1: Schmelzflußelektrolyse von Aluminiumoxid

Zu 2: Das verwendete Bauxit ist eine Mischung aus Aluminiumoxid und Wasser ($Al_2O_3 \cdot H_2O$) bzw. Aluminiumhydroxid (AlO(OH)) und Verunreinigungen von Eisenoxid sowie Silicium- und Titanverbindungen. Es wird dann nach dem Bayer-Verfahren gereinigt: Bauxit wird zerkleinert, getrocknet, gemahlen und im Autoklaven mit konzentrierter Natronlauge umgesetzt. Dabei entstehen lösliche Natriumaluminate (insbes. Natriummetaaluminat $NaAlO_2$), die Oxide von Eisen, Silicium und Titan bleiben ungelöst zurück (Rotschlamm). Die Lösung wird vom Schlamm abgetrennt, abgekühlt und mit Wasser verdünnt. Durch Impfen kristallisiert Hydrargillit γ-$Al(OH)_3$ aus, das durch Entwässerung bei etwa 1200 °C zu reinem Aluminiumoxid umgesetzt wird [1].

In dem Text wird ein anderes Verfahren geschildert, bei dem die konzentrierte Natronlauge durch Umsetzung von Natriumcarbonat (Soda) und Calciumhydroxid (Kalk) erst während des Aufschlusses erzeugt wird:

$$Na_2CO_3 + Ca(OH)_2 \rightarrow CaCO_3 + 2\ NaOH$$

Es schließt sich die Elektrolyse an, die jedoch besonderer Vorbereitungen bedarf. Aluminiumoxid leitet den elektrischen Strom sehr schlecht und muß daher geschmolzen werden. Da die Schmelztemperatur sehr hoch liegt, ist ein hoher Energieaufwand erforderlich. Um die hohe Schmelztemperatur des Aluminiumoxids von 2050 °C auf 950 °C zu senken, wird Kryolith (Natriumaluminiumfluorid $Na_3[AlF_6]$) im Verhältnis etwa 1:15 zugegeben. Weitere Zusätze von Aluminium- und Lithiumfluorid erhöhen die Leitfähigkeit. Dann wird bei 5 V elektrolysiert:

25 Schmelzflußelektrolyse von Aluminiumoxid

Reduktion an der Kathode:

$4\ Al^{3+} + 12\ e^- \rightarrow 4\ Al$

Oxidation an der Anode:

$3\ C + 6\ O^{2-} \rightarrow 3\ CO_2 + 12\ e^-$

Gesamtreaktion:

$2\ Al_2O_3(l) + 3\ C(s) \rightarrow 4\ Al(l) + 3\ CO_2(g)$

Zu 3: Es wird verwendet für Fensterrahmen, Fassaden, Türen in der Baubranche, als Verpackungsmittel für Lebensmittel und Medikamente, als Werkstoff für Autos, LKWs und Flugzeuge, für Kochtöpfe u. a. m. Je nach Verwendungszweck stehen im Vordergrund: nahezu unbegrenzte Lebensdauer, beliebig formbar, im Unterschied zu vielen anderen Metallen ist die Oberfläche einfärbbar, es ist bruchsicher, ungiftig, hat eine sehr geringe Dichte, beständig gegen Wettereinflüsse.

Zu 4: In der Herstellung überwiegen die Nachteile - sie ist sehr energie- und materialaufwendig. Zur Gewinnung von 1 t Aluminium benötigt man 13,5 MWh zur Elektrolyse, 42 GJ zur Al_2O_3-Herstellung, 4 t Bauxit, 0,5 t Elektroden, 0,05 t Kryolith. Gleichzeitig fallen große Abfall- und Abwärmemengen an: 1 t Rotschlamm-Abfall, 2 t Kohlenstoffdioxid sowie Fluorkohlenwasserstoffe. Die Vorteile von Aluminium liegen in der Verwendung (s. Aufgabe 3). Neben den praktischen Vorteilen, die der individuellen Bequemlichkeit dienen, hat es zwei große Vorteile. Mit seiner geringen Dichte hilft es überall dort Energie zu sparen, wo große Massen transportiert werden, in erster Linie bei den Verkehrsmitteln. Und zweitens läßt es sich hervorragend und mit einem Zwanzigstel des Energieaufwandes zur Herstellung recyceln, so daß bereits heute fast die Hälfte des Aluminiums aus der Wiederverwendung stammt.

Zu 5: Zunächst einmal sollte die Verwendung von Aluminium auf solche Bereiche beschränkt werden, wo seine Vorteile tatsächlich genutzt werden können, etwa im Karosseriebau. Die Verwendung für andere Zwecke sollte dahinter zurückstehen. Des weiteren liegen noch Möglichkeiten in der Optimierung der Herstellung: Verwendung abbrandfester Elektroden, Verminderung der FKW-Emissionen und weitere Energieeinsparungen.

25 Schmelzflußelektrolyse von Aluminiumoxid

Weiterführende Informationen

Der Chemiker *Berthier* fand 1821 große Aluminiumanteile in Gesteinen aus Les Baux (Alpilles) in Südfrankreich und nannte dieses Mineral Bauxit [11]. Metallisches Aluminium wurde erstmals von *Oerstedt* (1825) und *Wöhler* (1827) durch Reduktion von Aluminiumchlorid mit Kalium hergestellt. *Davy* vermutete schon 1807 ein bis dahin unbekanntes Metall im Aluminiumoxid und gab ihm dem Namen alumium oder aluminum. Bis dahin hatte man nämlich Aluminiumoxid als alumina bezeichnet. Dies wiederum hatte seinen Ursprung in der Bezeichnung alumen oder alaun für eine Gruppe von Verbindungen, aus denen später Aluminiumoxid gewonnen wurde (Zur Gewinnung von Aluminiumoxid siehe [13], ausführliches über den Namen in [22]). In den Jahren von 1854 bis 1890 erzeugte der Franzose *Deville* etwa 200 Tonnen Aluminium mittels Reduktion von Aluminiumoxid mit Natrium. 1855 war ein von ihm ausgestellter Aluminiumbarren die große Sensation der Weltausstellung von Paris. Zeitweise teurer als Gold, erregte die Vorstellung, „Silber" aus Lehm herzustellen, die Gemüter der damaligen Zeit. *Napoleon* hoffte, seine Armee mit leichten Ausrüstungsgegenständen aus Aluminium versehen zu können und subventionierte die Forschungen *Devilles*. Eine billigere Massenproduktion war jedoch erst nach Einführung eines neuen Verfahrens möglich. Dies war die Schmelzflußelektrolyse, die von *Héroult* und *Hall* gleichzeitig und unabhängig entwickelt wurde. Ohne Dynamomaschinen und Lichtbogenschmelzöfen war sie gleichwohl auch nicht viel früher möglich (zur Schmelzflußelektrolyse siehe [5] und [14]). Weitere wichtige Entwicklungsschritte bestanden in der Verwendung von Kryolith und im Einsatz von Kohleelektroden. Ergänzend zu diesem Verfahren, das reines Aluminiumoxid verwendete, entwickelt der österreichische Chemiker *Bayer* 1887 und 1892 den Bauxitaufschluß mit Natronlauge und das Auskristallisieren von Aluminat aus übersättigten Lösungen (siehe [6], [12]). Damit waren alle Grundzüge des bis heute verwendeten Verfahrens gegeben. Die massenhafte Verwendung von Aluminium, wie wir sie heute erleben, brachte allerdings auch erhebliche Probleme für die Umwelt mit sich, die insbesondere mit der Energieaufwendigkeit der Herstellung zusammenhängen (zum Recycling siehe [8] und [16]).

Über das Metall Aluminium informieren außerdem [4], [11], [15]. Zur Theorie und Praxis von Ökobilanzen siehe [19], [20], [21]. Fundierte Fachinformationen zu allen Aspekten liefern [3] (Aluminium, Natriumaluminat, Aluminiumhydroxid) und [32] (Band 7). Zahlreiche Aspekte können experimentell untersucht werden ([9], [10], [17]). Weitere Bücher und Medien über Aluminium sind erhältlich bei [18].

25 Schmelzflußelektrolyse von Aluminiumoxid

Literatur

[1] *K. Jopp*, Leichtes Silber aus schwerem Lehm. DIE ZEIT Nr. 28 vom 3. Juli 1992
[2] *M. Jäckel* und *K. Risch*, Chemie heute - Sekundarbereich II. Schroedel Verlag (S. 183-186)
[3] *J. Falbe* und *M. Regnitz* (Hrsg.), Römpp Chemie Lexikon. 9. Auflage, Georg Thieme Verlag Stuttgart
[4] *P. Pfeifer*, Aluminium und Aluminiumverbindungen. NiU 36 (1988) 37, S. 2-6
[5] *I. Bayer*, Die Schmelzflußelektrolyse in der großtechnischen Aluminiumgewinnung. NiU 36 (1988) 37, S. 7-11
[6] *K. Häusler*, Die Geschichte der Aluminiumherstellung. NiU 36 (1988) 37, S. 12-15
[7] *G. Latzel*, Die Behandlung der anodischen Oxidation im Chemieunterricht unter Berücksichtigung von Unterrichtsfilmen. Der Chemieunterricht **9** (1978), Heft 1, S. 55
[8] *H. Schmidkunz*, Recycling von Aluminium. NiU 36 (1988) 37, S. 25-27
[9] *K. Häusler*, Die Amphoterie des Aluminiums. NiU 36 (1988) 37, S. 28
[10] *H. Rampf* und *R. Reichelt*, Ausgewählte Experimente zum Aluminium. NiU 36 (1988) 37, S. 29-32
[11] *I. Valeton*, Lagerstätten des Aluminiums. PdN Chemie 35 (1986) 3, S. 2-11
[12] *S. Wilkening*, Geschichte des Aluminiums. PdN Chemie 35 (1986) 3, S. 11-17
[13] *J. Lotze* und *G. Winkhaus*, Die Gewinnung von Aluminiumoxid. PdN Chemie 35 (1986) 3, S. 18-20
[14] *S. Wilkening*, Gewinnung von Aluminium durch Schmelzflußelektrolyse. PdN Chemie 35 (1986) 3, S. 21-25
[15] *G. Scharf*, Aluminium und Aluminiumwerkstoffe, PdN Chemie 35 (1986) 3, S. 25-28
[16] *R. Peter*, Ein einfacher Demonstrationsversuch zum Umschmelzen von Aluminiumschrott. PdN Chemie 35 (1986) 3, S. 29-30
[17] *H. Brandl*, Neue motivierende Schulversuche zum Thema Aluminium. PdN Chemie 35 (1986) 3, S. 30-33
[18] Aluminium-Verlag, Königsallee 30, 4000 Düsseldorf 1
[19] Hessisches Ministerium für Umwelt, Energie und Bundesangelegenheit (Hrsg.). *H. Hübner* und *D. Simon-Hübner*, Ökologische Qualität von Produkten. Wiesbaden 1991
[20] Umweltbundesamt (Hrsg.) Arbeitsgruppe Ökobilanzen, Ökobilanzen für Produkte. Berlin 1992 Texte 38/92
[21] Projektgruppe Ökologische Wirtschaft (Hrsg.), Produktlinienanalyse: Bedürfnisse, Produkte und ihre Folgen. Kölner Volksblatt Verlag 1988
[22] *N. Figurowski*, Die Entdeckung der chemischen Elemente und der Ursprung ihrer Namen. Aulis Verlag Köln 1981

26 Chlor-Alkali-Elektrolyse

Voraussetzungen aus dem Unterricht

Voraussetzung ist die Kenntnis der elektrolytischen Herstellung von Chlor und Natronlauge - der Artikel geht vergleichend in technische Details der drei alternativen Verfahren ein (Diaphragma-, Amalgam-, Membran-Verfahren) und setzt das Verständnis chemischer Grundlagen voraus.
Folgende Begriffe kommen im Text vor: Sole, Titananoden, Aktivkohle- und Sandschwemm-Filter, fluorierter Polyether, Sulfonat-, Carboxylatgruppen, Ionenaustauscher, ppb. Zur Bearbeitung der Aufgaben ist ihr Vertsändnis allerdings nicht nötig.

Aufgaben

Schärfere Grenzwerte erschweren „klassische“ Chlorverfahren
An der Membran scheiden sich die Geister [1]

Chlor, eines der bedeutendsten Vorprodukte der chemischen Industrie, ist in Verruf gekommen. Schuld daran sind nicht nur chlorhaltige Verbindungen, die Umwelt und Gesundheit schädigen. Auch die industrielle Chlorproduktion selbst wird zunehmend kritisch bewertet.

Die Chlor-Alkali-Elektrolyse ist einer der bedeutendsten chemischen Prozesse überhaupt. Bei der elektrolytischen Spaltung von Kochsalz entstehen Chlor, Natronlauge und Wasserstoff - drei Grundchemikalien, auf denen 60 % aller chemischen Produkte aufbauen. In Deutschland konkurrieren heute drei Elektrolyseverfahren wirtschaftlich und ökologisch miteinander: Seit 100 Jahren wird das Diaphragmaverfahren technisch eingesetzt; 1897 kam das Amalgamverfahren hinzu, und 1975 gingen schließlich die ersten Membrananlagen in Betrieb.
Sämtliche Elektrolyseverfahren leisten chemisch das gleiche - sie unterscheiden sich aber in der Art, wie das an der Anode entstehende Chlor von den Kathodenprodukten Natronlauge und Wasserstoff getrennt wird. Das Amalgamverfahren liefert besonders reines Chlor sowie eine 50%ige, kochsalzfreie Natronlauge, die unmittelbar weiterverwendet werden kann. Diese Vorteile sorgten für eine rasche Ausbreitung dieses Verfahrens in Europa; noch heute werden in Deutschland etwa 60 % der Jahresproduktion von 3,5 Mio. t Chlor nach dem Amalgamverfahren hergestellt.
Bei dieser Technik wird die NaCl-Sole im Kreislauf durch die trogförmige Elektrolysezelle geführt. Als Kathode dient ein 3 - 5 mm dicker Quecksilberfilm, der über den leicht geneigten Boden der Zelle fließt und das kathodisch gebildete Natrium als Amalgam auflöst. Die eigentliche Reaktion des Amalgams mit Wasser liefert Wasserstoff und Natronlauge und findet in einem separaten Zersetzer statt. Dabei bildet sich auch das Quecksilber zurück, das im Kreislauf wieder in die Elektrolysezelle fließt. Die Oxidation der Chlorid-Ionen zu gasförmigem Chlor erfolgt an aktivierten Titananoden, die mit Hilfe einer automatischen Lagerregelung ständig im optimalen Abstand zum Quecksilberfilm gehalten werden.
In die Schußlinie geriet das Amalgamverfahren durch seine Quecksilberemissionen. Obwohl die Abwasserbelastung je Tonne Chlor im Bundesdurchschnitt von 25 g im Jahre 1972 auf nunmehr 0,06 g und damit um über 99 % reduziert werden konnte, kommen auf die Betriebe künftig noch schärfere Grenzwerte zu - und damit erhebliche Probleme.

26 Chlor-Alkali-Elektrolyse

Während bislang noch 0,2 g Quecksilber/t Chlorkapazität erlaubt sind, sollen die Emissionen im Zuge der 42. Abwasserverwaltungsvorschrift auf 0,02 g/t zurückgedrängt werden. „Diesen Wert können unsere Anlagen zwar im Durchschnitt, nicht aber in den Spitzen einhalten", so *Wolfgang Müller*, Direktor der Anorganischen Produktion im Bayerwerk Uerdingen. *Müller* will die Abwässer der Chlorproduktion künftig in großen Sammelbecken mischen, um den Grenzwert einhalten zu können. Ob und wie schnell solche Becken genehmigt werden, ist allerdings zweifelhaft: Das Amalgamverfahren ist aus Sicht der Genehmigungsbehörden nicht mehr Stand der Technik; die Chlorproduzenten selbst haben allerdings erst für das Jahr 2010 den Ausstieg aus dieser Produktionslinie beschlossen.
Bis dahin sollen die alten Amalgam-Anlagen noch ihren Dienst tun. „Schließlich haben wir die Technik durch ständige Detailverbesserungen auf einen umweltverträglichen Stand gebracht", betont *Franz-Rudolf Minz*, der als Forschungsleiter für die Chlorproduktion im Bayerwerk Leverkusen verantwortlich ist. So werden Quecksilbersalze im Abwasser zu metallischem Quecksilber reduziert und an Aktivkohle- oder Sandschwemmfiltern mechanisch zurückgehalten, während gelöstes Quecksilber in Ionenaustauschern hängenbleibt. Der Restgehalt im Abwasser liegt bei etwa 100 ppb, beträgt also rund 10 Milliardstel Gramm pro Liter.
Trotz solcher Detailverbesserungen wird die industrielle Chlorproduktion der Zukunft nach dem Membranverfahren erfolgen. Bei der Hoechst AG in Frankfurt ist eine Versuchsanlage mit einer Jahreskapazität von 11000 t seit Mai 1988 in die Produktion integriert. Das Herzstück der Elektrolysezellen ist die Membran: Sie besteht aus einem fluorierten Polyether-Kunststoff, der in der Seitenkette negativ geladene Sulfonat- oder Carboxylatgruppen trägt und aus Stabilitätsgründen mit einem Teflongewebe beschichtet ist.
Die Kunststoffmembrane, die für die Trennung von Chlor sowie Wasserstoff und Natronlauge sorgt, ist auf Grund seiner Ladung ausschließlich für Natrium-Ionen durchlässig: Diese wandern an den negativen Ladungen entlang durch die Folie hindurch. Obwohl das Prinzip des Membranverfahrens seit den 50er Jahren bekannt ist, gelang die Entwicklung natronlauge- und chlorresistenter Membranen erst vor rund 10 Jahren.
Die Umstellung bringt technische Probleme mit sich. So muß die Kochsalzsole sorgfältiger als bei der alten Technik von Fremdionen befreit werden, die in höheren Konzentrationen die Funktion der Membrane beeinträchtigen können. Auch das Chlor wird nicht mehr in gewohnt reiner Form entstehen: Es enthält - ebenso wie beim Diaphragmaverfahren - einen erhöhten Sauerstoffanteil, der durch Kondensation und anschließendes Verdampfen wieder entfernt werden muß.
Die Umrüstung auf das Membranverfahren wird aber vor allem teuer: *Egon Joerchel* schätzt die Investition für eine Neuanlage mit einer Jahreskapazität von 300 000 t Chlor auf rund 500 Mio. DM. Allein für die Werke der Bayer AG rechnet *Wolfgang Müller* in den nächsten 20 Jahren mit Ersatzinvestitionen von rund einer Milliarde DM. Bundesweit wird die chemische Industrie etwa vier bis fünf Milliarden DM aufbringen müssen, um sämtliche Altanlagen auf das Membranverfahren umzustellen. Voraussetzung dafür ist allerdings, daß die deutsche Chlorproduktion auch künftig noch auf dem aktuellen Stand von jährlich 3,5 Mio. t bleibt. Angesichts der aktuellen umweltpolitischen Diskussion um Chlor und Chlorprodukte halten es mittlerweile auch die Experten aus der Industrie für möglich, daß die Kapazitäten zurückgefahren werden.

26 Chlor-Alkali-Elektrolyse

1 Informieren Sie sich anhand des Schulbuches über die Herstellung von Chlor und Natronlauge durch Elektrolyse.

1a) Skizzieren Sie einen möglichen Versuchsaufbau und erstellen Sie die Reaktionsschemata für Oxidation und Reduktion.

1b) Vergleichen Sie die Abscheidungspotentiale und geben Sie an, welche Reaktionen zu erwarten sind.

2a) Vergleichen Sie die technischen Details der drei Verfahren hinsichtlich Zellaufbau, Elektroden und Elektrolyten.

2b) Geben Sie die Teilreaktionen an Kathode und Anode an.

2c) Diskutieren Sie den Einfluß des Elektrodenmaterials auf die Art der entstehenden Produkte und begründen Sie, warum bei diesen Verfahren nicht immer Wasserstoff und Sauerstoff entstehen!

2d) Diskutieren Sie die Vor- und Nachteile der drei Verfahren hinsichtlich Wirtschaft und Umwelt.

3a) Ein Zusatz von ca. 0,02 g Natriumhydroxid zur Sole erschwert beim Amalgamverfahren die Bildung von Wasserstoff an der Kathode. Berechnen Sie den pH-Wert der Sole und erklären Sie, warum dadurch die Entstehung von Wasserstoff erschwert wird.

3b) Ein Teil des erzeugten Chlors löst sich in der alkalischen Sole und disproportioniert. Erstellen Sie ein mögliches Reaktionsschema für die Disproportionierung. Geben Sie außerdem an, durch welche praktischen Maßnahmen der Verlust von Chlor durch diese Reaktion vermindert werden kann.

26 Chlor-Alkali-Elektrolyse

Lösungsvorschlag

Zu 1: Grundlage aller drei Verfahren ist die Elektrolyse einer wäßrigen Natriumchlorid-Lösung nach folgendem Schema:

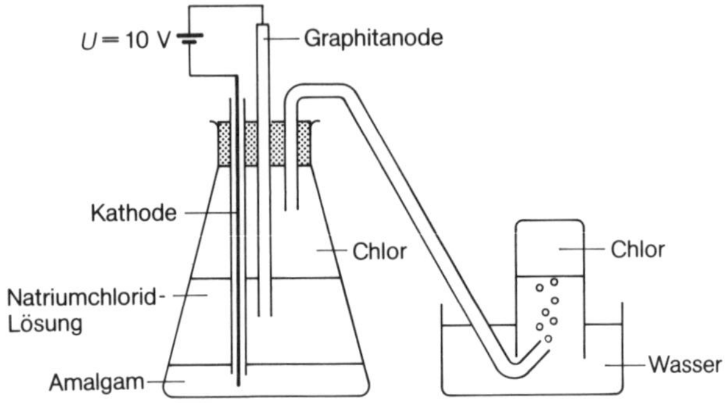

Abb. 1: Ein möglicher Versuchsaufbau zum Amalgamverfahren (*Castner*-Zelle) (nach [9])

Dabei sind die folgenden Reaktionen möglich:

Oxidation:

$2\ Cl^-(aq) \rightarrow Cl_2(g) + 2\ e^-$; $U_H^0 =$ 1,36 V

$2\ H_2O(l) \rightarrow O_2(g) + 4\ H^+(aq) + 4\ e^-$; $U_H^0 =$ 0,82 V (pH = 7)

Reduktion:

$Na^+(aq) + e^- \rightarrow Na(s)$; $U_H^0 =$ -2,71 V

$2\ H_2O(l) + 2\ e^- \rightarrow 2\ OH^-(aq) + H_2(g)$; $U_H^0 =$ -0,41 V (pH = 7)

Die Abscheidungspotentiale lassen erwarten, daß die Bildung von Sauerstoff und Wasserstoff bevorzugt abläuft. Durch die gewählten Elektrolysebedingungen ist jedoch deren Bildung an den Elektroden durch eine hohe Überspannung behindert, so daß Chlor und Natrium entstehen.

Gesamtreaktion:

$$2\ Cl^-(aq) + 2\ Na^+(aq) \rightarrow Cl_2(g) + 2\ Na(s)$$

Zu 2a): Angewandt wird das Amalgamverfahren seit 1897. Es liefert besonders reines Chlor und eine reine, 50 %ige Natronlauge. Über den Boden eines schwach geneigten Stahltrogs fließt eine 3 mm dicke Quecksilberschicht. Die Quecksilberkathode löst das kathodische gebildete Natrium auf, bildet Natriumamalgam und reagiert in einem separaten Behälter mit Wasser zu Natronlauge, Wasserstoff und wieder einsetzbarem

26 Chlor-Alkali-Elektrolyse

Quecksilber. An den Titananoden bildet sich Chlor, das anschließend mit konzentrierter Schwefelsäure getrocknet wird. Gekühlt und verflüssigt läßt es sich transportieren und verkaufen. Das Amalgamverfahren läuft automatisiert und kontinuierlich mit 4 V Spannung, ist jedoch störanfällig gegenüber verunreinigten Ausgangsmaterialien. Verunreinigungen durch Schwermetalle führen erst zu deren Abscheidung und dann zur Bildung von Wasserstoff an diesen Metallen, Wasserstoff und Chlorgas bilden jedoch eine explosive Mischung.

Der grundlegende Unterschied des Diaphragma-Verfahrens gegenüber dem Amalgamverfahren besteht zum einen in der Verwendung von Eisenkathoden anstelle des Quecksilbers. An diesen ist allerdings die Bildung von Wasserstoff gegenüber Natrium bevorzugt, so daß in diesem Verfahren Wasserstoff erzeugt wird; an der Anode wird weiterhin Chlor erzeugt. Problematisch ist die Trennung der an den beiden Elektroden erzeugten Stoffe. Wasserstoff und Chlorgas könnten wieder eine explosive Mischung bilden und das an der Kathode gebildete Hydroxid führt zur Disproportionierung von Chlor und zu einem wirtschaftlichen Verlust. Zwei Maßnahmen sollen dem entgegenstehen. Beide Halbzellen sind durch ein Asbest-Diaphragma getrennt, das keine Gase durchläßt, allerdings die Hydroxid- und Chlor-Diffusion nur behindern, nicht ausschließen kann. Zum anderen stehen die Strömungsrichtung und -geschwindigkeit der eingeleiteten Sole der Diffusion von Hydroxid-Ionen entgegen.

Das Membranverfahren ist seit den fünfziger Jahren bekannt, wird aber erst seit 1975 angewandt. Eine Membran aus fluorierten Polyether-Kunststoffen mit negativ geladenen Sulfonat- und Carboxylatgruppen in den Seitenketten ist nur für Natrium-Ionen durchlässig und tritt an die Stelle des Diaphragmas. Als Elektroden werden Titananoden und Eisenkathoden verwendet. Die eingesetzte Kochsalzsole muß sehr sauber sein und das entstehende Chlor enthält noch Sauerstoff, der vor dem Verkauf abgetrennt werden muß. Das Membranverfahren ist technisch schwieriger handhabbar, stellt höhere Anforderungen und liefert bei Chlor eine schlechtere Qualität als das Amalgamverfahren. Andererseits wird ein Verlust von Chlor durch Disproportionierung vermieden. Anstelle von Natrium wird Wasserstoff erzeugt.

Zu 2b): Membranverfahren:
Oxidation an der Anode:

$$2\ Cl^-(aq) \rightarrow Cl_2(g) + 2\ e^-; \qquad U_H^0 = 1{,}36\ V$$

Reduktion an der Kathode:

$$2\ Na^+(aq) + 2\ e^- \rightarrow 2\ Na(s); \qquad U_H^0 = -2{,}71\ V$$

anschließende Aufbereitungsreaktion:

$$Na + 2\ H_2O(l) \rightarrow 2\ Na^+ + 2\ OH^-(aq) + H_2(g)$$

26 Chlor-Alkali-Elektrolyse

Diaphragma-Verfahren und Membran-Verfahren:
Oxidation an der Anode:

$$2\ Cl^-(aq)\ -\ Cl_2(g) + 2\ e^-; \qquad U_H{}^0 = 1{,}36\ V$$

Reduktion an der Kathode:

$$2\ H_2O(l) + 2\ e^- \rightarrow 2\ OH^-(aq) + H_2(g); \qquad U_H{}^0 = 0{,}41\ V\ (pH = 7)$$

Zu 2c): Die unter 1b) angegebenen Reaktionen sind die in wäßriger Lösung prinzipiell möglichen. Hinsichtlich der Abscheidungspotentiale ist die Zersetzung von Wasser zu Wasserstoff und Sauerstoff bevorzugt. Diese Reaktionen werden jedoch nur dann ablaufen, wenn man das Elektrodenmaterial und die Stromdichte entsprechend wählt. An platinierten Platin-Elektroden und bei geringer Stromdichte ist die Überspannung von Wasserstoff und Sauerstoff sehr gering und sie werden bevorzugt gebildet. Bei der Chlor-Alkali-Elektrolyse sind dies jedoch unerwünschte Nebenreaktionen, insbesondere Sauerstoff gilt als Verunreinigung des entstehenden Chlors. Wählt man geeignete Elektroden (Beim Amalgamverfahren Titan als Anode und Quecksilber als Kathode) und eine hohe Stromdichte, so ist die Bildung von Chlor und Natronlauge bevorzugt. Wasserstoff und Sauerstoff entstehen weiterhin, jedoch in relativ unbedeutenden Mengen. Bei Diaphragma- und Membranverfahren verwendet man Titananoden und Eisenkathoden. An Eisen ist die Überspannung von Wasserstoff gering, so daß hier gezielt Wasserstoff produziert wird.

Vor- und Nachteile	Amalgam-verfahren	Diaphragma-Verfahren	Membranverfahren
wirtschaftlich	Die 50 %ige Natronlauge ist rein und kann direkt verkauft werden; Chlorverlust durch Disproportionierung. Sehr reine Produkte	Die 12 %ige Natronlauge muß vor dem Verkauf gereinigt und aufkonzentriert werden; Chlor ist gering mit Sauerstoff verunreinigt; Chlorverluste durch Disproportionierung.	30 %ige reine Natronlauge, keine Disproportionierung von Chlor. Chlor muß noch von Sauerstoff gereinigt werden. Teure Chemikalien zur Reinigung der Sole. Geringe Lebensdauer und hoher Preis der Membran.

26 Chlor-Alkali-Elektrolyse

Vor- und Nachteile	Amalgam-verfahren	Diaphragma-Verfahren	Membranverfahren
technisch	kontinuierlicher Betrieb, automatischer Ablauf, empfindlich gegen Schwermetall-verunreinigungen; wird bis heute überwiegend in der BRD eingesetzt		schwierig handhabbar, stellt höhere Anforderungen; bundesweit Investitionen von 4 - 5 Milliarden DM zur Umstellung nötig - eine Anlage mit 300 000 Tonnen Jahreskapazität kostet rund 500 Millionen DM. Die Industrie strebt daher einen Ausstieg aus dem Amalgamverfahren erst für 2010 an.
Umwelt	Verwendung von Quecksilber und aufwendige Rückhalteverfahren. Beim Amalgamverfahren werden 0,06 g Quecksilber je Tonne Chlor ins Abwasser abgegeben, insgesamt sind 0,2 g Quecksilberemissionen pro Tonne Chlor erlaubt.	Verwendung von Asbest	umweltfreundliche Alternative

Zu 3a): Die Konzentration der Hydroxid-Ionen wird berechnet:
$w(\text{NaOH(aq)}) = 0{,}02$ g/l
$M(\text{NaOH}) = 40$ g/mol
$n(\text{NaOH(aq)}) = m/M = 0{,}02$ g/40 g/mol $= 0{,}0005$ mol
$c(\text{NaOH(aq)}) = n/V = 0{,}0005$ mol/ 1 l $= 0{,}0005$ mol/l $= c(\text{OH}^-\text{(aq)})$

Der pH-Wert berechnet sich über das Ionenprodukt von Wasser:
$10^{-14} = c(\text{H}^+)\cdot c(\text{OH}^-)$
$14 = \text{pH} + \text{pOH}$
$\text{pH} = 14 - \text{pOH} = 14 - 3{,}3 = 10{,}7$

Zu 3b): Die Disproportionierung verläuft nach folgendem Schema:
$$Cl_2\text{(aq)} + 2\ OH^-\text{(aq)} \rightleftharpoons OCl^-\text{(aq)} + Cl^-\text{(aq)} + H_2O\text{(l)}$$

26 Chlor-Alkali-Elektrolyse

Der Verlust an Chlor läuft zweistufig ab. Zunächst löst sich Chlor in Wasser. Dem kann man entgegenwirken, indem bei höherer Temperatur gearbeitet wird. Dabei sinkt die Löslichkeit von Chlor in Wasser. Schließlich kann in das Gleichgewicht der Disproportionierung eingegriffen werden. Gibt man der Lösung Säure zu, nachdem sie die Elektrolysezelle verlassen hat, so wird die Disproportionierung verringert, da die Konzentration Hydroxid-Ionen sinkt. Setzt man Salzsäure ein, so steigt außerdem die Konzentration der Chlorid-Ionen. Das Gleichgewicht wird sich auf die Seite des Chlors verlagern.

Zu 4: Es wird für etwa 60 % der Jahresproduktion von 3,5 Millionen Tonnen Chlor angewandt und liefert sehr reine direkt verkaufsfähige Produkte. Während das Amalgamverfahren technisch und wirtschaftlich funktioniert, erfordert das Membranverfahren noch weitere Forschungsarbeit.

AMALGAM + POLYMER

↓

POLYGAM + AMALMER

26 Chlor-Alkali-Elektrolyse

Weiterführende Informationen

Chlor gehört mit einem Massenanteil von 0,0314 % zu den 20 häufigsten Elementen der Erdkruste, doch kommt es wegen seiner enormen Reaktionsfähigkeit (nur Fluor ist noch reaktiver) fast ausschließlich als Salz in Verbindung mit Natrium, Kalium, Magnesium und anderen Elementen vor. Allenfalls in Vulkangasen kann es elementar vorkommen. Chlororganische Verbindungen existieren zwar in der Natur, sind aber sehr selten (z. B. Methylchlorid in Luft und Meerwasser). Praktisch alle chlororganischen Verbindungen, die in der heutigen Umwelt vorkommen, sind vom Menschen hergestellt. Die Ozeane und die Salzlagerstätten als Überbleibsel ehemaliger Ozeane bilden riesige natürliche Deponien für Chloride. Die Industrie beschafft sich dort die Ausgangsmaterialien zur Chlorgewinnung. Schon seit Jahrzehnten ist Chlor eines der Schlüsselelemente der chemischen Industrie. Bezeichnenderweise gelangte es erstmals im Ersten Weltkrieg eine traurige Berühmtheit, als es im Krieg gegen Frankreich als Kampfgas und als Ausgangsprodukt zur Gewinnung weiterer Kampfgase (z. B. Phosgen) eingesetzt wurde. Etwa 25 % der heutigen Produktion wird zur Herstellung von Vinylchlorid und PVC verwendet. Weitere Verwendung findet es zur Herstellung von Chlorkohlenwasserstoffen (Chloroform, Perchlorethylen, Methylenchlorid, Tetrachlormethan u. a. m.), von Pestiziden und Holzschutzmitteln, von anorganischen Chloriden (Phosgen, Phosphor- und Schwefelchloride etc.), zum Aufschluß von Erzen, zum Entzinnen von Weißblech, zum Bleichen von Papier, zur Desinfizierung von Trink- und Badewasser. Alle Verwendungszwecke haben gemeinsam, daß sie nicht zu den in der Natur gefundenen Ausgangsmaterialien zurückführen, sondern zu Abfallstoffen, die in der Natur eine mehr oder weniger große Schadwirkung entfalten: zur Toxikologie chlorhaltiger Verbindungen siehe [5]. In Müllverbrennungsanlagen setzen sich chlorhaltige Abfälle zu Salzsäure und zu hochtoxischen Verbindungen wie Dioxin (polychlorierte Dibenzodioxine) um, die wiederum aufwendig aus dem Abgas entfernt werden müssen. Die industrielle Massenproduktion von Chlor begann mit dem Amalgam- und dem Diaphragma-Verfahren. Nun ist mit diesen Verfahren die Produktion von Natronlauge immer an die Chlorproduktion gebunden (Koppelproduktion). Die Verflechtung von Chlor und Natronlauge mit anderen Sparten der Chemischen Industrie ist in [2] abgebildet und kurz erläutert (S. 197). Dabei zeigt sich eine interessante Verschiebung: Bis in die 30er Jahre war Natronlauge das begehrte Hauptprodukt und Chlor galt als lästiges Nebenprodukt. Heute ist die Situation umgekehrt und 18 % der Natronlaugeproduktion wurden 1983 exportiert, weil sich in der BR Deutschland kein Markt dafür fand. Einerseits wurden also in den vergangenen Jahrzehnten Anwendungszwecke gesucht und geschaffen, um das Nebenprodukt Chlor verwerten zu können. Andererseits bereiten gerade chlororganische Verbindungen enorme Probleme bei der unkontrollierten Freisetzung (z. B. Seveso: Dioxin), bei der Anwendung (Per in Lebensmitteln, FCKW, Pestizide im Grundwasser, Gesundheitsschäden durch Holzschutzmittel (PCP)) und in der Entsorgung (Verbrennung von PVC, Dioxinentstehung). Ausführlich widmet sich [3] dem Thema „Müll und chlorhaltige Chemikalien als Umweltproblem"

26 Chlor-Alkali-Elektrolyse

(Kapitel 12). Übersichtsinformationen zu den Stichworten Chlor, Chloralkalielektrolyse, Dioxin usw. finden sich in [4]. Die Sicht der Industrie beleuchtet der Artikel [6]. Zur Information über die Chemie des Chlors und seiner Verbindungen ist ein Textheft erhältlich [7]. Das Umweltbundesamt erstellte wegen der großen Bedeutung des Chlors ein umfangreiches Handbuch, das ausgehend von der Chlor-/Natronlauge-Koppelproduktion die wichtigsten Folgeprodukte von Chlor sowie den komplexeren Chlorverbund in der BRD darstellt und zu allen Schritten Mengen und Stoffflüsse angibt [8].

Literatur

[1] *H. Vennen*, An der Membran scheiden sich die Geister. VDI-Nachrichten vom 21.9.1990

[2] *M. Jäckel* und *K. Risch* (Hrsg.), Chemie heute. Schroedel Schulbuchverlag Hannover, 1990

[3] *A. Heintz* und *G. Reinhardt*, Chemie und Umwelt. Friedr. Vieweg & Sohn Verlagsges. Braunschweig, 1991

[4] *J. Falbe* und *M. Regnitz* (Hrsg.), Römpp Chemie Lexikon. 9. Auflage, Georg Thieme Verlag Stuttgart

[5] *W. Forth* und *K.-G. Eckert*, Toxikologie chlorhaltiger Verbindungen. GIT Fachz. Lab. (1992) 8, S. 797-802

[6] *K.-G. Malle*, Was bedeutet Chlor für die chemische Industrie heute und in Zukunft? GIT Fachz. Lab. 7/91

[7] Fonds der Chemischen Industrie (Hrsg.), Die Chemie des Chlors und seiner Verbindungen. Textheft zur Folienserie 24, Karlstr. 21, 6000 Frankfurt/M. 1

[8] Umweltbundesamt (Hrsg.), Handbuch Chlorchemie I - Gesamtstofffluß und Bilanz. Bismarckplatz 1, 1000 Berlin 33
und das zugehörige Handbuch Chlorchemie I - Literaturband. 1992

[9] *R. Franik*, Oberstufenchemie 1B. Bayerischer Schulbuch-Verlag München, 1982

27 Elektrochemische Wasserzersetzung

Voraussetzungen aus dem Unterricht

Redoxreaktionen, Redoxpotentiale, *Nernst*-Gleichung, Elektrolysen, *Faraday*-Gesetze, Energie eines Lichtquants ($E = h \cdot \nu$), Energiebänder-Modell eines Halbleiters

Aufgaben

Für die Wasseranalyse gelten folgende thermodynamische Daten:

$H_2O(g) \rightarrow H_2(g) + 0{,}5 O_2(g)$; $\Delta G^0 = +236\ kJ \cdot mol^{-1}$; $\Delta H^0 = +298\ kJ \cdot mol^{-1}$; $\Delta S^0 = +203\ J \cdot mol^{-1} \cdot K^{-1}$

Demnach verläuft die Wasserzersetzung endergonisch. Wasser kann thermolytisch durch starkes Erhitzen, elektrolytisch oder auch photolytisch in Elemente zerlegt werden.

1.1 Skizzieren Sie eine Apparatur, in der angesäuertes Wasser elektrolysiert werden kann. Beschriften Sie die Skizze und formulieren Sie die Elektrodenprozesse. Berechnen Sie die theoretisch erforderliche Spannung für die Bildung von Wasserstoff und Sauerstoff und geben Sie die Elektrodenpotentiale der Kathode und Anode an, wenn a) bei pH = 0, b) pH = 7 und c) bei pH = 14 elektrolysiert wird.

1.2 Erläutern Sie, warum bei einer höheren Spannung (als der unter 1.1 berechneten) gearbeitet werden muß und berechnen Sie die Zeit, in der man bei $I = 2$ A $V = 1\ m^3$ Wasserstoff, gemessen unter Normbedingungen, erhält.

1.3 Berechnen Sie aus der freien Enthalpie bei der Wasserzersetzung die maximale Wellenlänge von Lichtquanten, deren Energie noch ausreichen würde, um Wasser in Elemente zu spalten. ($h = 6{,}626 \cdot 10^{-34}\ J \cdot s$; $c = 3 \cdot 10^8\ m \cdot s^{-1}$; $N_A = 6{,}022 \cdot 10^{23}\ mol^{-1}$). Warum zersetzt sich Wasser nicht in Wasserstoff und Sauerstoff wenn die Sonne darauf scheint?

1.4 In Abb. 1 wird gezeigt, wie ein Halbleiter-Korn, das in angesäuertem Wasser suspendiert ist, bei Lichtbestrahlung die Wasserzersetzung bewirken kann. Erläutern Sie diese Skizze in Sätzen. Welche Gemeinsamkeiten und Unterschiede zur Elektrolyse (vgl. Aufgabe 1.1) ergeben sich? Welche Bedingungen hinsichtlich der Lichtabsorption und der chemischen Beständigkeit müßte der Halbleiter erfüllen, um die in der Skizze angedeutete Wasserzersetzung mit Licht auch tatsächlich in technischem Maßstab zu gewährleisten?

27 Elektrochemische Wasserzersetzung

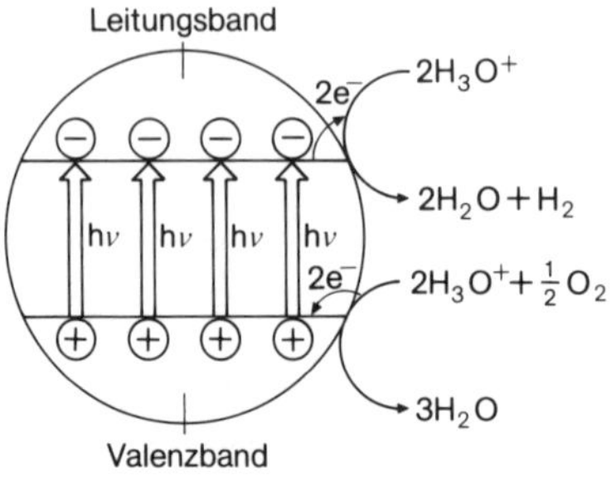

Abb. 1: Schema der Wasserzersetzung durch einen Halbleiter

1.5 Bei der Bestrahlung von angesäuertem Wasser mit suspendiertem Kupfer(I)-chlorid (Halbleiter, unlöslich in Wasser) läuft folgende Reaktion (a) ab:

(a): $2H_3O^+(aq) + 2CuCl(s) \xrightarrow{h\nu} 2Cu^{2+}(aq) + 2Cl^-(aq) + 2H_2O(l) + H_2(g)$;

$\Delta G^0 = +105{,}5\ kJ \cdot mol^{-1}$.

Die Kupfer(I)-chlorid-Körner gehen also dabei in Lösung. Fügt man anschließend etwas Titandioxid (Halbleiter, unlöslich) hinzu und bestrahlt weiter, so läuft folgende Reaktion (b) ab:

(b): $2Cu^{2+}(aq) + 2Cl^-(aq) + 3H_2O(l) \xrightarrow[(TiO_2)]{h\nu} 2CuCl(s) + 2H_3O^+(aq) + 0{,}5O_2(g)$;

$\Delta G^0 = +127{,}5\ kJ \cdot mol^{-1}$.

Erläutern Sie die Reaktionen (a) und (b) als Redoxreaktionen (Oxidationszahlen, Oxidationsmittel, Reduktionsmittel). Bilden Sie die Summe aus (a) und (b) und kommentieren Sie die Gesamtreaktion. Welche Unzulänglichkeiten hat dieses Verfahren hinsichtlich der technischen Wasserstoff-Erzeugung „aus Wasser und Licht“?

27 Elektrochemische Wasserzersetzung

Lösungsvorschlag
Zu 1.1:

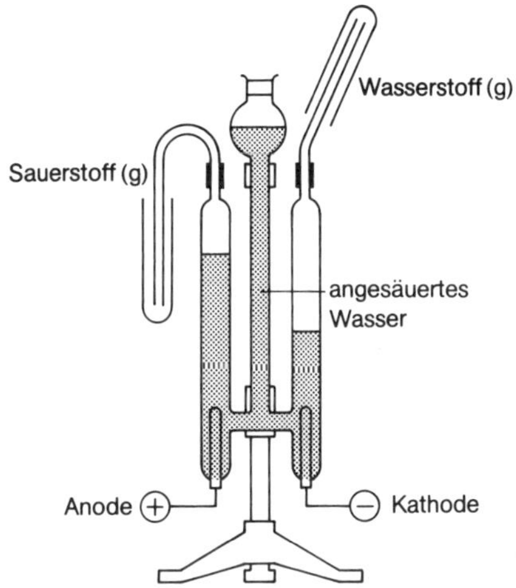

Abb. 2: *Hofmann*scher Wasserzersetzungs-Apparat

Im skizzierten *Hofmann*schen Wasserelektrolyse-Apparat (Abb. 2) laufen an den Elektroden folgende Prozesse:

a) in angesäuerter Lösung:

+Pol (Anode):	$H_2O - 2e^-$	→	$0{,}5O_2 + 2H^+$;	(Oxidation)
−Pol (Kathode):	$2H^+ + 2e^-$	→	H_2;	(Reduktion)
insgesamt:	H_2O	→	$H_2 + 0{,}5O_2$;	$\Delta G^0 = 236\ \text{kJ}\cdot\text{mol}^{-1}$

b) in alkalischer Lösung:

+Pol (Anode):	$OH^- - 2e^-$	→	$0{,}5O_2\ H_2O$;	(Oxidation)
−Pol (Kathode):	$2H_2O + 2e^-$	→	$H_2 + 2OH^-$;	(Reduktion)
insgesamt:	H_2O	→	$H_2 + 0{,}5O_2$;	$\Delta G^0 = 236\ \text{kJ}\cdot\text{mol}^{-1}$

Die freie Standard-Enthalpie ΔG^0 einer Redoxreaktion in einer *galvani*schen Zelle oder in einer Elektrolyse-Zelle ist gleich der elektrischen Arbeit W_{el}, die in der elektrochemischen Zelle verrichtet wird, d. h.: $\Delta G^0 = W_{el}$. Für W_{el} gilt: $W_{el} = U \cdot I \cdot t = U \cdot Q$. Andererseits gilt nach den *Faraday*-Gesetzen: $Q = n \cdot z \cdot F$.

(U: Spannung in V; I: Stromstärke in A; t: Zeit in s; Q: Ladungsmenge in C; n: Stoffmenge in mol; z: Anzahl der pro mol übertragenen Elektronen; F (*Faraday*-Konstante) = 96487 C/mol)

27 Elektrochemische Wasserzersetzung

Für die elektrolytische Zersetzung von 1 mol Wasser unter Standard-Bedingungen gilt demnach:
$U = \Delta E^0 = W_{el}/Q = \Delta G^0/n \cdot z \cdot F = 236 \cdot 10^3$ J/1 mol·2·96487 C·mol^{-1} = 1,23 V.
Dies ist die theoretisch erforderliche Spannung, bei der die oben formulierten Entladungsprozesse ablaufen können.
Die Elektrodenpotentiale bei verschiedenen pH-Werten errechnen sich wie folgt:
- bei pH = 0:
an der Kathode (Platin-Elektrode) liegt in diesem Fall die Standard-Wasserstoffelektrode (auch Normal-Wasserstoff-Elektrode NHE genannt) vor; es gilt E(Kat) = 0 V. Das Elektrodenpotential der Anode muß dann wegen der erforderlichen Spannung E(An) = +1,23 V betragen.
- bei pH = 7:
Zur Berechnung des Kathoden-Potentials verwenden wir die *Nernst*-Gleichung:
$E(\text{Kat}) = E^0 + (0{,}059\ \text{V}/2) \cdot \lg c^2(\text{H}^+) = 0\ \text{V} + (0{,}059\ \text{V}/2) \cdot \lg 10^{-7} = -0{,}413\ \text{V}$.
Wegen der erforderlichen Spannung (U = 1,23 V) muß dann das Anoden-Potential E(An) = +0,817 V betragen.
- bei pH = 14:
Auch hier wird mit der *Nernst*-Gleichung zunächst das Kathoden-Potential berechnet:
$E(\text{Kat}) = E + (0{,}059\ \text{V}/2) \cdot \lg c(\text{H}) = 0\ \text{V} + (0{,}059\ \text{V}/2) \cdot \lg 10^{-14} = -0{,}826\ \text{V}$.
Für das Anoden-Potential ergibt sich: E(An) = +0,404 V.

Zu 1.2: Die unter 1.1 berechnete Spannung ist für die formulierten Elektronenübertragungen erforderlich. Damit aber ist der Gasentwicklung bei der Wasserelektrolyse noch nicht vollständig Rechnung getragen. Die nascierenden (am Elektrodenmaterial zunächst atomaren) Gase Wasserstoff und Sauerstoff müssen sich vom Elektrodenmaterial trennen (desorbieren), Bläschen bilden und nach oben steigen. Die Elektrode ist während des Elektrolysevorgangs durch eine dünne Gasschicht bedeckt, die den Elektronentransfer erschwert. Das hat zur Folge, daß die Zersetzungsspannung bei der Elektrolyse höher ist als die theoretische Spannung. Die Zeit, in der man V = 1 m^3 Wasserstoff erhält, berechnet man mit den *Faraday*-Gesetzen wie folgt: $Q = n \cdot z \cdot F$ oder $I \cdot t = n \cdot z \cdot F$ (vgl. die Bedeutung der Größensymbole unter 1.1).
Da man bei der Elektrolyse von 1 mol Wasser 1 mol Wasserstoff gemessen unter NB erhält, gilt:
$t = n \cdot z \cdot F/I$ = 1000/22,4·2·96487/2 = 4307455 s = 1196 h.
Es fällt auf, daß der erhaltene Wert sehr hoch ist und unrealistisch erscheint. In Wirklichkeit arbeitet man bei sehr viel höheren Stromstärken, wenn in technischem Maßstab elektrolysiert wird.

Zu 1.3: Unter der Annahme, daß die Wasserzersetzung durch Licht der Wellenlänge erfolgt und daß jeweils ein Lichtquant ein Wasser-Molekül nach dem folgenden Schema auftrennt:
$H_2O \rightarrow H_2 + 0{,}5O_2$; $\Delta G^0 = 236000/N_A$ J(N_A:*Avogadro*-Konstante)

27 Elektrochemische Wasserzersetzung

$N_A = 6{,}022 \cdot 10^{23}\ mol^{-1}$), läßt sich die maximale Wellenlänge λ_{max} die der wirksame Lichtquant gerade noch haben darf, mit der Planckschen Formel
$E = h \cdot \nu_{min} = h \cdot c/\nu_{max}$ berechnen. (E: Energie des Lichtquants; h: *Planck*sche Konstante; $h = 6{,}626 \cdot 10^{-34}$ J·s; ν: Frequenz des Lichtquants; c: Lichtgeschwindigkeit; $c = 2{,}9979 \cdot 10^8$ m/s.

$\lambda_{max} = h \cdot c/E = 6{,}626 \cdot 10^{-34} \cdot 2{,}9979 \cdot 10^8 \cdot 6{,}022 \cdot 10^{23}/236000 = 507 \cdot 10^{-9}$ m = 507 mm
Diese Wellenlänge entspricht sichtbarem (grünblauem Licht). Ein Lichtquant aus dem blauen Bereich hat also die zur Umsetzung eines Wasser-Moleküls in ein Wasserstoff-Molekül und ein halbes Sauerstoff-Molekül nötige Energie. Trotz des verblüffenden Rechenergebnisses wird Wasser durch Sonnenlicht nicht zersetzt (photolysiert), weil es farblos ist, d. h. kein sichtbares Licht absorbiert.

Zu 1.4: Im Halbleiter-Korn wird jeweils durch Absorption eines Lichtquants mit der Energie ein Elektron aus dem Valenzband in das Leitungsband angehoben. Es kommt damit innerhalb des Korns zu einer Ladungstrennung; in der Skizze wird der obere Teil des Korns negativ, der untere positiv. An der Oberfläche des Korns im oberen Teil werden durch Elektronenabgabe Oxonium-Ionen aus der Lösung reduziert. Es bildet sich Wasserstoff, ähnlich wie an der Kathode beim *Hofmann*schen-Elektrolyse-Apparat. An der Kornoberfläche im unteren Teil wird durch Elektronenaufnahme von Wasser-Molekülen das Wasser ähnlich wie an der Anode eines Elektrolyse-Apparats oxidiert. Der Unterschied zur Elektrolyse besteht darin, daß Wasserstoff und Sauerstoff hier nicht in zwei räumlich getrennten Teilen der Apparatur entstehen und daß die endergonische Wasserzersetzung hier nicht mit elektrischer Energie sondern mit Licht angetrieben wird. Die Photolyse (Zersetzung durch Licht) von Wasser nach diesem Prinzip ist technisch nur sinnvoll, wenn der eingesetzte Halbleiter sichtbares Sonnenlicht absorbiert, chemisch beständig, ungiftig und möglichst kostengünstig ist.

Zu 1.5:

(a): $2H_3O^+(aq) + 2CuCl(s) \rightarrow 2Cu^{2+}(aq) + 2Cl^-(aq) + 2H_2O(l) + H_2(g)$; $\Delta G^0 = +108{,}5$ kJ/mol

(b): $2Cu^{2+}(aq) + 2Cl^-(aq) + 3H_2O(l) \rightarrow 2CuCl(s) + 2H_3O^+(aq) + 0{,}5O_2(g)$; $\Delta G^0 = +127{,}5$ kJ/mol

---

Summe: $H_2O(l) \rightarrow H_2(g) + 0{,}5O_2(g)$; $\Delta G^0 = +236$ kJ/mol

Beide Schritte sind endergonische, durch Licht angetriebene Redoxreaktionen. In Schritt (a) werden Oxonium-Ionen reduziert, Kupfer(I)-chlorid wird dabei zu Kupfer(II)-chlorid oxidiert. In Schritt (b) wird Wasser durch das Kupfer(II)-chlorid oxidiert; dabei bildet sich das in Schritt (a) umgesetzte Kupfer(I)-chlorid zurück. Als Gesamtreaktion ergibt sich auch hier die elektrochemische (photoelektrochemische) Zersetzung von Wasser. Dieses Verfahren hat seine technische Unzulänglichkeit darin,

27 Elektrochemische Wasserzersetzung

daß in zwei Stufen gearbeitet werden muß. In Stufe (a) darf nur Kupfer(I)-chlorid und Säure eingesetzt werden (kein Titandioxid), weil sonst die Wasserstofferzeugung gehemmt wird. Das in Stufe (b) zurückgebildete feste Kupfer(I)-chlorid muß, um erneut in (a) eingesetzt werden zu können, vom Titandioxid getrennt werden. Es kann also (im Gegensatz zur Elektrolyse) nach diesem Verfahren nicht kontinuierlich Wasser zerlegt werden. (Vgl. weitere Einzelheiten in den weiterführenden Informationen.)

27 Elektrochemische Wasserzersetzung

Weiterführende Informationen

Wasserstoff ist ein besonders zukunftsträchtiger Energieträger, weil er gleichermaßen zur Erzeugung von Wärme (durch Verbrennung) und von elektrischer Energie (in Brennstoffzellen) eingesetzt werden kann, aus dem reichlich vorhandenen Wasser hergestellt wird und ökologisch unbedenklich ist. Die Wasserzersetzung ist deshalb von hervorragendem Interesse. Sie wird technisch, z. B. bei der sog. Dampf-Reformierung, unvollständig durchgeführt: hierbei wird der im Wasser gebundene Wasserstoff entbunden, indem Wasserdampf mit Methan oder Kohle zu Kohlenstoffmonooxid und Wasserstoff reagiert. Es handelt sich dabei um ein thermisches Verfahren, das bei der großtechnischen Ammoniaksynthese Anwendung findet. Durch Elektrolyse kann Wasser bequem und mit hoher Ausbeute direkt in Elemente zersetzt werden, der Wasserstoff und der Sauerstoff können dabei getrennt und in reiner Form aufgefangen werden. Leider muß dabei aber die edelste aller Energieformen, elektrische Energie eingesetzt werden. Solange elektrische Energie aus fossilen Brennstoffen (mit relativ geringen Wirkungsgraden) verfügbar gemacht wird, ist es wirtschaftlich und ökologisch wenig sinnvoll, diese elektrische Energie zur elektrolytischen Wasserstoff-Erzeugung einzusetzen. Wenn jedoch mit Hilfe von Solarzellen gewonnener „Solarstorm" zur Wasserstoffherstellung verwendet wird, bedeutet dies letztlich, daß kostenloses Sonnenlicht in Form des Energieträgers Wasserstoff, der gelagert und an den Einsatzort transportiert werden kann, eingefangen wird. Die Herstellungskosten für photovoltaischen Wasserstoff (elektrolytisch über Solarzellen hergestellter Wasserstoff) werden im Jahr 2020 etwa 1/10 der Kosten aus dem Jahr 1988 betragen; in Wüstengebieten werden sie etwa halb so hoch sein wie in Mitteleuropa. Eine besonders reizvolle Variante der Wasserzersetzung mit Licht wäre die direkte Wasser-Photolyse, so wie sie z. B. in Aufg. 1.4 beschrieben wird. Zum Teil wird Wasser in der grünen Pflanze bei der Photosynthese photolysiert. Ein katalytisches System, das die Wasser-Photolyse mit sichtbarem Licht in technischem Maßstab und mit akzeptabler Ausbeute gewährleistet, ist bis heute noch nicht bekannt.

Literatur

[1] *M. Tausch, M. v. Wachtendonk, H. Deissenberger, H.-R. Port* und *R. Weissenhorn*, Chemie S II, Stoff-Formel-Umwelt. S. 202 f., C. C. Buchner, 1993

[2] *D. Wöhrle*, Energieumwandlung mit sichtbarem Licht - Solarenergie. PRAXIS (Chemie), 4/40, 10, 1991 (Themenheft Photochemie)

28 Redoxreaktionen angeregter Zustände

Voraussetzungen aus dem Unterricht

Redoxpotentiale, Redoxreaktionen in wäßriger Lösung, Relation Molekülstruktur-Lichtabsorption, Energiestufen-Modell (oder Orbital-Modell) für Elektronen in Molekülen

Aufgaben

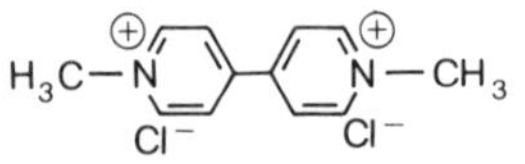

Methylviologen MV
(4,4'-Dimethyl-1,1'-bipyridiniumdichlorid)

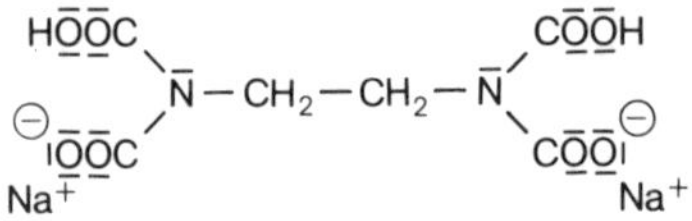

(Ethylendiaminotetraessigsäure-Dinatriumsalz)
Titriplex III

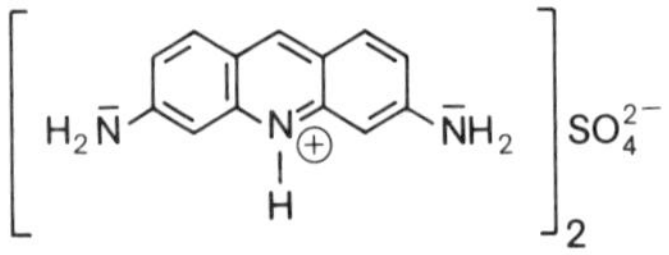

Proflavin
(Diaminoacridin-hemisulfat)

Abb. 1: Strukturformeln einiger Reaktanten

Redoxpotentiale:

$E^0(MV^{2+}/MV^{+\cdot}) = -0{,}44$ V; $E^0(MV^{2+*}/MV^{+\cdot *}) = +0{,}95$ V; $E^0(O_2/2OH^-) = -0{,}32$ V

Grundzustände angeregte Zustände

Versuch 1 (photo-secret-ink): Eine Methylviologen[1]/Methanol-Lösung ($c = 0{,}1$ mol/l) kann als Geheimtinte verwendet werden. Schreibt man damit auf ein gut saugfähiges Papier, z. B. Filterpapier, so ist nach dem Trocknen nichts mehr zu erkennen. Hält man das Papier in starkes Licht mit UV-Anteilen (am besten ins Licht einer 150 W Quecksilberlampe), so erscheint die blaue Schrift. Ohne Licht und an der Luft verschwindet sie wieder.

Versuch 2 (photo-blue-bottle): Folgende wäßrige Lösungen werden hergestellt: I. Proflavin, $c = 1{,}5 \cdot 10^{-5}$ mol/l, die Lösung hat eine gelbliche Farbe; II. Ethylendiaminotetraessigsäure-Dinatriumsalz (Titriplex III), $c = 1{,}5 \cdot 10^{-2}$ mol/l und III. Methylviologen[1], $c = 1{,}5 \cdot 10^{-2}$ mol/l. Dann werden 10 ml Lsg. I, 2 ml Lsg. II, 1 ml Lsg. III und 27 ml destilliertes Wasser in einem 100 ml Erlenmeyerkolben zusammengemischt. Der Kolben wird verschlossen und auf den Tageslichtprojektor gestellt. Nach einigen Minuten färbt sich der Inhalt blau. Beim Schütteln entfärbt sich die Lösung und beim

[1] Methylviologen (4,4'-Dimethyl-1,1'-bipyridiniumdichlorid) ist giftig.

28 Redoxreaktionen angeregter Zustände

Bestrahlen färbt sie sich erneut blau. Der Vorgang kann mehrere Male wiederholt werden.

1.1 Das Methylviologen-Dikation MV^{2+} absorbiert kein sichtbares Licht, das Methylviologen-Monokation-Radikal $MV^{+}\cdot$ absorbiert bei λ_{max} = 620 nm. Worauf ist das Auftreten der blauen Farbe bei den Versuchen 1 und 2 zurückzuführen? Warum muß bei Versuch 1 mit einer anderen Lampe bestrahlt werden als bei Versuch 2? Erläutern Sie.

1.2 Der Redoxpartner des Methylviologens ist bei Versuch 1 Cellulose (genauer: Hydroxy-Gruppen aus den Cellulose-Molekülen). Formulieren Sie die Reaktionsschritte bei der Blaufärbung und schätzen Sie anhand der Versuchsbeobachtungen und der angegebenen E^0-Werte das etwaige Redoxpotential E^0(Cel—CH_2—OH/Cel—CHO) ab. (Cel steht für „Cellulose-Rest“). Rechnungen sind nicht erforderlich, aber der von Ihnen vorgeschlagene Wert muß begründet werden.

1.3 Im angeregten Zustand ist Methylviologen offensichtlich ein stärkeres Oxidationsmittel als im Grundzustand (vgl. Versuch 1 und E^0-Werte). Erklären Sie dies mit Hilfe des allgemeinen Energieniveauschemas eines Photokatalysators PK (Abb. 2). (Bezeichnen Sie vereinfachend den Akzeptor bei einer Redoxreaktion mit A und den Donor mit D.)
Warum kann der angeregte Zustand einerseits ein besserer Akzeptor und andererseits ein besserer Donor als der Grundzustand sein? Formulieren Sie entsprechende Reaktionen von *PK mit dem Akzeptor A bzw. dem Donator D.

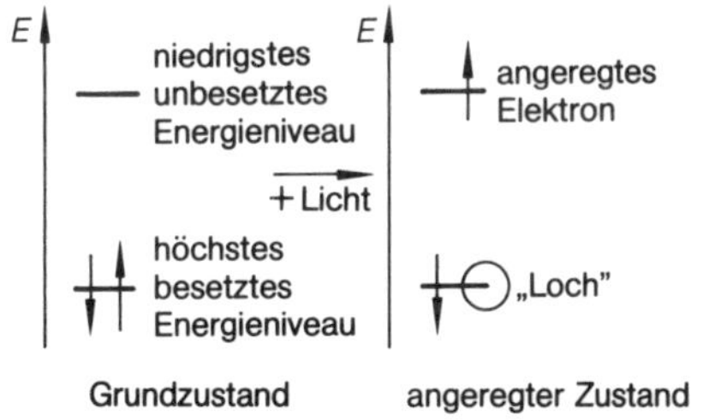

Abb. 2: Schema zur Elektronenanregung

1.4 Die Blaufärbung bei Versuch 2 wird durch das Schema (Abb. 3) beschrieben. D entspricht EDTA, PK entspricht Proflavin und A entspricht MV^{2+}.

a) Erläutern Sie die Skizze und begründen Sie warum hier Licht aus dem sichtbaren Bereich für die Blaufärbung ausreicht?

b) Beim Schütteln wird $MV^{+}\cdot$ mit Sauerstoff zum MV^{2+} zurückoxidiert. Ergänzen Sie das Schema diesbezüglich und geben Sie an, durch welche Randbedingungen die Reversibilität des Farbwechsels beim Bestrahlen und Schütteln eingeschränkt ist.

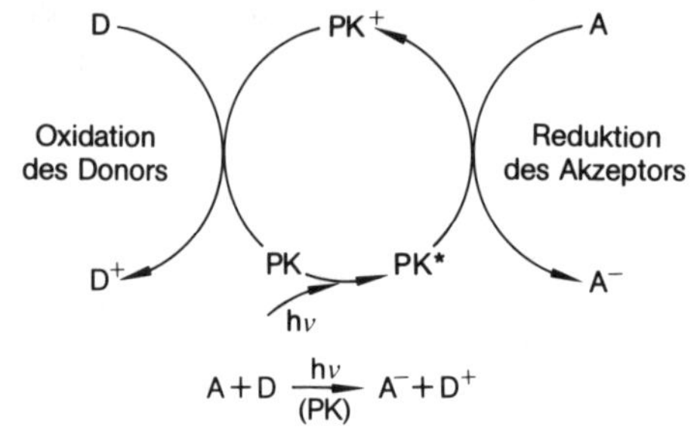

Abb. 3: Schema zur Erklärung der Blaufärbung im Versuch 2

28 Redoxreaktionen angeregter Zustände

Lösungsvorschlag

Zu 1.1: Da bei den Versuchen 1 und 2 jeweils eine Blaufärbung eintritt, bildet sich eine im sichtbaren Bereich absorbierende Spezies. Es handelt sich dabei mit großer Wahrscheinlichkeit um das Methyviologen-Monokation-Radikal $MV^{+}\cdot$, das laut Angabe in der Aufgabenstellung im gelben Bereich des sichtbaren Spektrums absorbiert und demnach eine blaue Färbung der Lösung verursacht.
Bei Versuch 1 muß mit einer Lampe bestrahlt werden, deren Licht auch UV-Anteile enthält, weil die Lösung farblos ist und somit allein durch sichtbares Licht, das nicht absorbiert wird, keine Reaktion ausgelöst werden kann. Im zweiten Versuch dagegen liegt eine gelbliche Lösung vor, die auch sichtbares (blaues) Licht absorbiert. Die Reduktion des Methylviologen-Dikations MV^{2+} zum Methylviologen-Monoanion-Radikal $MV^{+}\cdot$ wird hier durch sichtbares Licht ausgelöst, das aber zunächst durch das gelbe Proflavin absorbiert wird

Zu 1.2: Mögliche Reaktionsschritte bei der Blaufärbung in Versuch 1:

a) $MV^{2+} + h\nu \rightarrow {}^*MV^{2+}$
b) $2{}^*MV^{2+} + Cel\text{—}CH_2\text{—}OH \rightarrow 2MV^{+}\cdot + Cel\text{—}CHO + 2H^{+}$ } Blaufärbung bei UV-Bestrahlung

c) $2MV^{+}\cdot + 0{,}5O_2 + 2H^{+} \rightarrow 2MV^{2+} + H_2O$ Entfärbung an der Luft

In (a) wird Methylviologen MV^{2+} durch Absorption eines Lichtquants zu ${}^*MV^{+}\cdot$ angeregt. In (b) wird eine Hydroxy-Gruppe aus der Cellulose zu einer Carbonyl-Gruppe oxidiert. Das Oxidationsmittel ist das Methylviologen-Dikation im angeregten Zustand. Mit Methylviologen im Grundzustand findet diese Oxidation nicht statt (keine Blaufärbung ohne UV-Bestrahlung). Auch an den Redoxpotentialen (vgl. Aufgabenstellung) ist zu erkennen, daß das Oxidationsvermögen von Methylviologen im angeregten Zustand größer ist (größer E^0-Wert). Für das Redoxpotential E^0(Cel—CH—OH/Cel—CHO) läßt sich aus der Tatsache, daß die Blaufärbung nur bei Bestrahlung, d. h. nur mit angeregtem Methylviologen erfolgt, ein Wert zwischen -0,44 V und +0,95 V ableiten. (Das Oxidationsmittel muß ein größeres Redoxpotential haben als das zu oxidierende Redoxpaar.) Er könnte z. B. bei $E^0 = +0{,}5$ V liegen.

Zu 1.3: Im angeregten Zustand des Photokatalysators *PK sind zwei Energieniveaus nur mit je einem Elektron besetzt: das im Grundzustand höchste besetzte Niveau enthält jetzt nur noch ein Elektron und ein sog. positives Loch; das im Grundzustand niedrigste unbesetzte Niveau ist mit einem Elektron, das durch Lichtabsorption angeregte Elektron, besetzt (vgl. Skizze in der Aufgabenstellung). Das Oxidationsvermögen von *PK ist größer als das Oxidationsvermögen von PK, weil *PK wegen des positiven Lochs eher zur Elektronenaufnahme von einem anderen Teilchen neigt als PK, denn das Energieniveau, in das bei *PK ein Elektron von außen aufgenommen wird, liegt tiefer als bei PK. Der angeregte Zustand PK ist aber andererseits auch ein besseres Reduktionsmittel als der Grundzustand PK, weil das energetisch höher

28 Redoxreaktionen angeregter Zustände

liegende angeregte Elektron leichter an ein anderes Teilchen übertragen werden kann als ein Elektron aus dem Grundzustand. Reaktionsschemata:

(a): $*PK + D \rightarrow *PK^- + D^+$ (*PK als Oxidationsmittel)
(b): $*PK + A \rightarrow *PK^+ + A^-$ (*PK als Reduktionsmittel)

Zu 1.4: a): der Photokatalysator PK Proflavin absorbiert sichtbares Licht, geht in den angeregten Zustand *PK über und ist damit in der Lage aus dem angeregten Zustand heraus MV^{2+} zu $MV^{+\cdot}$ zu reduzieren. Dabei wird es selbst zu PK^+ oxidiert. Anschließend wird PK^+ wieder zu PK reduziert, wobei der Donor EDTA oxidiert wird. Proflavin durchläuft also Reaktionszyklen (Katalysezyklen). Es reicht deshalb aus, wenn die Konzentration des Proflavins in der Lösung etwa 1/100 von den Konzentrationen der anderen Komponenten beträgt (vgl. Versuchsvorschrift)

b)

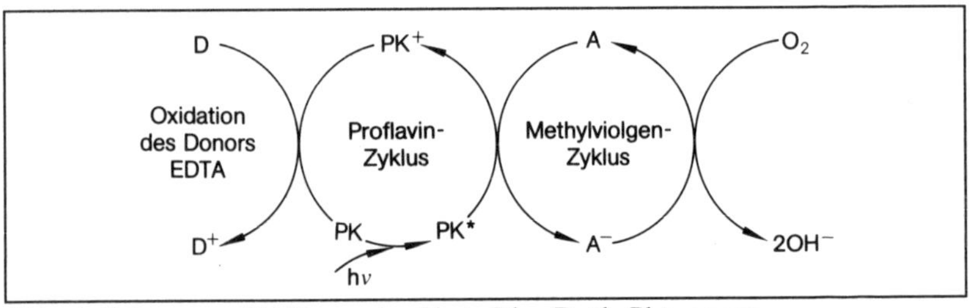

Abb. 4: Schema zur Erklärung des Photo-Blue-Bottle-Phänomens

Beim Schütteln löst sich Sauerstoff aus dem Gasraum der Flasche in Wasser und oxidiert das blaue Methylviologen-Monokation-Radikal $MV^{+\cdot}$ zu farblosem Methylviologen-Dikation MV^{2+} (vgl. Ergänzung im obigen Schema). Durch erneutes Bestrahlen kann die Blaufärbung wieder herbeigeführt, durch Schütteln rückgängig gemacht werden.
Die Zahl der Zyklen: Blaufärbung/Entfärbung ist durch die begrenzte Sauerstoffmenge im Gasraum der Flasche und durch die Menge des eingesetzten Donors EDTA eingeschränkt. Ist der gesamte Sauerstoff verbraucht, so erfolgt keine Entfärbung mehr beim Schütteln, ist das gesamte EDTA verbraucht, so erfolgt keine Blaufärbung mehr beim Bestrahlen.

28 Redoxreaktionen angeregter Zustände

Weiterführende Informationen

An den hier behandelten Redoxreaktionen sind ebenso wie bei der natürlichen Photosynthese Teilchen in angeregten Zuständen beteiligt, die durch Lichtabsorption erzeugt werden. Der Photo-Blue-Bottle Versuch hat noch eines mit der Photosynthese gemeinsam: die Blaufärbung wird ebenso wie die Photosynthese durch sichtbares Licht angetrieben, wobei aber ein photokatalytisches System benötigt wird (beim PBB-Versuch das Proflavin, bei der Photosynthese die Chlorophylle und andere Blattfarbstoffe, eingebettet in einer sehr komplexen Protein-Domäne). Bei der Photosynthese wird durch Reduktion von Kohlenstoffdioxid endergonisch Glucose erzeugt, die bei der Atmung in Organismen exergonisch wieder zu Kohlenstoffdioxid und Wasser oxidiert wird. Beim PBB-Versuch wird analog zur Photosynthese in einer endergonischen Photoreduktion das blaue Methylviologen-Monokation-Radikal $MV^{+\cdot}$ erzeugt, das beim Schütteln ähnlich wie Glucose bei der Atmung mit Luftsauerstoff exergonisch oxidiert wird. Es bildet sich auch hier der gleiche Stoff zurück, der vor der Reduktion vorlag. Diese Analogien zwischen dem PBB-Versuch und dem Photosynthese/Atmungs-Zyklus helfen beim Verständnis der genannten biochemischen Vorgänge. Weiterhin besteht die Möglichkeit, durch Kopplung mehrerer Redox-Zyklen, von denen der erste photochemisch angetrieben wird und der letzte Oxonium-Ionen zu molekularem Wasserstoff reduziert, ein Katalysator-System für die Wasserstofferzeugung aus angesäuertem Wasser und sichtbarem Licht zu finden. In dieser Hinsicht gibt es bereits Untersuchungen (vgl. Lit.). Schließlich sind Systeme wie die aus den beiden Versuchen interessant für die Speicherung von optischen Informationen. Eine Farbe kann hierbei reversibel durch Licht erzeugt und (in diesen Fällen durch Luftsauerstoff) gelöscht werden. Das bedeutet, daß alle digitalisierbaren Informationen auf diese Weise gespeichert bzw. gelöscht werden können. Prinzipiell könnte auf einer Speicherplatte, die mit dem geeigneten Farbstoff beschichtet ist, mittels eines feinen Laserstrahls eine Information eingefärbt und durch Luftbegasung wieder gelöscht werden. Die Speicherdichte einer solchen Platte wäre außerordentlich hoch, da einzelne Moleküle die Funktion von ja-nein Schaltern übernehmen.

Literatur

[1] *M. Tausch* und *D. Wöhrle*, Photokatalyse. PRAXIS (Chemie), 3/38, 37, 1989

[2] *H. Dürr*, Photochromie - Stand und Entwicklungstendenzen. PRAXIS (Chemie), 4/40, 22, 1990

[3] *M. Tausch, M. von Wachtendonk, H. Deissenberger, H.-R. Porth* und *R. G. Weissenhorn*, Chemie S II, Stoff-Formel-Umwelt. C. C. Buchner, Bamberg 1993

29 Wäßrige Schwefelsäure-Lösungen in Sekundärelementen

Voraussetzungen aus dem Unterricht
Stöchiometrisches Rechnen, Elektrochemie der Batteriesysteme, *Faraday*-Gesetze

Aufgaben
Eine stationäre Blei/Bleidioxid-Batterie der Kapazität $Q = 4000$ A·h enthält bei $\vartheta = 25$ °C und voller Ladung 300 kg wässrige Schwefelsäure der Dichte $\varrho = 1{,}206$ g·cm^{-3}!

Berechnen Sie - unter Ausnutzung der in der Tabelle angeführten Batteriesäureeigenschaften -

1.1 die Änderung der Masse,

1.2 des Volumens und

1.3 der spezifischen Dichte
des Elektrolyten für den Fall, daß der Zelle 4000 A·h entnommen werden!

2.1 Approximieren Sie ferner mit Hilfe der elektrochemischen Äquivalente der Schwefelsäure die abgeschiedene Bleisulfatmenge und

2.2 vergleichen Sie das erhaltene Ergebnis mit dem, welches sich aus der stöchiometrischen Gleichung ergibt.

Die elektrochemischen Äquivalente der Elektrolytflüssigkeit werden in der Technik zur Charakterisierung des aktuellen Batterie-Ladungszustandes verwendet. Sie definieren diejenige elektrische Ladungsmenge in Ampere-Stunden, die formal - in Abhängigkeit von der Dichte - in einem Liter Elektrolytflüssigkeit enthalten ist. Zur Lösung der Aufgaben sollen neben den erwähnten Tabellenwerken folgende Daten berücksichtigt werden:
1 *Faraday* (1 *F*) = 96485 As, *m*(H-Atom) = 1,0079 u, *m*(S-Atom) = 32,06 u, *m*(O-Atom) = 15,9994 u, *m*(Pb-Atom) = 207,2 u

29 Wäßrige Schwefelsäure-Lösungen in Sekundärelementen

spez. Dichte ϱ in [g·cm^3] der Elektrolytflüssigkeit bei ϑ = 25 °C	Massen % der Schwefelsäure	Vol-% der Schwefelsäure	Elektrochemisches Äquivalent der Lösung [A·h·l^{-1}]
1,000	0,0	0,0	0
1,097	14,3	8,5	43
1,137	19,6	12,1	61
1,175	24,5	15,6	78
1,186	25,9	16,7	84
1,206	28,4	18,7	93
1,285	38,0	26,6	133

Tabelle: Ausgewählte Eigenschaften wäßriger Schwefelsäure-Lösungen

29 Wäßrige Schwefelsäure-Lösungen in Sekundärelementen

Lösungsvorschlag

Zu 1.1: Bei der angegebenen Dichte von $\varrho = 1{,}206\ \mathrm{g \cdot cm^{-3}}$ enthält der Elktrolyt 28,4 Massen-% Schwefelsäure , d. h. wie aus der Rechnung

$$300\ \mathrm{kg} \cdot \frac{28{,}4}{100{,}0} = 85{,}2\ \mathrm{kg}\ H_2SO_4$$

$$300\ \mathrm{kg} - 85{,}2\ \mathrm{kg} = 214{,}8\ \mathrm{kg}\ H_2O$$

ersichtlich, setzen sich die 300 kg der Batterie aus 85,2 kg Schwefelsäure und 214,8 kg Wasser zusammen.
Die Reaktionsgleichung für die Entladung der Bleibatterie lautet:

$$\overset{+IV}{Pb}\,O_2 + \overset{\pm 0}{Pb} + 2H_2SO_4 \rightharpoonup 2\overset{+II}{Pb}SO_4 + 2H_2O$$

Somit werden für die Umladung von $n = 1$ mol Bleidioxid und $n = 1$ mol Blei zu $n = 2$ mol Bleisulfat $Q = 2 \cdot 96485$ As als Ladungsmenge benötigt. Da gleichzeitig zwei Mole Schwefelsäure verbraucht werden, errechnet sich für eine Ampere-Stunde (1 Ah) ein elektrochemisches Schwefelsäureäquivalent von $3{,}659\ \frac{g}{Ah}$:

$$2 \cdot 96485\ \mathrm{As} \mathrel{\hat{=}} 2 \cdot 98{,}0734\ \mathrm{g}\ H_2SO_4$$

$$1\ \mathrm{Ah} = 3600\ \mathrm{As} \mathrel{\hat{=}} x$$

$$x = \frac{\cancel{2} \cdot 98{,}0734\ \mathrm{g} \cdot 3600\ \cancel{\mathrm{As}}}{\cancel{2} \cdot 85485\ \cancel{\mathrm{As}}} = 3{,}659\ \mathrm{g}\ H_2SO_4$$

molare Masse der Schwefelsäure:
$\{2 \cdot 1{,}0079 + 32{,}06 + 4 \cdot 15{,}9994\}\mathrm{g \cdot mol^{-1}} = 98{,}0734\ \mathrm{g \cdot mol^{-1}}$

Bei einem Fluß einer Ladungsmenge von 4000 Ah sind das

$$3{,}659\ \frac{\mathrm{g}}{\cancel{\mathrm{Ah}}}\ 4000\ \cancel{\mathrm{Ah}} = 14636\ \mathrm{g} = 14{,}636\ \mathrm{kg}\ \text{umgesetzter Schwefelsäure.}$$

Die Berechnung des elektrochemischen Wasseräquivalents verläuft analog:
2 *Faraday* entsprechen $n = 2$ Molen H_2O, d. h.
(molare Masse ($H_2O = 18{,}0152\ \mathrm{g \cdot mol^{-1}}$)

$$2 \cdot 96485\ \mathrm{As} \mathrel{\hat{=}} 2 \cdot 18{,}0152\ \mathrm{g}\ H_2O$$

$$3600\ \mathrm{As} \mathrel{\hat{=}} x$$

$$x = \frac{\cancel{2} \cdot 18{,}0152\ \mathrm{g} \cdot 3600\ \cancel{\mathrm{As}}}{\cancel{2} \cdot 96485\ \cancel{\mathrm{As}}} = 0{,}672\ \mathrm{g}\ H_2O$$

29 Wäßrige Schwefelsäure-Lösungen in Sekundärelementen

Folglich werden beim Fluß von 4000 Ah 2,688 kg Wasser synthetisiert:

$$0{,}672\,\frac{\mathrm{g}}{\cancel{\mathrm{Ah}}}\cdot 4000\,\cancel{\mathrm{Ah}} = 2688\,\mathrm{g} = 2{,}688\,\mathrm{kg}$$

Nach Auswertung der unterschiedlichen Zusammensetzung des Elektrolyten am Anfang und am Ende der Reaktion folgt

	$m(H_2SO_4)$ [kg]	$m(H_2O)$ [kg]	Gesamtmasse [kg]	Veränderung der Gesamtmasse Δm [kg]
Prozeßbeginn (geladener Zustand)	85,200	214,800	300,000	300,000 -288,052
Prozeßende (entladener Zustand)	70,564	217,488	288,052	11,948

beim Fließen von 4000 Ah in der Elektrolytflüssigkeit ein Massenverlust von $\Delta m = 11{,}948$ kg.

Zu 1.2 und zu 1.3: Bei der Zersetzung von $n = 2$ mol Schwefelsäure werden einerseits $n = 2$ mol Wasser gebildet und andererseits $n = 2$ mol Schwefeltrioxid aus dem Elektrolyten entfernt. Der SO_3-Verlust beim Fließen einer Ampere-Stunde beträgt: (molare Masse (SO_3) = 80,0582 g·mol^{-1})

$$96485\,\mathrm{As} \mathrel{\hat=} 80{,}0582\,\mathrm{g}\ SO_3$$

$$1\,\mathrm{Ah} = 3600\,\mathrm{As} \mathrel{\hat=} x$$

$$x = \frac{80{,}0582\,\mathrm{g}\cdot 3600\,\cancel{\mathrm{As}}}{96485\,\cancel{\mathrm{As}}} = 2{,}987\,\mathrm{g}\ SO_3$$

Auf 4000 Ah bezogen resultiert ein SO_3-Verlust von 11,948 kg:

$$2{,}987\,\frac{\mathrm{g}}{\cancel{\mathrm{Ah}}}\cdot 4000\,\cancel{\mathrm{Ah}} = 11948\,\mathrm{g} = 11{,}948\,\mathrm{kg}$$

Dieser Wert korrespondiert mit der in Aufgabe 1.1 beobachteten Masseänderung des Elektrolyten am Ende des Entladungsprozesses.
Im Elektrolyten befinden sich schließlich noch 70,564 kg Schwefelsäure in 217,488 kg Wasser (Gesamtmasse: 288,052 kg), die zu 24,5 Massen-% Säuregehalt führen:

29 Wäßrige Schwefelsäure-Lösungen in Sekundärelementen

288,052 kg ≙ 100 %   70,564 kg ≙ x

$$x = \frac{100\ \% \cdot 70{,}564\ \text{kg}}{288{,}052\ \text{kg}} = 24{,}5\ \%\ \text{Schwefelsäure}$$

Für die Dichte dieser Batteriesäure entnimmt man der Tabelle den Wert von $\varrho = 1{,}175\ \text{g}\cdot\text{cm}^{-3}$, so daß beim Fließen von 4000 Ah die Dichteänderung der Elektrolytflüssigkeit $\Delta\varrho = \varrho(\text{Anfang}) - \varrho(\text{Ende}) = 1{,}206 - 1{,}175 = 0{,}031\ \text{g}\cdot\text{cm}^{-3}$ beträgt.

Zur Ermittlung der mit der Entladung einhergehenden Volumenänderung des Elektrolyten benötigt man die Dichten und Elektrolytmassen für den Anfangs- und den Endzustand der Reaktion:

$$\varrho = \frac{m}{V};\quad V = \frac{m}{\varrho};\quad 1\,\frac{\text{g}}{\text{cm}^3} = 1\,\frac{\text{kg}}{\text{l}} = \frac{1\ \text{g}\cdot 1000}{1\ \text{cm}^3\cdot 1000}$$

$$V_{\text{Anfang}} = \frac{m_{\text{Anfang}}}{\varrho_{\text{Anfang}}} = \frac{300{,}000\ \text{kg}}{1{,}206\ \frac{\text{kg}}{\text{l}}} = 248{,}756\ \text{l}$$

$$V_{\text{Ende}} = \frac{m_{\text{Ende}}}{\varrho_{\text{Ende}}} = \frac{288{,}052\ \text{kg}}{1{,}175\ \frac{\text{kg}}{\text{l}}} = 245{,}151\ \text{l}$$

Das Volumen der Elektrolyten verändert sich insgesamt um $\Delta V = 3{,}605$ l - wie der Wertevergleich zeigt:
$\Delta V = V_{\text{Anfang}} - V_{\text{Ende}} = 248{,}756\ \text{l} - 245{,}151\ \text{l} = 3{,}605\ \text{l}$

Zu 2.1: Das Anfangsvolumen der Elektrolytflüssigkeit beträgt - wie oben dargestellt - $V = 248{,}756$ l.
Sucht man sich aus der Tabelle das Ampere-Stunden-Äquivalent für die Säurelösung der Dichte $\varrho = 1{,}206\ \text{g}\cdot\text{cm}^{-3}$ heraus, dann läßt sich mit diesem Wert für das gesamte Elektrolytvolumen von $V = 248{,}756$ l ein Ladungsmengeninhalt von $Q = 23134{,}3$ Ah extrapolieren:

$$93\,\frac{\text{Ah}}{\text{l}}\,248{,}756\ \text{l} = 23134{,}3\ \text{Ah}$$

Für das Endvolumen von $V = 245{,}151$ l Elektrolytlösung der Dichte $\varrho = 1{,}175\ \text{g}\cdot\text{cm}^{-3}$ resultiert ein Ampere-Stunden-Äquivalent von $78\ \text{Ah}\cdot\text{l}^{-1}$ und eine gesamte Ladungsmenge von 19121,70 Ah:

$$78\,\frac{\text{Ah}}{\text{l}}\,245{,}151\ \text{l} = 19121{,}70\ \text{Ah}$$

29 Wäßrige Schwefelsäure-Lösungen in Sekundärelementen

Die Differenz der beiden abgeleiteten Ladungsmengen führt zu einer Reaktionsladungsmenge von 4012,6 Ah:
23134,30 – 19121,70 = 4012,6 Ah

Da in einer Ampere-Stunde 3,659 g Schwefelsäure zersetzt werden (vgl. Aufgabe 1.1), beträgt für die approximierte Ladungsmenge von 4012,6 Ah das Säuredefizit 14682,1 g:

$$3{,}659\,\frac{\text{g } H_2SO_4}{\cancel{\text{Ah}}}\cdot 4012{,}6\ \cancel{\text{Ah}} = 14682{,}1\ \text{g}$$

Parallel dazu werden - wie die folgende Rechnung zeigt - 45399,25 g Bleisulfat an den Elektroden abgeschieden:

$$M(H_2SO_4) = 98{,}0734\,\frac{\text{g}}{\text{mol}} \quad M \triangleq (PbSO_4) = 303{,}2576\,\frac{\text{g}}{\text{mol}}$$

$$14682{,}1000\ \text{g} \triangleq x$$

$$x = \frac{303{,}2576\,\frac{\cancel{\text{g}}}{\cancel{\text{mol}}}\cdot 14682{,}1\ \text{g}}{98{,}0734\,\frac{\cancel{\text{g}}}{\cancel{\text{mol}}}} = 45399{,}25\ \text{g} = 45{,}4\ \text{kg Bleisulfat}$$

Zu 2.2: Aus der stöchiometriesch Reaktionsgleichung ergibt sich bei einem realen Ladungsfluß von 4000 Ah aus der umgesetzten Schwefelsäuremenge eine Bleisulfatmenge von 45256,69 g!

$$M(H_2SO_4) = 98{,}0734\,\frac{\text{g}}{\text{mol}} \triangleq 303{,}2576\ \text{g/mol}\ (PbSO_4)$$

$$14636{,}0000\ \text{g} \triangleq x$$

$$x = \frac{303{,}2576\,\frac{\cancel{\text{g}}}{\cancel{\text{mol}}}\cdot 14636\ \text{g}}{98{,}0734\,\frac{\cancel{\text{g}}}{\cancel{\text{mol}}}} = 45256{,}69\ \text{g} = 45{,}3\ \text{kg Bleisulfat}$$

Ergebnis: Die aus den elektrochemischen Äquivalenten der Elektrolytlösung abgeleitete Bleisulfatmenge weicht um ca. 0,3 % vom Realwert ab.

29 Wäßrige Schwefelsäure-Lösungen in Sekundärelementen

Weiterführende Informationen

Die Theorie und Praxis der Bleibatterie gilt als Basisthema im elektrochemischen Unterricht, so daß hier auf zusätzliche Erläuterungen verzichtet werden kann. Wo notwendig, enthalten die einzelnen Abschnitte der Lösungsbeschreibungen inhaltliche Ergänzungen.

Literatur

(1) *K. Dehner* et al, Allgemeine Chemie. Schroedel-Verlag, Hannover, 1979
(2) *Flörke/Wolff*, Kursthemen Chemie. Gesamtausgabe, Dümmler-Verlag, Bonn, 1992
(3) *C. L. Mantell*, Batteries and Energy Systems. New York, 1970

30 Elektrolyse in Reihe geschalteter elektrochemischer Zellen

Voraussetzungen aus dem Unterricht
Redoxsysteme, allgemeine Gasgleichung, Spannungsreihe, *Nernst*-Gleichung, pH-Berechnung, *Faraday*-Gesetze

Aufgaben
In einem elektrischen Stromkreis sind in Zelle 1 eine schwefelsäurehaltige, in Zelle 2 eine vanadiumhaltige und in Zelle 3 eine silberhaltige Elektrolysezelle miteinander in Reihe geschaltet.

1.1 Welche Massenveränderung ist an der Anode der Zelle 1 zu beobachten, wenn an den Kupferelektroden die folgenden Teilreaktionen ablaufen:
$2H_3O^+ + 2e^- \rightarrow H_2 + 2H_2O$; $2Cu(s) + 3H_2O \rightarrow Cu_2O(s) + 2H_3O^+ + 2e^-$
und insgesamt $V = 160$ ml feuchtes Wasserstoffgas mit einem Druck von $p = 997$ hPa und einer Temperatur von $\vartheta = 23$ °C entsteht?

1.2 Wie groß sind die $c(H^+)$- und die $c(SO_4^{2-})$-Konzentrationen in Zelle 1, wenn in die ursprünglich 0,5 l der 0,05-molaren Schwefelsäure-Lösung vor Elektrolysebeginn noch $m = 15$ g Kaliumsulfat eingerührt werden?

1.3 Welche Spannung würde sich in einer aus dem Stromkreis genommenen Zelle 1 bei Benutzung von inerten Platin-Elektroden bei folgenden Konzentrations- und Druckverhältnissen:

Wasserstoffionenkonzentration $c(H^+) = 1\frac{\text{mol}}{\text{l}}$,

p_{H_2}(Anode) = 10 bar, p_{O_2}(Kathode) = 5 bar
einstellen?

1.4 Enthält Zelle 1 lediglich eine 0,02-molare Zinksalz-Lösung, dann tritt eine Wasserstoffüberspannung von ca. $U = -0{,}69$ V auf. Berechnen Sie den pH-Wert, bei dem bei der Elektrolyse dieser Lösung mit Wasserstoffentwicklung zu rechnen ist!

2 In welcher Oxidationsstufe lag das Vanadium-Ion V^{n+} in der Zelle 2 vor, wenn sich unter den in Teilaufgabe 1.1 angegebenen Bedingungen $m = 0{,}214$ g Vanadium-Metall abscheiden?

3 Welche Schichtdicke erlangt die anfänglich 1 mm dicke Silberkathode mit den Abmessungen 3 cm × 4 cm während der sich aus Teilaufgabe 1.1 ergebenden Elektrolysedauer?

30 Elektrolyse in Reihe geschalteter elektrochemischer Zellen

Für die Lösungsfindung sind folgende Größen zu berücksichtigen:

- Partialdampfdruck des Wasserdampfes bei 23 °C: 28,08 hPa
- $p_0 = 1013{,}25$ hPa, $T_0 = 273{,}15$ K, $V_0(\text{Mol}) = 22414\ \frac{\text{ml}}{\text{mol}}$ (Normbedingungen)
- $F = 96485\ \frac{\text{As}}{\text{mol}}$ (*Faraday*-Konstante)
- $M(\text{Ag}) = 107{,}868$ u; Dichte $\varrho(\text{Ag}) = 10{,}5\ \text{g}\cdot\text{cm}^{-3}$
- $M(\text{Cu}) = 63{,}546$ u; $M(\text{H}) = 1{,}0079$ u; $M(\text{O}) = 15{,}9994$ u; $M(\text{V}) = 50{,}9415$ u; $M(\text{K}) = 39{,}0983$ u; $M(\text{S}) = 32{,}06$ u; $M(H_2SO_4) = 98{,}0734$ u;

  $M(SO_4^{2-}) = 96{,}0576$ u; $M(K_2SO_4) = 174{,}2542$ u
- $E^0(O_2 + 4H^+ + 4e^- \rightarrow 2H_2O) = 1{,}229$ V; $E^0(H_2 - 2e^- \rightarrow 2H^+) = 0{,}000$ V; $E^0(Zn^{2+} + 2e^- \rightarrow Zn) = -0{,}7628$ V

30 Elektrolyse in Reihe geschalteter elektrochemischer Zellen

Lösungsvorschlag

Zu 1.1: Bei 23 °C zeigt Wasser einen Wasserdampfdruck von $p(H_2O) = 28{,}08$ hPa, so daß sich für den reinen Wasserstoff ein Druck von

$p(H_2) = p(\text{Gesamt}) - p(H_2O) = 997 \text{ hPa} - 28{,}08 \text{ hPa} = 968{,}92 \text{ hPa}$

ergibt. Bei diesen Bedingungen beträgt das - auf Normbedingungen bezogene Gasvolumen V_0 des Wasserstoffs, berechnet über die allgemeine Gasgleichung

$$\frac{p_0 \cdot V_0}{T_0} = \frac{p \cdot V}{T}$$

$$V_0 = \frac{p \cdot V \cdot T_0}{T \cdot p_0} = \frac{968{,}92 \, \text{hPa} \cdot 160 \, \text{ml} \cdot 273{,}15 \, \text{K}}{296{,}15 \, \text{K} \cdot 1013{,}25 \, \text{hPa}} = 141{,}12 \, \text{ml}$$

Berücksichtigt man das molare Volumen der Gase von $V_0(M) = 22414 \text{ ml} \cdot \text{mol}^{-1}$, dann befindet sich in der H_2-Gasmenge

$$n = \frac{V_0}{V_0(M)} = \frac{141{,}12 \, \text{ml}}{22414 \, \text{ml} \cdot \text{mol}^{-1}} = 6{,}296 \cdot 10^{-3} \text{ mol } H_2$$

Zu ihrer Entladung werden gemäß $2H^+ + 2e^- \rightarrow H_2$:

$1 \text{ mol } H_2 \mathrel{\hat{=}} 2 \cdot 96485 \text{ As} \qquad 6{,}296 \cdot 10^{-3} \text{ mol } H_2 \mathrel{\hat{=}} Q$

$$Q = \frac{2 \cdot 96485 \text{ As} \cdot 6{,}296 \cdot 10^{-3} \text{ mol } H_2}{1 \text{ mol } H_2}$$

$Q = 1214{,}93$ As benötigt.

Simultan geht an der Kupferanode Kupfer in Lösung und bildet Kupfer(I)-Oxid, Cu_2O. Insgesamt lassen sich mit der Ladungsmenge $Q = 1214{,}93$ As

$96485 \text{ As} \mathrel{\hat{=}} 63{,}546 \text{ g } Cu^+ \qquad 1214{,}93 \text{ As} \mathrel{\hat{=}} m$

$$m = \frac{63{,}546 \text{ g} \cdot 1214{,}93 \text{ As}}{96485 \text{ As}}$$

$m = 8{,}002 \cdot 10^{-1}$ g Cu^+-Ionen ablösen, so daß sich die Masse der Anode um $\Delta m = 800{,}2$ mg Kupfer verringert.

Zu 1.2: Die Schwefelsäure-Lösung enthält - vollständige Dissoziation vorausgesetzt - die doppelte Hydroniumionenkonzentration im Vergleich zur Sulfationenkonzentration.

In den 0,5 l der 0,05-molaren H_2SO_4-Lösung befinden sich folglich:

$c(H^+) = 0{,}5 \text{ l} \cdot 0{,}05 \cdot 2 \text{ mol } H^+ \cdot \text{l}^{-1} = 5{,}0 \cdot 10^{-2} \text{ mol } H^+$

30 Elektrolyse in Reihe geschalteter elektrochemischer Zellen

- entsprechend einer Konzentration von $\frac{5{,}0 \cdot 10^{-2}}{0{,}5} \frac{\text{mol}}{\text{l}} = 0{,}1 \frac{\text{mol}}{\text{l}}$ - bzw.

$c(SO_4^{2-}) = 0{,}5\,\text{l} \cdot 0{,}05 \frac{\text{mol}}{\text{l}} SO_4^{2-} = 2{,}5 \cdot 10^{-2}\,\text{mol}\; SO_4^{2-}$.

Bei Zugabe von 15 g Kaliumsulfat werden - wie die Rechnung zeigt -
174,2542 g K_2SO_4 ≙ 1 mol   15 g K_2SO_4 ≙ m mol

$$m = \frac{1\,\text{mol} \cdot 15{,}0\,\text{g}}{174{,}2542\,\text{g}}$$

$m = 8{,}608 \cdot 10^{-2}$ mol SO_4^{2-}-Ionen
zusätzlich in die 0,5 l der Ursprungslösung eingetragen, so daß sich nun in der Endlösung:

$n \cdot (SO_4^{2-})_{\text{Gesamt}} = n \cdot (SO_4^{2-})_{\text{Ursprung}} + n \cdot (SO_4^{2-})_{\text{Salz}} = (2{,}5 \cdot 10^{-2} + 8{,}61 \cdot 10^{-2})\,\text{mol}$

$= 1{,}11 \cdot 10^{-1}$ mol SO_4^{2-}-Ionen befinden und die Lösung bezüglich der Sufat-Ionen eine Konzentration von $0{,}222 \frac{\text{mol}}{\text{l}}$ - vgl. $\frac{1{,}11 \cdot 10^{-1}}{0{,}5} \frac{\text{mol}}{\text{l}} = 2{,}22 \cdot 10^{-1} \frac{\text{mol}}{\text{l}}$ - aufweist, während die Konzentration der Hydronium-Ionen mit

$c(H_3O^+) = \frac{5{,}0 \cdot 10^{-2}}{0{,}5} \frac{\text{mol}}{\text{l}} = 0{,}1 \frac{\text{mol}}{\text{l}}$ konstant bleibt.

Zu 1.3: An Platin-Elektroden reagieren die Elemente Wasserstoff und Sauerstoff elektrochemisch miteinander und bilden Wasser (vgl. das Prinzip der Brennstoffzelle):
$2H_2(g) + O_2(g) \rightarrow 2H_2O(g)$
Die resultierende Spannung für den Standardzustand - (die hochgestellte kleine Null weist auf die Standardbedingungen: $T = 298{,}15$ K, $p = 1013{,}25$ hPa hin) - beträgt $U = 1{,}229$ V. Genauer:

Anode: $2H_2(g) \rightarrow 4H^+ + 4e^-$; $E^0 = 0{,}000$ V
Kathode: $O_2(g) + 4H^+ + 4e^- \rightarrow 2H_2O(g)$; $E^0 = 1{,}229$ V

$$2H_2(g) + O_2(g) \rightarrow 2H_2O(g)$$

$U = E^0(\text{Kathode}) - E^0(\text{Anode}) = 1{,}229\text{ V} - 0{,}000\text{ V} = 1{,}229\text{ V}$

Zur Berechnung von Konzentrationspotentialen verwendet man die *Nernst*-Gleichung:

$E = E^0 + \frac{0{,}059}{n} \cdot \log \frac{c(\text{Ox})}{c(\text{Red})}$ (für 25 °C),

wobei c(Ox), c(Red) die Konzentration der oxidierten bzw. reduzierten Stoffe bezeichnen und n der Anzahl der umgesetzten Elektronen entspricht. Abweichend

30 Elektrolyse in Reihe geschalteter elektrochemischer Zellen

davon wird für Gase häufig eine druckabhängige *Nernst*-Gleichung formuliert, wie das folgende Beispiel zeigt:

Teilreaktion: $H_2(g) \rightarrow 2H^+ + 2e^-$

aktuelles Potential: $E = E^0 + \frac{0{,}059}{2} \log \frac{c^2(H^+)}{p_{H_2}}$

Die Hydroniumionenkonzentration muß definitionsgemäß nun in Molalitäten (Anzahl der Mole, gelöst in m = 1000 g Lösungsmittel) angegeben werden, jedoch ist der Fehler nicht groß, wenn man in verdünnten Systemen weiterhin mit Molaritäten rechnet. In der hier vorliegenden Aufgabe ergeben sich somit unter diesen Näherungsbedingungen für die oben angeführten Teilgleichungen folgende Halbzellenpotentiale:

Kathode : E(Sauerstoff) $= E^0 + \frac{0{,}059}{4} \log p(O_2) \cdot c^4(H^+)$

Anode : E(Wasserstoff) $= E^0 + \frac{0{,}059}{4} \log \frac{c^4(H^+)}{p^2_{H_2}}$

Die aus der Kombination der beiden Halbzellen resultierende Potentialdifferenz wird aus folgenden Beziehungen ersichtlich:

$$\Delta E = U = E(\text{Kathode}) - E(\text{Anode})$$

$$= E^0(O_2) + \frac{0{,}059}{4} \log p(H_2) \cdot c^4(H^+) - \left\{ E^0(H_2) + \frac{0{,}059}{4} \log \frac{c^4(H^+)}{p^2(H_2)} \right\}$$

$$= E^0(O_2) - E^\circ(H_2) + \frac{0{,}059}{4} \log p_{O_2} \cdot c^4(H^+) - \frac{0{,}059}{4} \log \frac{c^4(H^+)}{p^2(H_2)}$$

$$= 1{,}229\ V - 0{,}0\ V + \frac{0{,}059}{4} \log 5 \cdot 1^4 - \frac{0{,}059}{4} \log \frac{1^4}{10^2}$$

$$= 1{,}229\ V + \frac{0{,}059}{4} \left(\log 5 \cdot 1^4 - \log \frac{1^4}{10^2} \right)$$

$$U = 1{,}229\ V + \frac{0{,}059}{4} \log \frac{5 \cdot 1^4 \cdot 10^2}{1^4} = 1{,}229\ V + 3{,}98 \cdot 10^{-2}\ V = 1{,}269\ V$$

Die Spannung der hier vorliegenden „Brennstoffzelle" beträgt U = 1,269 V.

Zu 1.4: Vorgänge, die in *galvani*schen Zellen freiwillig ablaufen, werden durch Elektrolysereaktionen rückgängig gemacht. Die notwendige Zersetzungsspannung entspricht dabei der Potentialdifferenz der beteiligten Halbzellen und ergibt sich aus den Elektrodenpotentialen der Spannungsreihe. Allerdings beobachtet man vor allem bei Elektrolysen, bei denen Gase als Produkte auftreten, häufig experimentelle

30	Elektrolyse in Reihe geschalteter elektrochemischer Zellen

Zersetzungsspannungen, die wesentlich höhere Werte - als aus den Potentialen der Reaktionsteilnehmer ableitbar - aufweisen. Diese Differenz zwischen gemessener und berechneter Zersetzungsspannung bezeichnet man als Überspannung. Der Wert für die Überspannung von Wasserstoff in einer 0,02-molaren Zinksulfat-Lösung wird beispielsweise mit U(Über) = -0,69 V angegeben.
Soll sich Wasserstoff entwickeln, dann muß sein Konzentrationspotential dem des Konkurrenten Zink entsprechen bzw. minimal positiver sein.
Es gilt: $\Delta E = E(\mathrm{Zn}) - E(\mathrm{H}) = 0$; $E(\mathrm{Zn}) = E(\mathrm{H})$.
Nach Einsetzen in die *Nernst*-Gleichung und Gleichsetzen der beiden Konzentrationspotentiale

$$E^0(\mathrm{Zn}) + \frac{0{,}059}{2}\log c(\mathrm{Zn}^{2+}) = E_{\text{Über}^0}(\mathrm{H})\ \frac{0{,}059}{1}\log c(\mathrm{H}^+)$$

$$-07628\ \mathrm{V} + \frac{0{,}059}{2}\log 0{,}02 = -0{,}69\ \mathrm{V} + 0{,}059\log \mathrm{c}(\mathrm{H}^+)$$

erhält man

$$-\log(\mathrm{H}^+) = \frac{-0{,}69\ \mathrm{V} + 0{,}7628\ \mathrm{V} - \frac{0{,}059}{2}\log 0{,}02}{0{,}059}$$

$$\mathrm{pH} = -\log(\mathrm{H}^+) = 2{,}083$$

Wasserstoffentwicklung setzt folglich ein, wenn der pH-Wert der Lösung 2,083 unterschreitet und das aktuelle Wasserstoffpotential leicht über dem des Zinks liegt.

Zu 2: Gemäß der Aufgabe 1.1 fließen während der Elektrolyse Q = 1214,93 As, die zur Abscheidung von 0,214 g Vanadium-Metall führen.
Die Ladungsmenge, die zur Bildung von n = 1 mol Vanadium ($M \triangleq 50{,}9415\ \mathrm{g\cdot mol^{-1}}$) erforderlich ist, berechnet sich wie folgt,
0,214 g V $\triangleq$ 1214,93 As 50,9415 g V $\triangleq$ Q

$$Q = \frac{1214{,}93\ \mathrm{As}\cdot 50{,}9415\ \cancel{\mathrm{g}}}{0{,}214\ \cancel{\mathrm{g}}} = 289207{,}2\ \mathrm{As}$$

Das sind insgesamt $\dfrac{289207{,}2\ \cancel{\mathrm{As}}}{96485\frac{\cancel{\mathrm{As}}}{\mathrm{F}}} = 2{,}997\ \mathrm{F(araday)}$.

Also muß Vanadium als V^{3+}-Ion vorgelegen haben!

Zu 3: Die aus Aufgabe 1.1 resultierende Ladungsmenge beträgt Q = 1214,93 As. Bei der Silberkathode der Fläche 3 cm × 4 cm kann man davon ausgehen, daß die Beschichtung beidseitig erfolgt.
Durch Q = 1214,93 As werden - da Silber in Lösung einwertig vorliegt -

30 Elektrolyse in Reihe geschalteter elektrochemischer Zellen

96485 As $\triangleq$ 107,868 g Silber 1214,93 As $\triangleq$ m

$$m = \frac{107{,}868\ \text{g} \cdot 1214{,}93\ \text{As}}{96485\ \text{As}}$$

m = 1,358 g Silber abgeschieden. Berücksichtigt man die Dichte des Silbers mit $\varrho = 10{,}5\ \text{g}\cdot\text{cm}^{-3}$, so ergibt sich ein Volumen von

$$V = \frac{m}{\varrho} = \frac{1{,}358\ \text{g}}{10{,}5\ \text{g}\cdot\text{cm}^{-3}} = 1{,}293 \cdot 10^{-1}\ \text{cm}^3.$$

Bezogen auf die Seitenfläche von $A = 12\ \text{cm}^2$ beträgt der Zuwachs der Schichtdicke

$$d = \frac{V}{A} = \frac{1{,}293 \cdot 10^{-1}\ \text{cm}^3}{12\ \text{cm}^2} = 1{,}078 \cdot 10^{-2}\ \text{cm} = 0{,}108\ \text{mm},$$ d. h. die am Anfang 1 mm dicke Silberelektrode weist am Ende der Elektrolyse eine Gesamtdicke von $d' = 1\ \text{mm} + 0{,}108\ \text{mm} = 1{,}108\ \text{mm}$ auf.

30 Elektrolyse in Reihe geschalteter elektrochemischer Zellen

Weiterführende Informationen

In der Technik wird das Prinzip der Elektrolyse u. a. zur Darstellung von Alkalimetallen, Chlor, Natronlauge und Wasserstoff genutzt. Grundsätzlich scheiden sich aus einer Vielzahl von Ionen im Elektrolyten an den Elektroden diejenigen ab, deren Abscheidungspotential dem Betrage nach jeweils den niedrigsten Wert aufweisen. Die für die Elektrolyse notwendige Mindestspannung heißt Zersetzungsspannung. Sie ergibt sich aus der Summe der Beträge der Abscheidungspotentiale einer Ionenkombination. Da das Abscheidungspotential einer Ionensorte eine Funktion des Normalpotentials, der Ionenkonzentration im Elektrolyten, des Elektrodenmaterials und der technischen Bedingungen (Stromdichte, Temperatur, Druck) ist, können durch entsprechende Einstellungen dieser Parameter die Potentiale ausgewählter Ionensorten so verändert werden, daß es zur Abscheidung der gewünschten Ionenkombination kommt. Von großer Bedeutung bei der praktischen Elektrolyse ist die Überspannung, hervorgerufen durch zusätzliche Reaktionen der Ionen in der Nähe und an den Elektrodenflächen. Adhärierende Flüssigkeitsschichten an den Elektroden hemmen z. B. den An- bzw. Abtransport der Ionen oder unterschiedliche Reaktionsgeschwindigkeiten von Teilreaktionen bedingen Polarisationserscheinungen, die insgesamt eine Erhöhung der erforderlichen Abscheidungsspannung bewirken. Mehr dazu entnehme man der wissenschaftlichen Literatur.

Literatur

[L6]: Kap. 9

[L30]: Kap. 3

Fonds der chemischen Industrie: Die Chlorgewinnung durch Elektrolyse nach dem Amalgamverfahren. Frankfurt 1973

C. H. Hamann und *W. Vielstich*, Elektrochemie I. II. VCH Weinheim 1985

31 Elektrochemie lebender Organismen

Voraussetzungen aus dem Unterricht
Faraday-Gesetze, *galvani*sche Elemente, stöchiometrisches Rechnen, elektrische Arbeit und elektrische Leistung

Aufgabe
Die bei Zitteraalen zu beobachtende hohe Spannung oder die im Elektrokardiogramm gemessenen Herzmuskelströme sind prägnate Beispiele für die Elektrochemie lebender Organismen. Dabei entnehmen die Organismen die elektrische Energie über komplizierte Redoxvorgänge den Nahrungsmitteln.

1 Stellen Sie für die Verbrennung von Palmitinsäure $C_{15}H_{31}COOH$ - ohne Berücksichtigung der komplizierten Biochemie - die Reaktionsgleichung auf, und bestimmen Sie den erforderlichen Sauerstoffbedarf, wenn z. B. der Mensch durch Fettsäureoxidation pro Tag eine Wärmemenge von 10100 kJ freisetzt. Ermitteln Sie außerdem auf dieser Berechnungsgrundlage den gesamten im menschlichen Körper auftretenden Ladungsfluß in Ampère.

2 Bei der Fettsäureumsetzung verläuft der Elektronentransfer des biologischen Oxidations-Reduktions-Prozesses zu zwei Dritteln über das Coenzym Nicotinamid-Adenin-Dinucleotid (NAD^+) und zu einem Drittel über Flavin-Adenin-Dinucleotid (FAD), so daß sich mit Hilfe dieser Potentiale die im menschlichen Körper auftretende Arbeitsspannung bzw. die freigesetzte Energie befriedigend approximieren lassen.
Berechnen Sie für die „Brennstoffzelle Mensch" - unter Berücksichtigung der Potentiale der genannten Nucleotide - die durchschnittliche Arbeitsspannung, und leiten Sie über die elektrische Arbeit die pro Tag freigesetzte Wärmemenge Q in kJ ab!

3 Welcher Wirkungsgrad η resultiert aus der in Aufgabe 2 berechneten Wärmeenergie Q für das Gesamtsystem, wenn sich aus empirischen Untersuchungen für die Umsetzung von Fetten und Zuckern in lebenden Organismen eine Wärme von $W = 440\ \text{kJ}\cdot\text{mol}^{-1}$ zugeführtem Sauerstoff ergibt?

Folgende Größen sind bei der Rechnung zu berücksichtigen:
- Verbrennungsenthalpie der Palmitinsäure: $\Delta H_B = -9977{,}84\ \text{kJ}\cdot\text{mol}^{-1}$
- *Faraday*-Konstante: $F = 96485\ \text{As}\cdot\text{mol}^{-1}$
- 1kWh = 3600 kJ
- $E^0(NAD^+/NADH)$: -0,320 V
- $E^0(FAD/FADH_2)$: -0,031 V
- $E^0(O_2/H_2O)$: 0,816 V

(Standard-Reduktionspotentiale bei pH = 7)

31 Elektrochemie lebender Organismen

Lösungsvorschlag

Zu 1: Die Reaktionsgleichung für die Oxidation der Palmitinsäure lautet:

$$C_{15}H_{31}COOH + 23O_2 \rightarrow 16CO_2 + 16H_2O,$$

d. h. pro mol umgesetzte Fettsäure sind 23 mol Sauerstoff zuzuführen. Da die Palmitinsäure eine Verbrennungsenthalpie von ΔH_B = -9977,84 kJ·mol^{-1} aufweist, müssen bei einer angenommenen Energiefreisetzung von 10100 kJ pro Tag - entsprechend folgender Rechnung -

9977,84 kJ ≙ 1 mol Palmitinsäure
10100,00 kJ ≙ n mol Palmitinsäure

$$n = \frac{1\,\text{mol} \cdot 10100\,\text{kJ}}{9977{,}84\,\text{kJ}} =$$

n = 1,012 mol der Säure „verbrannt" werden.
Für die Oxidation dieser Fettsäuremenge werden zusätzlich zu dem bereits vorliegenden Carboxylsauerstoff - gemäß Reaktionsgleichung - noch 1,012·23 mol Sauerstoff = 23,276 mol Sauerstoff benötigt.
Für die Reduktion jedes O_2-Moleküls sind vier Elektronen erforderlich. Folglich fließen pro Tag:
23,276 mol Sauerstoff·4e$^-$ = 93,104 mol Elektronen.

Bezogen auf eine Sekunde sind das

$$\frac{93{,}104\,\text{mol}\,e^-}{1\,\text{d} \cdot 24\frac{\text{h}}{\text{d}} \cdot 60\frac{\text{min}}{\text{h}} \cdot 60\frac{\text{s}}{\text{min}}} = 1{,}0776 \cdot 10^{-3}\ \text{mol}\frac{\text{Elektronen}}{\text{s}}$$

Für die oben abgeleitete im Menschen pro Tag oxidierte Palmitinsäuremenge ergibt sich über die *Faraday*-Konstante folglich ein Gesamt-Elektronenstrom I von

$$1\ \text{mol Elektronen} = 1\ F \mathrel{\hat{=}} 96485\,\text{As}$$

$$1{,}0776 \cdot 10^{-3}\ \text{mol}\frac{\text{Elektronen}}{\text{s}} \mathrel{\hat{=}} I$$

$$I = \frac{96485\,\text{As} \cdot 1{,}0776 \cdot 10^{-3}\,\text{mol}\,e^-}{1\,\text{mol}\,e^-\,\text{s}}$$

Der gesamte Ladungsfluß im menschlichen Körper kann auf dieser Basis mit I = 103,792 A angenommen werden.

Zu 2: Die aus der $NAD^+|NADH\|O_2|H_2O$-Potentialdifferenz resultierende Spannung beträgt
$U = E^0(\text{Kathode}) - E^0(\text{Anode}) = E^0(O_2|H_2O) - E^0(NAD^+|NADH)$
U = 0,816 V − (-0,320 V) = 1,136 V,

31 Elektrochemie lebender Organismen

während aus den Halbzellen FAD | $FADH_2$ und O_2 | H_2O eine Spannung von
$U = E^0(O_2|H_2O) - E^0(FAD|FADH_2) = 0{,}816\ V - (-0{,}031\ V)$
$U = 0{,}847$ V folgt.
Unter Berücksichtigung ihrer Anteile am gesamten Oxidationsprozeß berechnet sich die Gesamt-Durchschnittsspannung zu

$$U_{ges} = \frac{2}{3} \cdot 1{,}136\ V + \frac{1}{3} \cdot 0{,}847\ V = 1{,}039\ V$$

Bezieht man die in Aufgabe 1 ermittelte Stromstärke von $I = 103{,}972$ A in die Berechnungen ein, so erhält man die elektrische Leistung
$P = U \cdot I = 1{,}039\ V \cdot 103{,}972\ A = 108{,}027\ W$.

Die pro Tag verrichtete elektrische Arbeit beträgt:
$W = P \cdot t = U \cdot I \cdot t = 0{,}108027\ kW \cdot 24h = 2{,}593\ kWh$

Es gilt: 1 kWh ≙ 3600 kJ. Somit folgt aus der elektrischen Energie ein Wärmeäquivalent von

$$Q = 2{,}593 \cancel{kWh} \cdot 3600 \frac{kJ}{\cancel{kWh}} = 9334{,}8\ kJ.$$

Die durch den angenommenen Palmitinsäureumsatz freigesetzte Wärmemenge pro Tag beläuft sich auf $Q = 9334{,}8$ kJ.

Zu 3: Der Wirkungsgrad η entspricht im allgemeinen dem Quotienten aus der Nutzarbeit W_2 und der zugeführten Energie W_1: $\eta = \frac{W_2}{W_1} = \frac{Q}{W_1}$

W_2 wird durch die in Aufgabe 2 berechnete freigesetzte Wärmeenergie Q gegeben: $Q = 9334{,}8$ kJ.
W_1 berechnet sich aus dem in Aufgabe 1 ermittelten Sauerstoffbedarf von 23,276 mol Sauerstoff und dem empirischen Wärmewert von 440 kJ pro mol zugeführtem Sauerstoff:

$$W_1 = 23{,}276 \cancel{mol\ O_2} \cdot \frac{440\ kJ}{\cancel{mol\ O_2}} = 10241{,}44\ kJ$$

Danach leitet sich ein Wirkungsgrad von

$$\eta = \frac{Q}{W_1} = \frac{9334{,}8 \cancel{kJ}}{10241{,}44 \cancel{kJ}} = 0{,}91 \text{ d. h. } 91\ \% \text{ ab.}$$

31 Elektrochemie lebender Organismen

Weiterführende Informationen

Der in Aufgabe 2 ermittelte Wärmewert von ca. 9300 kJ liegt in der Größenordnung der eingangs (Aufgabe 1) angenommenen freigesetzten Wärmeenergie eines Individuums von ca. 10000 kJ pro Tag und beweist damit die grundlegende Richtigkeit der berechneten elektrischen Leistung von ca. 108 W, obwohl den Berechnungen nur ein geschätzter, gemittelter Spannungswert zugrunde liegt und die Konzentrationspotentiale unberücksichtigt bleiben. Der vergleichsweise geringe Wert der Energieabgabe von 108 W unterstreicht gleichsam die „Energieökonomie" unseres physiologischen Systems, entspricht er doch in etwa dem Wärmeverlust einer Energiesparlampe beim 24-Stunden-Betrieb!

Literatur

H. R. Mahler und *E. H. Cordes*, Biological Chemistry. New York 1969, S. 207
A. L. Lehniger, Biochemistry. New York 1970, S. 316
T. P. Chirpich, J. Chem. Ed. 52, 99 (1975)
[L30]: Kap. 3

32 Wasserstoff-Sauerstoff-Brennstoffzelle

Voraussetzungen aus dem Unterricht

Formelumsatz, *galvani*sches Element, Brennstoffzelle, molares Volumen V(mol) = 22,4 l NN, Wärmemenge, Zusammenhang zwischen Wärmemenge und Reaktionsenthalpie bei konstantem Druck, $\Delta Q = n \cdot \Delta H_R^0$, Zusammenhang zwischen *Gibbs*scher freier Reaktionsenthalpie und der Spannung einer *galvani*schen Zelle, $\Delta G_R^0 = -zF\Delta E$, *Faraday*-Konstante $F = 96486\ C \cdot mol^{-1}$, *Gibbs-Helmholtz*-Gleichung, elektrische Leistung P.

Aufgaben

1 Formulieren Sie die Elektrodenreaktionen einer Wasserstoff-Sauerstoff-Brennstoffzelle so, daß n = 1 mol Wasser entsteht. Es ist auf eine gleiche Anzahl ausgetauschter Elektronen zu achten.

2 Verbrennt man V = 1 l Wasserstoff mit V = 0,5 l Sauerstoff bei Normbedingungen unter p = const. und erwärmt mit der freiwerdenden Wärmemenge Q die Masse von m = 1 kg Wasser, dann wird die Temperatur des Wassers von ϑ = 25 °C auf ϑ = 37,75 °C erhöht, wenn keine Verluste eintreten. Berechnen Sie mit diesen Angaben die Reaktionsenthalpie ΔH_R^0 der Wasserbildung aus den Elementen nach dem Formelsatz (siehe 1). Die spezifische Wärmekapazität c des Wassers beträgt $c(H_2O) = 1\ kJ \cdot kg^{-1} \cdot K^{-1}$.

3 In einer Brennstoffzelle mit stark basischem Elektrolyten reagieren unter NN Wasserstoff mit Sauerstoff zu Wasser. Im unbelasteten Zustand mißt man dabei eine Spannung von U = 1,22 V. Berechnen Sie aus den angegebenen Daten die *Gibbs*sche freie Reaktionsenthalpie ΔG_R^0 der Wasserbildung.

4 Mit Hilfe der *Gibbs-Helmholtz*-Gleichung und des *Heß*schen Satzes läßt sich unter Heranziehung der Ergebnisse aus den Aufgabenteilen 2 und 3 die Normentropie $S^0(H_2O)$ der Wasserbildung bestimmen. Welchen Wert besitzt diese Größe $S^0(H_2O)$, wenn die Normentropien der Elemente folgende Werte haben:
$S^0(H_2O) = 130{,}6\ J \cdot mol^{-1} \cdot K^{-1}$
$S^0(H_2O) = 205{,}1\ J \cdot mol^{-1} \cdot K^{-1}$

5 Die Sonne bestrahlt im Durchschnitt jeden m² der Erdoberfläche mit der Leistung P = 1,35 kW. Wie groß muß die aktive Siliciumoberfläche eines Solarzellenmoduls sein, wenn man die Leistung P = 235,4 W zur Verfügung stellen will. Wir nehmen dabei einen Wirkungsgrad der Solarzellen von η = 10 % an.

32 Wasserstoff-Sauerstoff-Brennstoffzelle

Lösungsvorschlag

Zu 1:

$$H_2 + 2H_2O \rightarrow 2H_3O^+ + 2e^-$$

$$\frac{1}{2}O_2 + H_2O + 2e^- \rightarrow 2OH^-$$

$$H_2 + \frac{1}{2}O_2 \rightarrow H_2O$$

Zu 2: Für $V = 1$ l Wasserstoff gilt:

$$\Delta Q = n \cdot \Delta H_R^0 \quad | \; p = \text{const.}$$
$$\Delta Q = c \cdot m \cdot \Delta \vartheta$$
$$\Delta Q = 1\,\text{kJ} \cdot \text{kg}^{-1} \cdot \text{K}^{-1} \cdot 1\,\text{kg} \cdot 12{,}75\,\text{K} = 12{,}75\,\text{kJ}$$

Für V(mol) = 22,4 l Wasserstoff gilt:

$$\Delta H_R^0 = 22{,}4\,\text{l} \cdot \text{mol}^{-1} \cdot 12{,}75\,\text{kJ} \cdot \text{l}^{-1}$$
$$\Delta H_R^0 = -285{,}6\,\text{kJ} \cdot \text{mol}^{-1} \quad \text{(exotherm)}$$

Zu 3:

$$\Delta G_R^0 = -z \cdot F \cdot \Delta E$$
$$\Delta G_R^0 = -2 \cdot 96486\,\text{As} \cdot \text{mol}^{-1} \cdot 1{,}22\,\text{V}$$
$$\Delta G_R^0 = -235{,}4\,\text{kJ} \cdot \text{mol}^{-1}$$

Zu 4:

$$\Delta G_R^0 = \Delta H_R^0 - \text{T}\Delta S_R^0$$
$$\text{T} \cdot \Delta S_R^0 = \Delta H_R^0 - \Delta G_R^0$$
$$\Delta S_R^0 = (235{,}4 - 285{,}6)\,\text{kJ} \cdot \text{mol}^{-1} \; : \; 298\,\text{K}$$
$$\Delta S_R^0 = -168{,}4\,\text{J} \cdot \text{mol}^{-1} \cdot \text{K}^{-1}$$

*Heß*scher Satz:

$$\Delta S_{R^0} = S^0(H_2O) - \left[S^0(H_2) + \frac{1}{2}S^0(O_2)\right]$$
$$S^0(H_2O) = S_{R^0} + \left[S^0(H_2) + \frac{1}{2}S^0(O_2)\right]$$
$$S^0(H_2O) = -168{,}4\,\text{J} \cdot \text{mol}^{-1} \cdot \text{K}^{-1} + [130{,}6 + 102{,}55]\,\text{J} \cdot \text{mol}^{-1} \cdot \text{K}^{-1}$$

Die Normentropie des Wassers beträgt:
$S^0(H_2O) = 64{,}75\ \text{J} \cdot \text{mol}^{-1} \cdot \text{K}^{-1}$

32 Wasserstoff-Sauerstoff-Brennstoffzelle

Zu 5: P(Sonne) = 1,35 kW·m^{-2}

Bei einem Wirkungsgrad von η = 10 % gilt:

P'(Sonne) = 0,135 kW·m^{-2}

1 m^2 aktive Siliciumoberfläche liefert 135 W.

A aktive Siliciumoberfläche liefert 235,4 W.

A = (235,4 W·1 m^2) : 135 W = 1,74 m^2

A = 1,74 m^2

32 Wasserstoff-Sauerstoff-Brennstoffzelle

Weiterführende Informationen

Nach Vorarbeiten von Sir *Humphrey Davy* entwickelte Sir *William Grove* 1839 die erste Wasserstoff-Sauerstoff-Brennstoffzelle als Umkehrung zur Elektrolyse des Wassers. Er arbeitete mit Pt-Elektroden in Schwefelsäure. Der Name Brennstoffzelle taucht erstmals 1889 bei *L. Mond* auf. Nach einer längeren Pause arbeitete man erst in den 50er Jahren wieder mit Brennstoffzellen. *F. T. Bacon* entwickelte ein Aggregat, das zur Herstellung einer 6 kW Anlage für das amerikanische Apollo-Raumprogramm führte.

Literatur

[1] *E. Tag*, Elektrochemie. Aarau, Frankfurt/M., Salzburg, 1979
[2] Enzyklopädie Naturwissenschaft und Technik. Weinheim, 1981
[3] *A. McDougall*, Brennstoffzellen. München, 1976
[4] *D. Schnurnberger*, Wasserstofftechnologie. PdN 7, **42**, 1993,2

33 Aufladbare Batterien

Voraussetzungen aus dem Unterricht
Potentialdifferenz, Spannungsreihe, $\Delta G = -zF\cdot\Delta E$, *Nernst*-Gleichung, aprotische Lösemittel, *Gibbs-Helmholtz*-Gleichung

Aufgaben

1 In aufladbaren Batterien werden häufig technische Anoden eingesetzt, deren Funktion eine mehrstufige Elektrodenreaktion zugrunde liegt. Häufig sind an solchen Elektrodenreaktionen nichtstöchiometrische Verbindungen beteiligt.

1.1 In der Natrium-Schwefel-Batterie läuft beim Entladen folgende Redoxreaktion ab:
$2Na + 5S \rightarrow Na_2S_5$; $\Delta E = 2{,}08$ V
Wie kommt es zur Bildung des Dinatriumpentasulfids?
Berechnen Sie das Potential der Anode, wenn die Natriumkathode das Normalpotential $E^0(Na/Na^+) = -2{,}7$ V besitzt.

1.2 Beim Entladen läuft in einer Lithium-Braunstein-Batterie folgende Redoxreaktion ab:

$$Li + \overset{+IV}{Mn}O_2 \rightarrow Li\overset{+III}{Mn}O_2;\ \Delta E = 3{,}5\ V$$

Berechnen Sie das Potential der Anode, wenn die Lithiumkathode das Normalpotential $E^0(Li/Li^+) = -3{,}05$ V besitzt.

1.3 Die Lithium-Graphitfluorid-Batterie liefert folgende Gesamtreaktion:

$$nLi + (CF)_n \rightarrow [CLiF]_n;\ \Delta E = 2{,}9\ V$$

Berechnen Sie das Potential der Graphitfluoridanode gegen $E^0(Li/Li^+) = -3{,}05$ V.

1.4 Die Anodenreaktion einer Lithium-Polypyrrol-Batterie läßt sich vereinfacht wie folgt formulieren:

$$(-C_4H_2NH)_m^{n+} + ne^- \rightarrow (-C_4H_2NH^-)_m;\ \Delta E = 3{,}6\ V$$

Polypyrrol-Kation   Polypyrrol

Berechnen Sie auch deren Potential gegen $E^0(Li/Li^+) = -3{,}05$ V.

2 Die anodische Oxidation von monomerem Pyrrol führt zu einem Radikal

33 Aufladbare Batterien

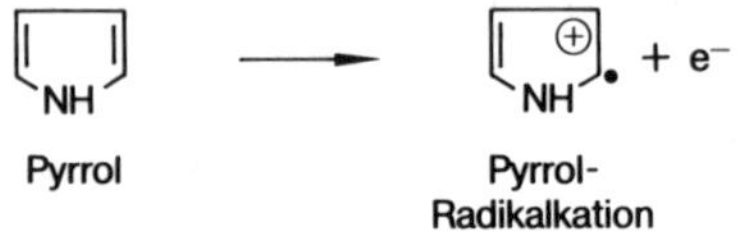

Abb. 1: Bildung eines Pyrrol-Radikalkations

Weil die Bildung von Oligo- und Polymeren des Pyrrols bei niedrigeren Potentialen als bei obiger Reaktion erfolgt, schreitet die Oxidation leicht zu höheren Polymeren fort. Polymeres Pyrrol kann durch die Summenformel $\left(C_4H_2NH \right)_m$ beschrieben werden. Geben Sie dazu eine Struktur des Polymeren an.

3 Die *Gibbs*sche freie Bildungsenthalpie des Lithiumfluorids LiF beträgt ΔG_R^0 = -582 kJ·mol^{-1}. Welche Potentialdifferenz (Spannung) könnte theoretisch bei der Lithium-Graphitfluorid-Batterie erreicht werden, wenn alle elementaren F_2-Moleküle zu Fluorid-Ionen reduziert werden?

4.1 Weil Lithium sofort mit Wasser zu Lithiumhydroxid und Wasserstoff reagiert, müssen in Batterien mit Lithium-Elektroden aprotische polare Lösungsmittel eingesetzt werden. Welche der angegebenen Lösungsmittel (siehe Tabelle) erscheinen Ihnen für diesen Zweck geeignet? Welche physikalischen Eigenschaften sind für diesen Zweck besonders wichtig? Begründen Sie Ihre Meinung.

Name	Siedetemperatur °C	Schmelztemperatur °C	Dielektrizitätskonstante	Viskosität cP
Wasser	100	0	81	1,05
Methanol	64,7	-97,9	32	0,632
Ethanol	78,3	-114,5	26	1,22
Aceton	56,2	-59,6	21,5	0,337
Benzol	80,2	+5,5	2,3	0,673
Acetonitril	81,6	-45,7	35,95	0,34
γ-Butyrolacton	202	-43	39,1	1,75
Propylencarbonat	241	-49	64	2,53

Tabelle: Physikalische Daten einiger Lösemittel

33 Aufladbare Batterien

4.2 Für die Reaktion

$$Li + H_2O \rightarrow Li(OH) + \frac{1}{2}H_2$$

gelten unter Standardbedingungen folgende thermodynamischen Werte:

$$T \cdot \Delta S_R^0 = +25{,}5 \ \text{kJ} \cdot \text{mol}^{-1}$$
$$\Delta H_R^0 = -201{,}9 \ \text{kJ} \cdot \text{mol}^{-1}$$

Welchen Wert besitzt die *Gibbs*sche freie Reaktionsenthalpie $\Delta G_R{}^0$ dieser Reaktion?

33 Aufladbare Batterien

Lösungsvorschlag

Zu 1.1: $2Na \rightarrow 2Na^{+} + 2e^{-}$

$5S + 2e^{-} \rightarrow S_5^{2-}$

Pentasulfid-Ion

$$\Delta E = E^0\,(\text{Anode}) - E^0\,(\text{Kathode})$$
$$E^0\,(\text{Anode}) = \Delta E + E^0\,(\text{Kathode})$$
$$E^0\,(\text{Anode}) = 2{,}08\ \text{V} - 2{,}7\ \text{V} = -0{,}62\ \text{V}$$
$$E^0\,(\text{Anode}) = -0{,}62\ \text{V}$$

Zu 1.2:
$$\Delta E = E^0\,(\text{Anode}) - E^0\,(\text{Kathode})$$
$$E^0\,(\text{Anode}) = \Delta E + E^0\,(\text{Kathode})$$
$$E^0\,(\text{Anode}) = 3{,}5\ \text{V} - 3{,}05\ \text{V} = 0{,}45\ \text{V}$$
$$E^0\,(\text{Anode}) = 0{,}45\ \text{V}$$

Zu 1.3:
$$\Delta E = E^0\,(\text{Anode}) - E^0\,(\text{Kathode})$$
$$E^0\,(\text{Anode}) = \Delta E + E^0\,(\text{Kathode})$$
$$E^0\,(\text{Anode}) = 2{,}9\ \text{V} - 3{,}05\ \text{V} = -0{,}15\ \text{V}$$
$$E^0\,(\text{Anode}) = -0{,}15\ \text{V}$$

Zu 1.4:
$$\Delta E = E^0\,(\text{Anode}) - E^0\,(\text{Kathode})$$
$$E^0\,(\text{Anode}) = \Delta E + E^0\,(\text{Kathode})$$
$$E^0\,(\text{Anode}) = 3{,}6\ \text{V} - 3{,}05\ \text{V} = 0{,}55\ \text{V}$$
$$E^0\,(\text{Anode}) = 0{,}55\ \text{V}$$

Zu 2:

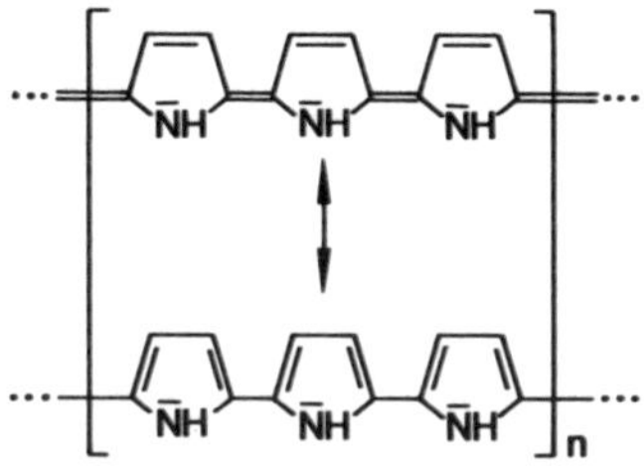

Abb. 2: Strukturformel von Polypyrrol

33 Aufladbare Batterien

Zu 3: $\Delta G_f^0 = -zF \cdot \Delta E$

$$\Delta E = (-\Delta G_f^0) : zF = \frac{582000\,\text{VAs} \cdot \text{mol}}{96486\,\text{As} \cdot \text{mol}}$$

$$\Delta E = 6\ \text{V}$$

Zu 4.1: Aprotische Lösemittel sind zum Beispiel Acetonitril, γ-Butyrolacton und Propylencarbonat. Eine möglichst große Differenz zwischen Siede- und Schmelztemperatur erweitert den Einsatzbereich der Batterie. Zu hohe Viskosität behindert die Wanderung von Ionen und Molekülen. Um Ladungsverluste zu vermeiden, ist eine möglichst hohe Dielektrizitätskonstante erwünscht.

$$Q_{LM} = \varepsilon \cdot Q_0$$

Zu 4.2: $\Delta G_R^0 = \Delta H_R^0 - T\Delta S_R^0$

$$\Delta G_R^0 = -201{,}9\ \text{kJ} \cdot \text{mol}^{-1} - 25{,}5\ \text{kJ} \cdot \text{mol}^{-1}$$

$$\Delta G_R^0 = -227{,}4\ \text{kJ} \cdot \text{mol}^{-1}$$

33 Aufladbare Batterien

Weiterführende Informationen

In der Natrium-Schwefel-Batterie laufen zum Beispiel noch folgende Reaktionen ab:

$$2Na + 4Na_2S_5 \rightarrow 5Na_2S_4;\ \Delta E = 1{,}97\ V$$
$$2Na + 3Na_2S_4 \rightarrow 4Na_2S_3;\ \Delta E = 2{,}81\ V$$

Der Elektrolyt liegt bei 300 °C flüssig vor und ist an eine Keramikmatrix gebunden. Die Li^+-Ionen werden in einer Lithium-Braunstein-Batterie in Lücken des Braunsteingitters eingebaut. Man bezeichnet diesen Vorgang als Intercalation. Das MnO_2-Gitter bleibt dabei erhalten. Es konnte kein Mangan(III)-oxid, Mn_2O_3, nachgewiesen werden. Lithium wird wegen seiner Stellung in der Spannungsreihe bevorzugt als Kathodenmaterial verwendet, weil dadurch eine größere Potentialdifferenz erzielt werden kann.
Die F_2-Moleküle werden in einer Graphitfluorid-Batterie ebenfalls durch Intercalation zwischen den Schichten eines Graphitgitters eingelagert.
Die drei delokalisierten Elektronenpaare des zyklisch gebauten Pyrrol-Moleküls verleihen dieser Spezies einen aromatischen Charakter. Das am Stickstoff-Atom gebundene H-Atom kann unter Umständen als Proton abdissoziieren.

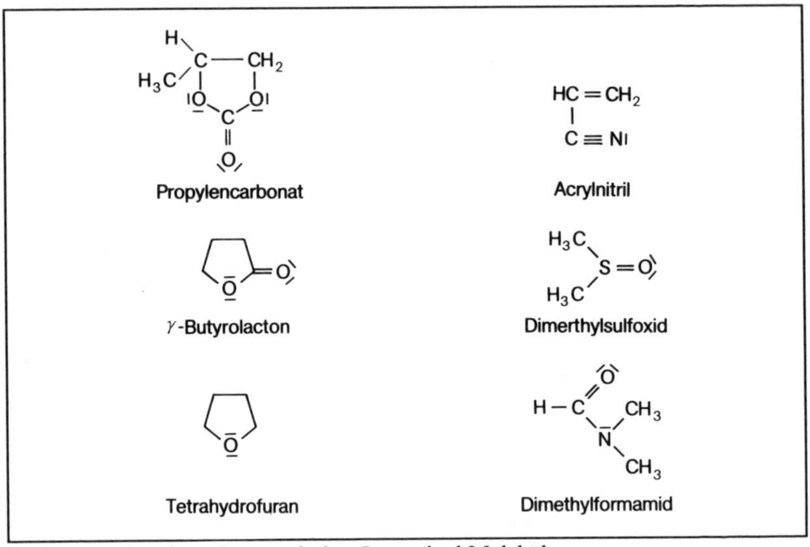

Abb. 3: Strukturformeln aprotischer Lösemittel-Moleküle

In aprotischen Lösemitteln findet keine Autoprotolyse der Solvensmoleküle wie zum Beispiel im Wasser statt.

33 Aufladbare Batterien

Literatur

[1] *G. Eichinger* und *G. Semrau*, Lithiumbatterien I. Chemie in unserer Zeit, **24**, 32, 1990

[2] *G. Eichinger* und *G. Semrau*, Lithiumbatterien II. Chemie in unserer Zeit, **24**, 90, 1990

[3] *B. Flintjer* und *W. Jansen*, Polypyrrol und Polypyrrol-Batterien. PdN (Chemie) **38**, Heft 3, 7, 1989

Zusammenstellung wichtiger Lehrbücher und Monograpgien

[L 1] *W. Beck* und *K. Häusler*, Chemie für Gymnasien. München, Cornelsen-Velhagen & Klasing / R. Oldenbourg Verlag (1984)

[L 2] *H. Breuer*, dtv-Atlas zur Chemie, Bd. 1, Allgemeine und anorganische Chemie. München, Deutscher Taschenbuch Verlag (1981)

[L 3] *H. Breuer*, dtv-Atlas zur Chemie, Bd. 2, Organische Chemie und Kunststoffe. München, Deutscher Taschenbuch Verlag (1983)

[L 4] *W. Botsch*, *E. Höfling* und *J. Mauch*, Chemie in Versuch, Theorie und Übung. Aarau, Frankfurt a. M., Berlin, München Salzburg, Verlag Diesterweg - Sauerländer (1984)

[L 5] *H. R. Christen*, Chemie. Frankfurt a. M, Aarau, Verlag Diesterweg - Salle - Sauerländer, 11. Auflage (1978)

[L 6] *K. Dehner*, *M. Jäckel*, *H. Oehr*, *H. Rehbein* und *H. Seitz*, Allgemeine Chemie. Hannover, Schroedel Verlag (1979)

[L 7] Elemente Chemie, Sekundarstufe I. Ausgabe NW für das 9. und 10. Schuljahr. Stuttgart, E. Klett Verlag (1986)

[L 8] *Flörke/Wolff*, Kursthemen Chemie Band 1, Allgemeine und Physikalische Chemie. Bonn, Dümmler Verlag (1983)

[L 9] *Flörke/Wolff*, Kursthemen Chemie Band 2, Organische Chemie und Biochemie. Bonn, Dümmler Verlag (1984)

[L 10] *Flörke/Wolff*, Kursthemen Chemie Band 3, Spezielle chemische Arbeitsgebiete. Bonn, Dümmler Verlag (1984)

[L 11] *R. Franik*, Chemie, Sekundarstufe I N. München, Bayerischer Schulbuch-Verlag (1983)

[L 12] *R. Franik*, Oberstufenchemie I B. München, Bayerischer Schulbuch-Verlag (1986)

[L 13] *R. Franik*, Kohlenstoffverbindungen - Funktionelle Gruppen. München, Bayerischer Schulbuch-Verlag (1985)

[L 14] *F. Goetze* und *W. Fischer*, Anorganische und allgemeine Chemie. Bamberg, C. C. Buchners Verlag (1982)

[L 15] *K. H. Grothe* und *M. Jäckel*, Chemie heute. Hannover, Schroedel Verlag (1982)

[L 16] *U. Hübschmann* und *E. Links*, Einführung in das chemische Rechnen. Hamburg, Verlag Handwerk und Technik (1978)

[L 17] *W. Jansen*, Chemie in unserer Welt. Stuttgart, J. B. Metzler Verlag (1982)

[L 18] *O. Jakob*, *W. Hoffmann* und *W. Glöckner*, Struktur und Reaktionsverhalten organischer Verbindungen. Bamberg, C. C. Buchners Verlag (1984)

[L 19] *M. Jäckel* und *K. T. Risch*, Chemie heute. S. II. Hannover, Schroedel Verlag (1986)

[L 20] *A. Jenette* und *R. Franik*, Chemie 1. München, Bayerischer Schulbuch-Verlag, 3. Auflage (1976)

[L 21] *A. Jenette* und *R. Franik*, Chemie 2. München, Bayerischer Schulbuch-Verlag, 3. Auflage (1977)

[L 22] *A. Kemper* und *R. Fladt*, Chemie. Stuttgart, Ernst Klett Verlag (1980)

[L 23] *H. Kiechle* und *H. R. Christen*, Vom Atom zum Makromolekül (Organische Chemie, Biochemie, Technische Anwendungen). Frankfurt/M., Aarau, Verlag Diesterweg - Salle - Sauerländer (1983)

[L 24] *H. Krug*, Chemie, Experiment und Erkenntnis. Stuttgart, J. B. Metzler Verlag (1981)

[L 25] *D. Lissautzki*, *K.-D. Ohlmer*, *R. Stück* und *D. Zerger*, Organische Chemie Band 1. Frankfurt/M., Aarau, Verlag Diesterweg - Salle - Sauerländer (1978)

[L 26] *B. Löwe*, *A. Riedl* und *M. Schallies*, Grundlagen der organischen Chemie 2. Bamberg, C. C. Buchners Verlag (1984)

[L 27] *B. Löwe*, Biochemie. Bamberg, C. C. Buchners Verlag (1976)

[L 28] *C. E. Mortimer*, Chemie. Stuttgart, New York, G. Thieme Verlag, 3. Auflage (1980)

[L 29] *U. Risch* und *H. Seitz*, Organische Chemie. Hannover, Schroedel Verlag (1981)

[L 30] *M. Tausch*, Bindung und Struktur. Paderborn, Schöningh Verlag (1981)

[L 31] *M. Tausch* und *M. von Wachtendonk*, Stoff - Formel - Umwelt 1, Chem. Gleichgewichte - Elektrochemie. Bamberg, C. C. Buchners Verlag (1989)

[L 32] *M. Tausch* und *M. von Wachtendonk*, Stoff - Formel - Umwelt 2, Organische Chemie - Angewandte Chemie. Bamberg, C. C. Buchners Verlag (1992)

Auf Aufsätze in folgenden Zeitschriften wurde hingewiesen:

[Z 1] Bild der Wissenschaft. Stuttgart, Deutsche Verlagsanstalt

[Z 2] Praxis der Naturwissenschaften, Teil Chemie. Köln, Aulis Verlag Deubner

[Z 3] Der Mathematische und Naturwissenschaftliche Unterricht. Bonn, Dümmler Verlag

Sachwortregister

Abscheidungspotential 196
Akku, Blei 182
Akku, Nickel-Cadmium 9
Akku-, Nickel-Hydrid 9
Alkali-Chlorid-Elektrolyse 14, 159
Aluminiumoxid 152
Amalgam-Verfahren 159, 162
Anisaldehyd, p- 147
Anodenschlamm 108
Arrhenius, Svante 145
Atomanteile 60
aufladbare Batterien 205
Avogadro-Konstante 172
Ätztechnik, Tiefdruck 25

Bauxid 153
Berlinerblau 119
Bernsteinsäure 43
Bleiakku 182
Brennstoffzelle 193, 201
Brenztraubensäure 31

C. W. Scheele 89
Chlor, Verwendungsmöglichkeit. 93
Chlor-Alkali-Elektrolyse 14, 159
Chlorfluorkohlenwasserstoffe 101
Cyanid-Laugerei 120

Davi, Humphrey, Sir 204
Denitrifikation 30
Diaphragma-Verfahren 159
*Diesel*motor 100
Disproportionierung 38, 124, 161, 166

Eisenbestimmung 122
Elektrodialyse 71
Elektrolyse 14, 35, 76, 84, 115, 189
Elektronenanregung 177
Elementaranalyse 52
Energiebänder-Modell 169
Enthalpie, freie 137, 170, 201, 205
Entropie 137
Ethen 43

Faraday-Gesetze 47, 70, 108, 115, 169, 182, 189, 197

*Galvano*technik 75, 82, 115, 137
Gasgleichung, allgemeine 191
Gibbs-Helmholtz-Gleichung 201, 205
Gleichgewicht 65
Gleichgewichtskonstante 66

Hämoglobin 62
*Heß*scher Satz 24, 201
Hydroxidradikal 37
Hypochlorit 89

Iodometrie 121
Ionenbeweglichkeit 28
Ionenwanderung 73

Kaliumhexacyanoferrat(III) 116, 131
Kaliumiodat-Lösung 96
Kaliumtetracyanoaurat(III) 145
Kaliumtetracyanocuprat(I) 110
Klappmechanismus 97, 106
Kohlenwasserstoffe 35,41
Kolbe, Hermann 35
Konzentrationsausgleich 48
Konzentrationskette 47
Korrosion 130
-, Sauerstoff- 134
-, Säure- 134
-sschutz 115, 130
Kupfertetraammin-Komplex 112

Leitungsband 170
Leitwertmessung 102, 125
Lichtquant, Energie 169
Lithium-Graphitfluorid-Batterie 206
Lokalelement 20
Lösemittel, aprotische 205
Löslichkeitsprodukt 102
Luftschadstoffe 95

Manganometrie 121
Massenanteile 60
Massenwirkungsgesetz 107
Membran, ionenselektive 18
Membranverfahren 14, 89, 159
Methylviologen 176
Mikroorganismen 30
Milchsäure 102
Mond-Verfahren 88

Natrium-Konzentrationszelle 143
Natrium-Schwefel-Batterie 210
Natriumsulfat, Verwertung von 70
Natriumthiosulfat 90, 96, 121
Nernst-Gleichung 10, 27, 49, 67, 108, 169, 189, 193, 205
Nickel-Cadmium-Akku 9
Nickel-Hydrid-Akku 9

Nickelsulfat-Lösung 84
Nitrifikation 30
Nitrosamine 34

Orbitalmodell 176
Ostwald, Wilhelm 145
Ozon 96, 100
Ozonloch 100

Palmitinsäure 198
Parther, Batterie der 139
Partialdampfdruck 190
Photo-Blue-Bottle 180
Photokatalysator 179
Photolyse des Wassers 173
Photosynthese 175, 181
Pikrat 58
pK_S-Wert 102
*Planck*sche Konstante 173
Polypyrrol 205
Pufferung 102

Raffination, Rohkupfer 109
Rauchgasentschwefelung 100
Reihenschaltung 189
Reinigung, elektrolytische 86
Rekombinationsverbot 44
Rohkupfer 108
Rotschlamm 155
Rücktitration 89

Salicylsäure 35
Sauerstoffkorrosion 134
Säurekorrosion 134
Schmelzflußelektrolyse 152
Schwefeldioxid 95, 100
Schwefelsäure-Lösung 183
Stoffmengenverhältnis 22
Strom-Spannungskurven 79, 87
Summenformel 42

Titandioxid 174
Titration, konduktometrische 102

Urbatterie der Parther 139
Urease 125
Überspannung 14, 76

Valenzband 170
van't Hoff, J. H. 39
Verchromung 117
Vergolden 139
Verhältnis, stöchiometrisches 21
Volumenanteile 60

Wasserzersetzung 169
Wärmepatronen 20
Werner, Alfred 129
Wirkungsgrad 179, 201

Zellspannung 9
Zinkchlorid-Lösung 76
Zustände, angeregte 176